黄金交易实战宝典

精准把握买卖点

刘堂鑫 著

中国宇航出版社
·北京·

版权所有　侵权必究

图书在版编目（CIP）数据

黄金交易实战宝典：精准把握买卖点 / 刘堂鑫著. --北京：中国宇航出版社，2025. 3. -- ISBN 978-7-5159-2462-5

Ⅰ. F830.94

中国国家版本馆CIP数据核字第20246QA680号

策划编辑	吴媛媛	封面设计	Studio365
责任编辑	吴媛媛	责任校对	卢　珊

出版发行	**中国宇航出版社**		
社　址	北京市阜成路8号	邮　编	100830
	（010）68768548		
网　址	www.caphbook.com		
经　销	新华书店		
发行部	（010）68767386		（010）68371900
	（010）68767382		（010）88100613（传真）
零售店	读者服务部		
	（010）68371105		
承　印	三河市君旺印务有限公司		
版　次	2025年3月第1版		2025年3月第1次印刷
规　格	710×1000	开　本	1/16
印　张	16	字　数	245千字
书　号	ISBN 978-7-5159-2462-5		
定　价	69.00元		

本书如有印装质量问题，可与发行部联系调换

PREFACE 自 序

我从小就对数字很敏感,非常喜欢数学。小时候一直学习奥数,也经常参加奥数比赛。读初中的时候,电视台财经频道节目中播放的股票价格走势图无意中吸引了我,密密麻麻的数字让从小就喜欢数字的我开始着迷,本能地开始去研究它,自此我天天准时收看财经频道,试图弄懂其中的奥秘。

随着了解的内容越来越多,我也尝试像财经频道中的分析师那样去预测行情。每当预测对了,心里无比喜悦,和解答出一道奥数题一样高兴;如果预测错了,就会反复思考错误的原因,直到找出正确的答案。

在持续的学习与预测中,我对金融市场产生了浓厚的兴趣,由此暗暗立志,将来要在金融市场闯出一片天地。

后来又在一个做黄金生意的亲戚家里发现了金融报刊,报刊中有关战争、经济、黄金市场等内容,对于一个初中生来说都是全新的知识。在好奇心的驱使下,我捧着报刊反复翻阅,觉得内容非常有趣,于是我就定期去亲戚家,如饥似渴地研究金融报刊,由此了解了黄金投资。而我系统性地研究黄金交易是从大学时代开始,亲戚邀请我父亲以黄金定存的方式把积蓄投资到他的门店里,为了帮助父亲控制风险,我父亲允许我像电子盘炒黄金那样随时买卖。

为了尽可能地扩大收益,也是为了验证我多年所学的成果,我将大部分时间都花在了研究黄金市场价格走势上,经常半夜去盯黄金实时行情。

我第一笔操作黄金的经历，甚至比国内很多分析软件都古老。但是我清楚地记得当时一共操作了三笔，分别赚了 873 元、1700 元和 5900 元，都是以打电话的方式通知亲戚买卖的。最后一次操作赚了 600 多元时，我通知亲戚卖出，亲戚以无法做到及时出货为由，拒绝即时买卖操作（把黄金拿去市场卖，来回路程需要几个小时）。

经过这次操作，我更加迫切地想在正规市场开户实战，不再受制于他人。刚好父亲给我买了一台电脑，有了交易工具，于是我立即开了投资账户。此后我把节省下来的生活费与零用钱，都投入了黄金交易。

时至今日，我的黄金交易生涯已将近 20 年。随着我的交易系统日渐成熟，交易操作也越来越顺手。尤其是中长线方面，近 10 年来收获颇丰。自 2022 年 9 月到 2024 年 9 月，两年时间里，我所有的策略都是中长线做多，全部大幅获利。特别是在 2022 年 9 月，17.6 美元/盎司长线布局白银，1617 美元/盎司长线布局黄金，此后金银双双大涨。黄金价格一路涨至 2000 美元/盎司时，我盈利出局。

市场行情千变万化，但是我一直坚持自己的交易准则。2022 年以来，地缘政治事件频发，我一直保持中长线做多的策略。回顾这两年的黄金交易，在十几轮中线交易中，基本都买在了中期低点附近，之后价格精准起飞，每波行情至少盈利百点，有的获利几百点。这些大幅获利的交易，不少都是运用本书介绍的交易策略和交易方法。

对于后市中长期黄金操作来说，依然建议读者严格按照交易准则行事，保持逢低做多的策略。每当交易准则发出信号的时候，就可以进场买入。但也建议大家保持风险意识，时刻控制亏损。在市场中，要先存活，后赚钱。

刘堂鑫

2024 年 12 月

FOREWORD 前言

天下熙熙，皆为利来，天下攘攘，皆为利往。

逐利是人的本性，亘古不变。每个时代都有弄潮儿，自从资本市场诞生以来，一夜暴富的神话从未消失过，金融投资也成了资本家和冒险家的乐园。市场明星很多，但寿星凤毛麟角。绝大多数通过重仓短期获取暴利的投机客，最终都以惨败落幕，一切不过纸上富贵，过眼云烟。

市场风险与收益并存，只想凭借运气的投资者，最终只会以大败局收场！所以，正确的认知、高效的方法以及敏锐的眼光，在当下市场中是缺一不可的投资素养。唯有尊重市场规则，稳扎稳打，步步为营的投资者，才能守住胜利的果实。

交易要系统学习，不可闭门造车，自以为是。牛顿说过：如果说我看得比别人更远，那是因为我站在巨人的肩膀上。每个人的成功都不是一蹴而就的，我也一样，通过十几年的学习，十几年的经验积累，才有了一点点小成就。这个世界上，天才毕竟很少。

有些人认为交易靠实践就可以，或许你智商够高，聪颖过人，通过大量的实践，最终能够领悟交易的真谛。但是，在你摸索的过程中，付出的代价可能是惨痛的。还有一点要明白，你的资金是有限的，只靠盲目地操作，会付出巨大的亏损代价，这是一般人无法承受的。另外，当亏损不断增加的时候，心态也会发生变化。即使最终花了很长时间，自己摸索出了交易的真理，但是，此时的你可能已没有再战的资本了。如果心态完全崩溃，即便掌握了正期望值的交易能力和交易技术，可能也没有办法再去做交易。心态有多重要，对于有过交易经验的投资者来说，应该不用过多地强调。

做交易之前，投资者应该充分地去学习技术理论知识，包括基本面知识、经济面知识、金融逻辑等，这些知识最大的作用是帮助我们在前期规避大量的本金亏损。在没有出现大幅亏损的时候，掌握了正期望值的交易方法，就可以稳住心态，这对整个交易事业是大有裨益的。

交易涉及的范围非常广，有技术层面，有经济层面，亦有心理层面，这些不是闭门造车就能轻而易举地领悟出来的。但在没有一定把握的时候，最好不要轻举妄动，投入大量资金在市场中反复搏杀。总结为一句话，那就是永远保持谦卑的心态，不断学习，不断精进自己的交易能力，不要轻易去做毫无把握的事情。

本书涉及的交易理论是从数学思维的角度构建的，这使得交易理论更加客观，避免了主观思维对交易的负面影响。其实我的很多交易方法都是从数学思维出发的，比如《像利弗莫尔一样交易——买在关键点》中的"映射理论"，《像利弗莫尔一样交易——让利润奔跑》中的"布林带起涨点"，都是用数学思维去做交易。因为单纯地用技术指标很片面、很空洞，很容易让自己陷入主观分析之中。

行情千变万化，技术指标经常会失效，但数学是自然科学，由其延伸出来的交易理念和交易模型，往往更具客观性，也更具操作性。用数学思维去客观做交易，做的不是行情，也不是技术，而是在演绎数学自然法则。一旦抛开主观意愿，遵循数学自然法则，必然能稳操胜券。

书中还列举了多种高效的交易战法，如蜻蜓战法、鲸落战法、斐波那契回调线高级战法、布林中轨高级战法、临界点超买超卖战法等。希望读者在阅读本书的时候，尽量对照行情反复推敲，大量训练，复盘总结，最终能够融会贯通。

读者可以根据偏好选择适合自己的交易模式，时刻保持客观，拒绝非理性交易，耐心等待交易准则发出的交易信号。不求做一个常胜将军，但求能稳定盈利。

CONTENTS 目 录

第1章 不打无把握之仗

1.1 错失200万元 / 2
1.2 盈利500万元 / 5

第2章 影响黄金价格的主要因素

2.1 美元 / 10
    2.1.1 黄金与美元的负相关性 / 11
    2.1.2 黄金与美元的正相关性 / 18
    2.1.3 黄金和美元的三大关系 / 20

2.2 原油 / 21
    2.2.1 黄金与原油的正相关性 / 22
    2.2.2 黄金与原油的负相关性 / 32

2.3 金融危机 / 35
    2.3.1 危机的四个阶段 / 35
    2.3.2 通胀目标2% / 37
    2.3.3 危机中的启迪 / 38

2.4 股市 / 41
 2.4.1 黄金与股市的负相关性 / 41
 2.4.2 黄金与股市的正相关性 / 42

2.5 非农数据 / 43
 2.5.1 大非农数据 / 43
 2.5.2 小非农数据 / 45
 2.5.3 小非农数据与大非农数据的关系 / 47
 2.5.4 CN 战法 / 49
 2.5.5 AE 战法 / 54

2.6 国际局势 / 58

第 3 章 与趋势为伍

3.1 趋势的定义 / 63

3.2 趋势的特性 / 63

3.3 趋势和方向 / 66
 3.3.1 趋势和方向的区别 / 66
 3.3.2 短线顺势交易的核心原理 / 67

3.4 趋势的种类 / 69
 3.4.1 上升趋势 / 69
 3.4.2 下降趋势 / 70
 3.4.3 振荡趋势 / 71

3.5 新趋势线 / 73
 3.5.1 新上升趋势线的画法 / 74
 3.5.2 新下降趋势线的画法 / 75

3.6 趋势通道 / 76
 3.6.1 上涨通道 / 77
 3.6.2 下跌通道 / 78

3.7 新趋势线战法 / 79
    3.7.1 各条线的作用 / 79
    3.7.2 新趋势线做多战法 / 85
    3.7.3 新趋势线做空战法 / 88

3.8 振荡区间 / 92
    3.8.1 振荡区间的画法 / 92
    3.8.2 振荡区间战法 / 94

3.9 临界点 / 97
    3.9.1 临界点的性质 / 98
    3.9.2 临界点的作用 / 100
    3.9.3 临界点三大核心战法 / 103

3.10 行情转势之高级判断法 / 108

3.11 行情转势之高级判断法实战应用 / 113
    3.11.1 顺势抄底战法 / 114
    3.11.2 顺势摸顶战法 / 117

第 4 章　技术理论

4.1 技术指标概述 / 121

4.2 技术分析的理论基石 / 122

4.3 技术投资的底层逻辑 / 124

第 5 章　K 线理论

5.1 K 线的定义 / 127

5.2 K 线的作用 / 129
    5.2.1 指示行情趋势 / 129
    5.2.2 显示多空强弱 / 131
    5.2.3 预示行情转折 / 132

5.3 高波动率K线 / 134
    5.3.1 有效阻力支撑 / 134
    5.3.2 形成有效突破 / 135
    5.3.3 构成阶段顶底 / 136
    5.3.4 趋势发起信号 / 136

5.4 影线分析 / 137
    5.4.1 上影线 / 137
    5.4.2 下影线 / 140

5.5 蜻蜓战法 / 143
    5.5.1 蜻蜓点水形态 / 143
    5.5.2 蜻蜓战法的要点 / 144
    5.5.3 蜻蜓战法的意义 / 144
    5.5.4 蜻蜓战法的交易原则 / 144
    5.5.5 蜻蜓战法实战案例 / 145
    5.5.6 放大利润 / 147

5.6 鲸落战法 / 148
    5.6.1 鲸落形态 / 148
    5.6.2 鲸落战法的要点 / 149
    5.6.3 鲸落战法的意义 / 150
    5.6.4 鲸落战法的交易原则 / 150
    5.6.5 鲸落战法实战案例 / 150
    5.6.6 放大利润 / 152

第6章 均线理论

6.1 均线的定义 / 156

6.2 均线的性质 / 157

6.3 格兰威尔均线八大法则 / 162

第 7 章　斐波那契理论

7.1　斐波那契回调线／169
7.2　斐波那契回调线的画法／170
7.3　斐波那契回调线的应用／173
7.3.1　上升行情中的应用／174
7.3.2　下降行情中的应用／176
7.4　斐波那契回调线高级战法／177
7.4.1　做主升浪／177
7.4.2　做主跌浪／180

第 8 章　MACD 指标

8.1　MACD 的定义／185
8.2　MACD 的应用原则／186
8.2.1　金叉和死叉用法／186
8.2.2　MACD 能量柱和面积用法／187
8.2.3　MACD 角度用法／188
8.3　MACD 的错误用法／189
8.4　MACD 指标形态用法／190
8.5　MACD 背离用法／191
8.5.1　顶背离／191
8.5.2　底背离／192
8.6　MACD 二次金叉和二次死叉用法／194

第 9 章　布林带指标

9.1　布林带的定义／198
9.2　布林带的功能／199

9.3 布林带喇叭口 / 203

    9.3.1 平口喇叭 / 203

    9.3.2 开口喇叭 / 205

    9.3.3 缩口喇叭 / 206

9.4 布林带交易模式 / 207

    9.4.1 振荡模式 / 207

    9.4.2 趋势模式 / 208

    9.4.3 突破模式 / 212

9.5 布林中轨高级战法 / 213

第10章 随机指标

10.1 随机指标的定义 / 220

10.2 随机指标的用法 / 221

    10.2.1 金叉死叉用法 / 222

    10.2.2 超买超卖用法 / 222

    10.2.3 背离用法 / 223

    10.2.4 形态用法 / 225

10.3 随机指标高级应用 / 228

    10.3.1 临界点超买战法 / 229

    10.3.2 临界点超卖战法 / 234

第11章 交易规则

11.1 始终坚持止损 / 239

11.2 学会提升心态 / 240

11.3 拒绝浮亏加码 / 241

11.4 始终保持客观 / 242

11.5 耐心发掘良机 / 243

11.6 给行情设陷阱 / 244

第 1 章
不打无把握之仗

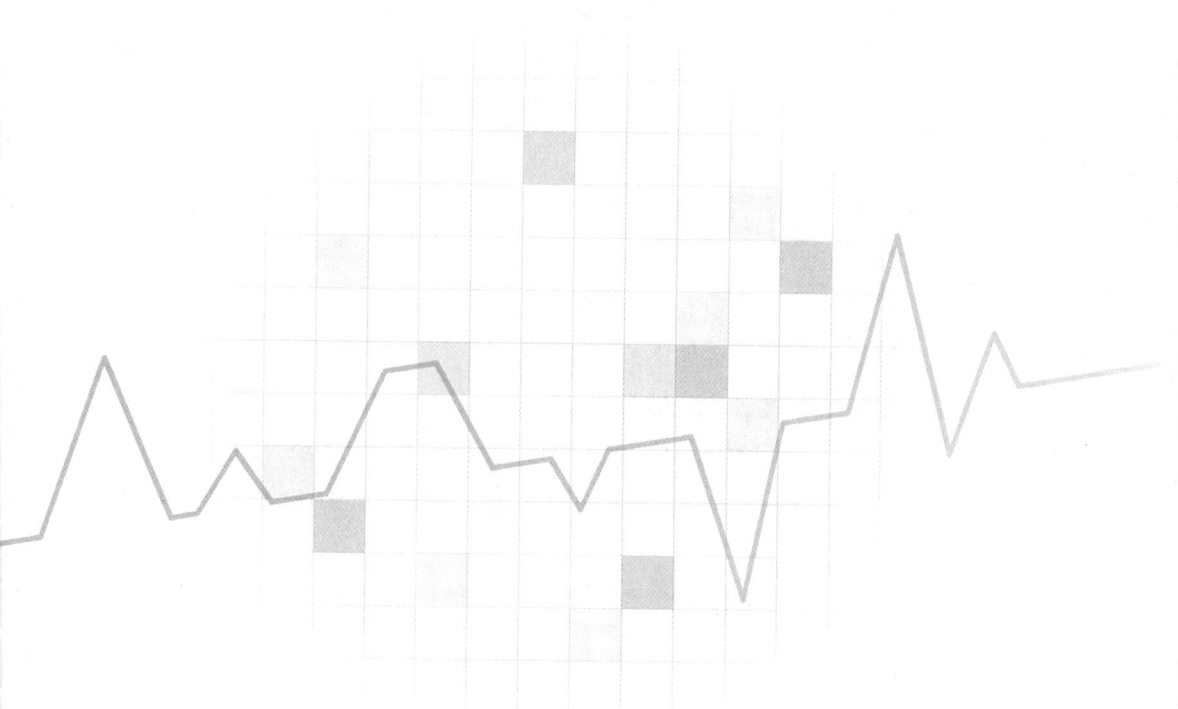

金融市场如战场，想要稳定获胜，就不能随性交易，永远不要打无把握之仗。

行情时时刻刻都在波动，但并不是所有行情都能挣钱，投资者也不可能看懂每一波行情。所以，投资者只能赚认知以内的钱，因此必须坚守交易准则，按准则行事。一旦行情落入准则之内，就会触发交易信号，然后去执行信号命令即可。不必过分主观地预测行情，交易的目的并不是把行情预测对，因为对于这件事情，谁都无能为力，就算股神沃伦·巴菲特也无法确切地知道行情下一步会朝哪个方向运行。

趋势是客观的，任何人、任何技术工具都不可能确定地分析出行情的未来方向。就像杰西·利弗莫尔（Jesse Livermore）说的一样，分析行情只是心中的方向，在实际操作过程中，依然要随市而动。行情怎么变动，就跟着怎么操作。不要与行情争论，没有人能够与市场抗衡，想与市场一决高下，最终只会输得很惨。

不打无把握之仗，并不是说一定要把交易做到100%盈利，这显然不现实。而是始终要去做自己能掌控的事情。

投资者能掌控的事情只有以下两点。

第一，设计一套正期望值的交易准则。

第二，始终如一地去执行这套准则。

关于以上两点，我时常反复跟珠宝同行强调，这就是稳定盈利的保障。然而多数散户都缺乏耐心，随性交易，就连那些常年混迹在黄金市场中的专业珠宝商，也大多如此。

下面举两个例子，说明耐心等待交易准则发出信号的重要性。

1.1　错失200万元

【案例一】耐心等待时机的重要性。

2022年2月，黄金在底部1810美元/盎司附近出现了"蜻蜓战法"的买入信号。于是,我建议珠宝同行何老板大量备货做库存,买入黄金板料并且做多黄金期货。但是,当时市场对美联储收紧政策的预期提振了美元,且在一个月前,黄金曾一度连续暴跌,仅仅三天就跌去了70美元,需求也远低于新冠疫情前的水平。

图1-1为黄金日线级别K线图,时间跨度为2022年1月11日到2022年7月8日。箭头所示为蜻蜓点水形态,此形态是强烈的看涨信号("蜻蜓战法"见第5章)。

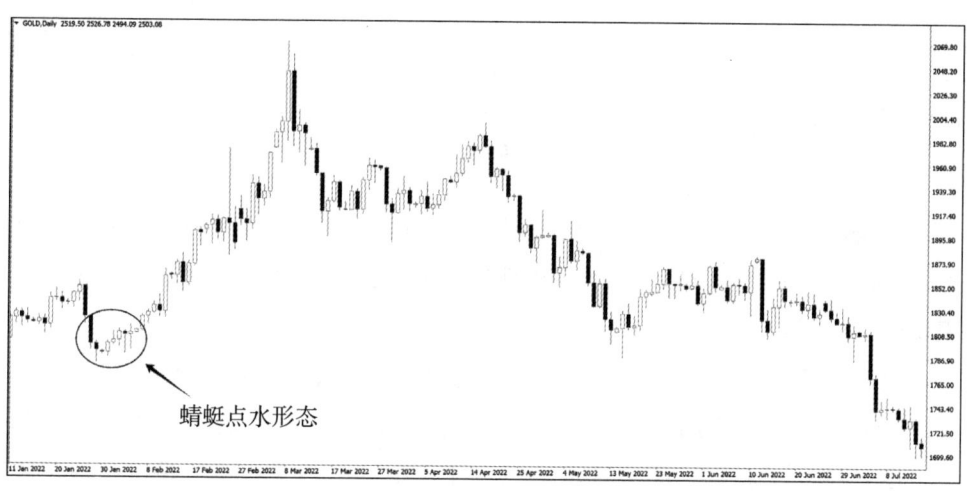

图1-1

在市场一片看空的氛围中,加之他自己门店的生意又非常萧条,他就悲观地认为行情不会有太大的涨幅,因此犹豫不决,没有及时买进。随后行情不断上升,仅2月11日一天就大涨了30多美元。此时他依然有机会买进,但是越来越高的价格,导致他更不愿意入手。他后悔不迭,错过了一轮大赚的行情。

俄乌冲突爆发,引发黄金价格直线暴涨。不过之后黄金价格冲高回落,一天之内向下大幅回撤了近100美元。看到如此大的跌幅,他又庆幸自己没有在高位冲进去。

图1-2为黄金日线级别K线图,时间跨度为2022年1月11日到2022年7月8日。因俄乌冲突而形成的一根长上影K线,实则是仙人指路形态,而非射击之星(射击之星和仙人指路形态讲解见第5章)。

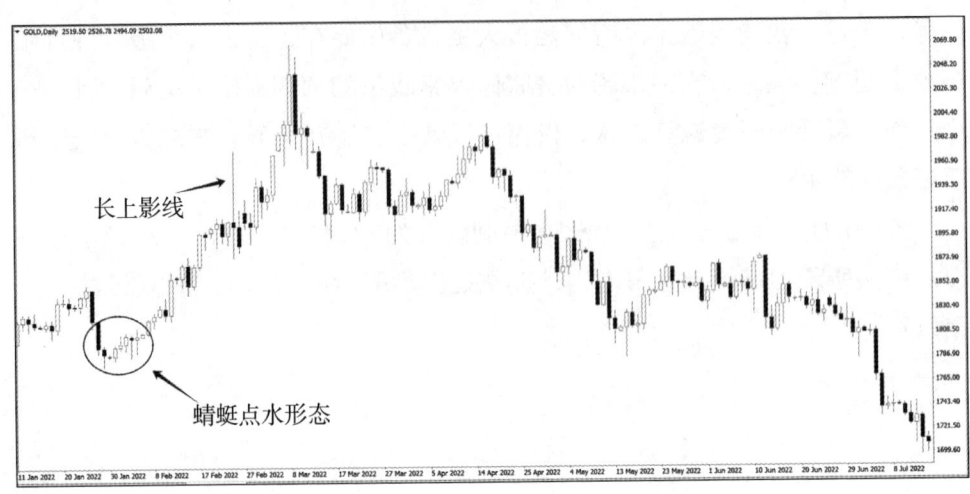

图1-2

从图1-2中可以看到一根带长长上影线的K线，对于技术投资者来说，这无疑是明显的看跌信号。但我当时判断，这个长上影线大概率是一个洗盘的表现。

当时疫情越来越严重，而且全球通胀不断飙高，光靠美联储加息的预期很难让黄金价格转为下跌。最为关键的是，市场对于美联储收紧政策的预期，已经达到了极致，而且基本都已经计入金价之中了。也就是说，对美联储紧缩性政策的预期，在此前的下跌中就已经被消化掉了。新冠疫情和俄乌冲突两大危机，只要任意一个危机加剧，就能轻而易举地引发黄金价格继续暴涨。所以我建议他多少买进一些，不要再等了，以后的价格只会越来越高。

但是他被行情图表给欺骗了，再次陷入犹豫不决中。直到行情涨破长上影线最高点，他才恐慌起来。紧接着疫情危机加剧，全球封锁范围扩大，避险情绪再一次升高。尤其是南非全国封锁（南非是黄金产量最大的国家），导致实物供给侧也发生失衡。在此二者的影响下，黄金价格进一步飙升到2070美元/盎司。门店里的货早早就卖飞了，存货虚空，此时的他有些不理智，生怕再也赶不上，因此在价格回落到2040美元/盎司的时候，一股脑儿地追高进入。我当时一再劝阻，都没什么作用，结果他进场后立刻被套，后市黄金价格一路大跌。这轮暴涨行情中，他不但错过至少200万元的利润，反而大亏不少。

图1-3为黄金日线级别K线图，时间跨度为2022年1月11日到2022年7月8日。何老板在高位2040美元/盎司追多，被高位套牢，之后行情持续暴跌。

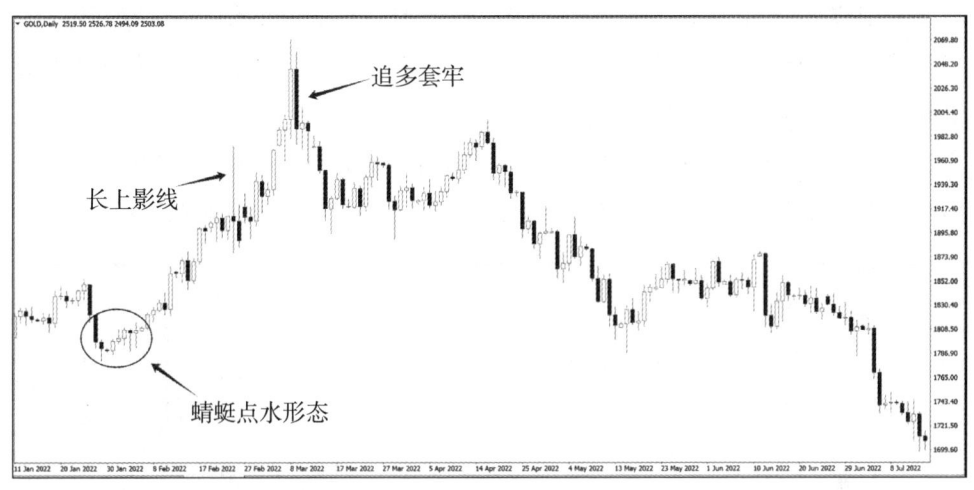

图1-3

投资永远按反向逻辑操作。当时市场多头情绪已经达到极致，很容易出现高潮衰竭的现象。如果黄金价格还要继续上涨，说明发生了更大的危机，如果没有，那么黄金价格不会一直维持在高位。散户却恰恰看不到市场真正的机会，无法理解逆向思维。市场给了多次低位入场的机会，但人们总是错把机会当作风险。当行情大幅飙升到高点，市场风险聚集的时候，又错误地把风险当作机会。

所以，耐心等待时机才是最重要的。在金融市场中，努力不如选择。选择的时机正确，利润就会滚滚而来；如果选错时机，再努力也只能是亏损累累。

1.2　盈利500万元

【案例二】执行交易准则的重要性。

2023年9月末，黄金价格连续暴跌。在价格跌至前期低点1884美元/盎司附近时，另一位珠宝批发商林总想进场买涨，所以过来咨询我对行情的看法和分析。我给他的回复是分析没有什么用，没有人可以把行情分析得绝对准确，也不能靠分析去做交易。分析最多只能是心中的想法，但实际操作必须按照既定的交易准则来。主观交易只会让我们陷入赌局之中，依照准则行事，才能以不变应万变。机会来了就买入，没有机会的时候，就耐心等待最佳时机。尽量避免非理性交易，不做计划之外的事情。只要交易准则是正期望值的，那么最终就能稳定获利。

图1-4为黄金日线级别K线图，时间跨度为2023年6月25日到2023年12月19日。图中所示，金价跌至前期低点，但并未支撑住，而是继续跳水。

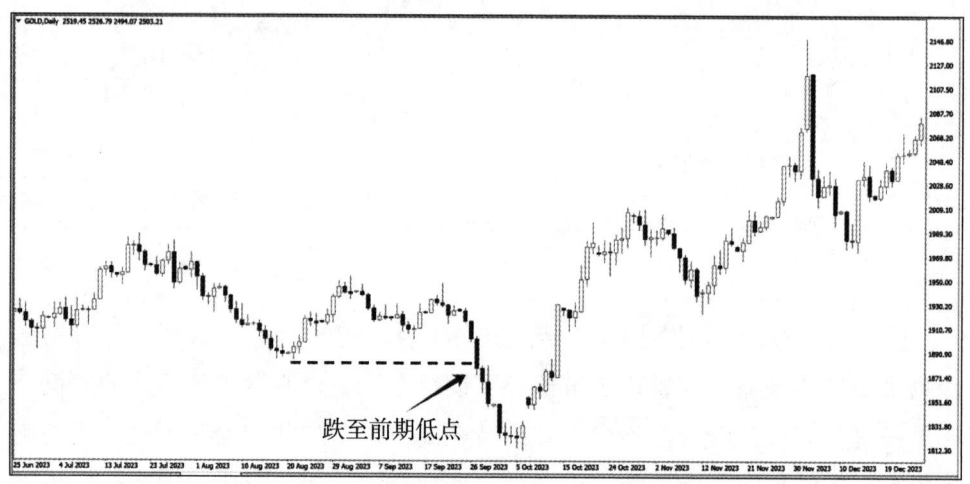

图1-4

行情随后继续暴跌。跌到1850美元/盎司的时候，他又焦急地跟我说："再不买进，恐怕要大涨了，会错过机会。"我依然只回复他四个字："按准则行事。"结果行情又暴跌了。如果这两次他都提前买进，那么入场之后马上就会大幅亏损。

这次下跌，黄金价格最低跌至1810美元/盎司，然后在低位陷入区间振荡。10月9日，由于巴以冲突升级，导致黄金价格直接开盘跳空上涨。这个时候行情就发出了明确的准则信号，可以用区间突破战法顺势追多。

这个突破是非常有意义的！

第一，行情处于低位，市场情绪极度悲观，很可能物极必反。

第二，突然出现地缘政治危机，政局冲突属于黄金短期上涨的最强动力，可能会点燃多头行情。

第三，价格跳空突破。这是最强的突破形态，表明多头突破态度坚决。

图1-5为黄金日线级别K线图，时间跨度为2023年6月25日到2023年12月19日。价格跳空突破振荡区间后，预示行情即将暴涨。

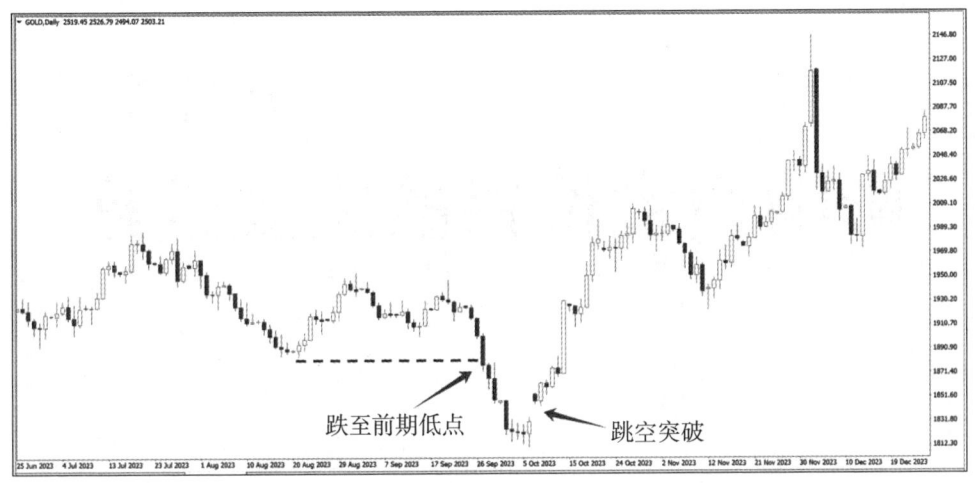

图1-5

我建议林总适当加重仓位中长线做多，行情随后也是连续暴涨，最终在冲高2130美元/盎司附近紧急获利出场，这笔交易大赚500多万元。之所以在顶部附近紧急出场，是因为高位上涨过快，很容易出现高潮衰竭现象，这是价格行为科学的原理之一。随后行情也是立即大幅暴跌，多单刚好逃在了顶部附近。

在这轮操作中，虽然在1850美元/盎司买进比在后来的1860美元/盎司点位要低，但是在1850美元/盎司进场之后，价格快速暴跌，很有可能让投资者亏损出局。并且在大亏之后，行情起涨的时候，投资者可能被吓得不敢再买入，有可能导致下跌的时候亏钱，上涨的时候也挣不到钱。

所以严格执行交易准则是非常重要的，可以让投资者把握最佳时机，避开不必要的亏损，临危不乱，稳固心态。很多投资者总是抱怨自己心态不好导致亏钱，通过这个例子可以发现，其实大多数人心态都不好，极有可能是因为胡乱操作。如果每次严格按照准则去执行交易，受不良心态影响的可能性就会小很多。

第 2 章
影响黄金价格的主要因素

黄金作为大宗商品之一，从经济学的角度讲，影响黄金价格的根本因素是供需关系，这是最基本的经济规律。作为一种特殊的商品，黄金更加符合这个经济规律，它的价格受黄金现货市场的供给和需求关系影响。如果黄金产量大幅增加，金价会受到影响而下跌。此外，采金技术的革新和新矿的发现，均会导致黄金供给增加，也会引起金价下滑。如果出现矿工长时间罢工、自然灾害等原因，使黄金产量减少，金价就会在供不应求的情况下上涨。一个国家增加或减少黄金储备，也会相应地增加或减少对现货市场的需求，进而影响黄金价格的上涨或下跌。一些传统节日，也会提振黄金实物的需求，短期内会助推金价上升，如中国的春节、印度的排灯节等。

　　但黄金是一种特殊的大宗商品，其金融属性远超商品属性，实物交易量也远小于金融性电子盘交易量。因此，现货市场供需关系对黄金价格的影响较小，而影响黄金价格更多的因素是其货币属性和避险属性。

　　马克思曾说："金银天然不是货币，但货币天然是金银。"这是一句经典的阐述，它深刻地揭示了黄金在经济活动中的地位和作用。

　　从布雷顿森林体系开始，世界经济就进入了不稳定的通货膨胀期。虽然布雷顿森林体系使得金本位发生了改变，但是黄金依旧在布雷顿森林体系中起着重要的主体作用，美元只是黄金的"代理人"。

　　从20世纪50年代后半期开始，国际货币体系中美元大量过剩，美国对外短期债务激增，甚至超越黄金储备，最终"布雷顿森林体系"宣布崩溃，尼克松政府宣布停止美元兑换黄金，黄金非货币化的改革也由此开始。

　　此后信用货币开始登上历史舞台，但是由于信用货币无法避免地会引起通货膨胀，造成经济动荡，所以黄金作为特殊商品，仍然是各个国家的主要储备资产，其国际储备资产地位和数量仍远大于美元，并且在现代经济中，黄金已经演化出重要的金融性质。

　　我们可以看到，任何发达的金融市场体系中，必然有发达的黄金市场，且黄金在金融市场中扮演着重要角色。黄金市场之所以成为金融市场必不可少的组成部分，主要在于黄金具有的特殊性质和功能。黄金作为世界领域的特殊商品，兼具商品属性和货币属性。作为一般商品，它可以满足工业、商业等方面的需求；作为稳定的货币金属，它是最佳的储藏手段和保值对象；作为世界货币，它是各国政府及央行公认的最有效的国际储备；作为支付工具，它既可以是国际购买手段，也可以是国际支付手段以及国际财富转移手段。

在当今复杂的世界经济环境中，黄金不仅可以作为国家的避险工具和中央银行执行货币政策的工具，还可以作为投融资工具。此外，黄金市场的不断发展和健全，也有利于金融市场的均衡和平稳。黄金市场对货币市场、外汇市场、资本市场、保险市场起到了均衡作用。由于各类金融市场开放发展后，形成了金融资产多样化、投资渠道多元化的局面，使得各类金融市场相互牵制，相互制约，形成均衡的局面，市场行情趋于平稳，避免了大起大落，因此有利于金融市场的稳定。此外，黄金市场的稳定性和投资者参与黄金市场交易的需求性，也为金融市场的正常运转起到了助推器和润滑剂的作用，这对协调稳定地发展货币市场、证券市场、保险市场和外汇市场也是非常有利的。

因此，综合来看，黄金在现代经济中起到了错综复杂的作用，使得影响黄金价格的因素非常多，比如美元、原油、股市、白银、经济政策、重要经济数据和事件、自然灾害、国际政局、金融危机等因素，对黄金价格的影响比供需关系更为显著。

2.1 美元

黄金和美元之间一直具有微妙的联动关系，找出黄金和美元之间的变动关系，对投资黄金具有重要的分析参考意义。纵观黄金和美元的历史行情，不难发现二者大约80%的时间是呈负相关的，就像冤家路窄一样，多数时候二者呈现出"你涨我跌"的状态。然而多数人只知道美元和黄金之间的反向关系，很少有人知道美元和黄金有时也会出现同向的情况。学完本节内容，大家就能从中找到其中的缘由。图2-1是2000—2007年黄金与美元行情图，图2-2是2019—2021年黄金与美元行情图。

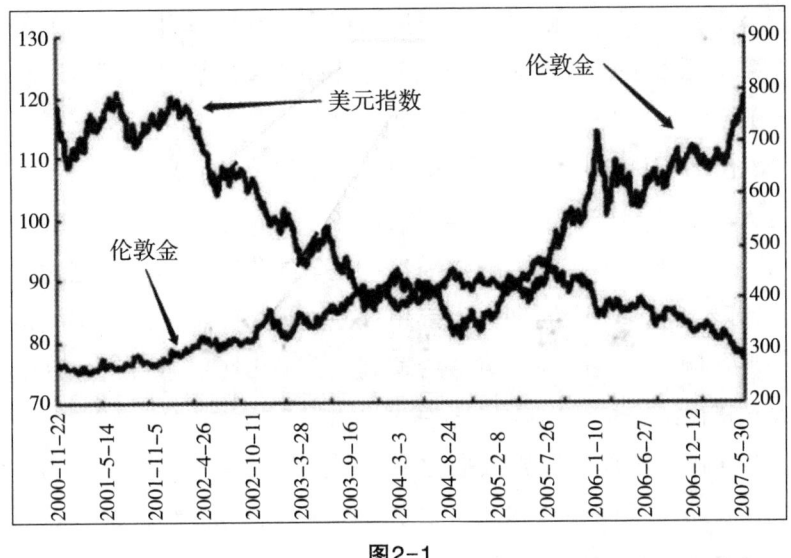

图2-1

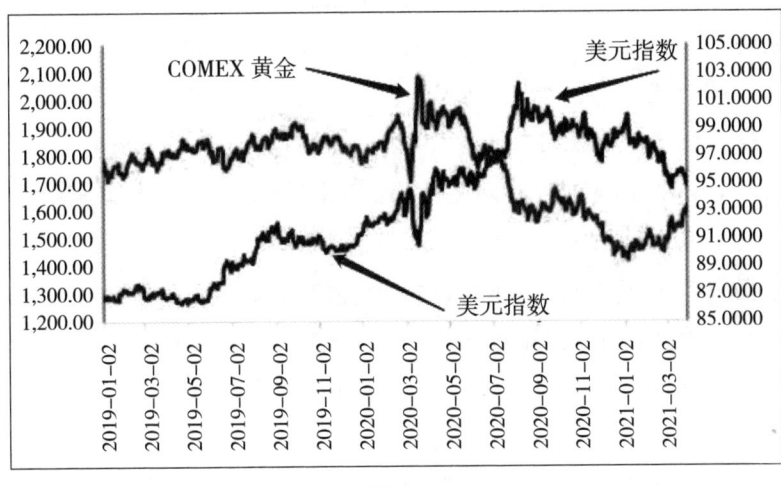

图2-2

2.1.1 黄金与美元的负相关性

黄金与美元的负相关性并不是一直就有的。

1914年第一次世界大战之前,世界货币体系基本是金本位,黄金是各个国家的储备资产。资本主义国家以立法手段规定黄金和纸币的价格,即各国通过立法规定本国货币的含金量,各国货币以一定比例兑换黄金。英镑和美元等货币体系都是以一定的固定汇率兑换黄金，在此基础上，形成各国货币之间的汇率关系。各国货币之间的汇率总是围绕黄金平价上下波动，因此黄金兑美元的价格在相当长一段时间是稳定的。

第二次世界大战结束前的几十年间，由于战争的大量消耗，各参战国都出现了巨大的财政赤字，经济萎靡不振。各个国家政府为了筹措战争资金，滥发纸币，国际货币体系分裂成几个互相竞争的货币集团。各国为了自身利益竞相货币贬值，每一个经济集团都想以他国利益为牺牲品，解决自身的国际收支和就业问题，各国限制黄金跨国流通，纸币（信用货币）开始跟黄金脱钩，导致货币系统呈现出极端无序的状态。

重要变化出现在两次世界大战之后。美国作为一战和二战中的重要受益国，开始在经济上不断超越其他资本主义国家。到二战结束时，美国国内生产总值在全球所占比重已经达到53%，占据了世界经济体量的一半，也由此登上了世界经济盟主的宝座，美元的国际地位也因为美国丰富的黄金储备和强大的经济实力而变得空前牢固。统计数据显示，在第二次世界大战即将结束时，美国拥有的黄金占当时世界各国官方黄金储备总量的75%以上，几乎全世界的黄金都通过战争机制流到了美国。

在此之前，金本位制度是自发性最强的国际货币制度。美国经济实力剧增之后，美元的作用和地位开始凸显。美国凭借战后拥有全球四分之三的黄金储备和强大的军事实力，美国前财政部助理部长哈里·怀特力主强化美元地位的提议，力挫英国代表团团长、经济学大师凯恩斯的"凯恩斯计划"，于1944年建立了布雷顿森林体系，并成立国际货币基金组织（International Monetary Fund，IMF）。"按照国际货币基金组织协定，成员国需承担义务，自协定生效后的3—5年过渡时期终了之日起，废除外汇管制，实行货币自由兑换，以1盎司黄金换35美元的比价为基础，确定各成员国货币之间的汇率结构，成员国不得擅自改变汇率，美国在该体系中处于支配地位。"

布雷顿森林体系确认了各国在其国内实行信用货币制度，在对外货币关系中实行与美元挂钩的固定汇率制度，各国货币当局可用美元外汇储备按照约定价格向美国货币当局兑换黄金。这是一种"以美元为中心，以黄金为最后储备单位"的国际货币制度，也可以称为"美元—黄金货币制"。自此，美元成了一种"准世界货币"，美元与黄金之间也产生了重大关联。

首先，美元和黄金作为世界储备资产成为世界贸易结算单位。

其次，美元作为"准世界货币"，在世界主要黄金市场都以美元为报价单位。

这种关联造就了一种现象：若各国央行减少黄金储备持有量，相应就需要增加美元储备。于是，黄金和美元形成了一种替代关系，这种关系使得黄金和美元呈现负相关关系，即美元价格上涨，黄金价格就会下跌，美元价格下跌，黄金价格就会上涨。

布雷顿森林体系其实就是一种变相的金汇兑本位制：通过一个大国的货币以黄金做担保，其他国家的货币依附在这个大国的货币上，处于附庸地位。在这种情况下，各国的货币政策都有可能受到这个大国的牵制。

从另外几个方面来说，布雷顿森林体系与金汇兑本位制还存在诸多不同之处。首先，布雷顿森林体系是世界上众多国家第一次有意识地共同建立一个稳定的货币体系，在此基础上创建的国际货币基金组织和世界银行（World Bank），也成为协调和维护各国之间贸易往来、协调各国货币和金融事务的重要机构。其次，布雷顿森林体系是建立在美国这个超级大国的货币基础上，这与之前的金汇兑本位制截然不同。在相当长的一段时间内，美国经济的稳定和快速发展，都为这一体制提供了保障，维护了世界货币体系的运转。

但好景不长，由于资本主义经济发展的不均衡，美国长期处于贸易逆差，这导致美国国际收支逆差逐步增加，美国的黄金储备日益减少。

1959年，美国的外债接近其官方黄金储备的总价值，两者均为200亿美元左右。到1967年，美国总的海外流动债务已经急剧上升到360亿美元，然而其黄金储备已经垂直下跌到120亿美元，只有债务总量的三分之一。1961年1月，肯尼迪总统第一次向参众两院做演讲时指出："自从1958年以来，我们花费或者投资在国外的美元与重新回到我们手中的美元之间的差额大幅增加。在过去的三年中，我们的贸易赤字总额增加了将近110亿美元，国外美元持有者把它们转换成了黄金，数目如此之大，将导致我们近50亿美元的黄金储备流失。"[①]

20世纪六七十年代，美国对越南发动侵略战争，导致财政赤字巨大，国

---

① 王在帮.布雷顿森林体系的兴衰[J].历史研究，1994，（4）：152-165.

际收支情况恶化，美元的信誉受到冲击，爆发了多次美元危机。大量资本出逃，各国纷纷抛售手中的美元，抢购黄金，使得美国黄金储备急剧减少，伦敦金价上涨。为了抑制金价上涨，保持美元汇率，减少黄金储备流失，美国联合英国、瑞士、法国、西德、意大利、荷兰、比利时共8个国家，于1961年10月建立了黄金总库，八国央行共拿出2.7亿美元的黄金，由英格兰银行为黄金总库的代理机关，负责维持伦敦黄金价格，并采取各种手段阻止外国政府持美元外汇向美国兑换黄金。60年代后期，美国进一步扩大侵越战争，国际收支进一步恶化，美元危机再度爆发。1968年3月的半个月中，美国黄金储备流出14亿多美元，3月14日这天，伦敦黄金市场的成交量达到了350到400吨的破纪录数字。美国没有了维持黄金官价的能力，经与黄金总库成员协商后，宣布不再按每盎司35美元官价向市场供应黄金，市场金价自由浮动。

20世纪70年代初，日本、西欧崛起，美国经济实力相对削弱，无力承担稳定美元汇率的责任。1971年7月第七次美元危机爆发，尼克松政府于8月15日宣布实行新经济政策，停止履行外国政府或中央银行可用美元向美国兑换黄金的义务。再加上贸易保护主义抬头，美国相继两次宣布美元贬值。在此情形下，各国纷纷放弃本国货币与美元的固定汇率，采取浮动汇率制。自此，以美元为中心的国际货币体系瓦解，美元地位下降，布雷顿森林体系也宣告瓦解。

从美国宣布美元与黄金脱钩以来，金价迅速迎来一轮暴涨。伴随着通货膨胀和美元下跌，金价从40美元/盎司涨到1980年1月的超过800美元/盎司，10年上涨超过20倍。1980年美国总统里根上台，为了对抗超过10%的通货膨胀，美联储将联邦基金利率提升到接近20%，稳定了美元汇率，美元走强，同时黄金价格走平。2002年美国互联网泡沫破灭，为了刺激美国经济，美联储将联邦利率降到1%。美联储放水刺激了美国房价上涨，黄金价格从2002年1月的280美元/盎司涨到2008年3月的1000美元/盎司，7年上涨了3倍多。2008年次贷危机后，美联储史无前例地将联邦储备利率维持在0~0.25%超过6年，并且实施了三次量化宽松，导致黄金快速暴涨至1926美元/盎司。2020年全球暴发新冠疫情，美联储"史诗级"的货币大放水，再次推升金价上涨，最高涨至2075美元/盎司的高位。

布雷顿森林体系瓦解后，目前实施的是牙买加货币体系。牙买加货币体系是一种信用货币体系，即黄金与货币彻底脱钩，取消国家之间必须用黄金清偿债权债务的义务，降低黄金的货币作用，使黄金在国际储备中的地位下降，促成多元化国际储备体系的建立。牙买加货币体系的建立，标志着黄金退出货币历史的舞台。

时至今日，美元仍能够影响黄金价格，两者在大部分时间都呈负相关，这又是为什么呢？主要有以下三个原因。

（1）美国经济实力长期居于世界第一位。2021年，美国GDP总量达23万亿美元，占世界总量的23.9%，对外贸易总额仍然是世界第一，如图2-3所示。由于全球经济一体化进程的不断深化，美国经济直接影响到世界经济的发展，因此美元在世界货币中依然具有主导地位。而黄金作为避险资产，其价格与世界经济的好坏呈负相关，因此美元对黄金依然具有重要的影响作用。

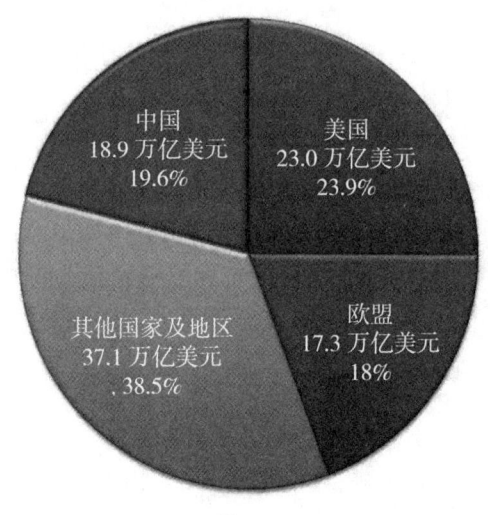

图2-3

（2）世界黄金市场一般以美元标价，美元与各种货币的汇率势必影响金价。假设金价本身价值未变动，而美元上涨，那么持有黄金的投资者就倾向于抛售黄金，换取高价值的美元，从而可以兑取更多其他货币，以此获得收益。黄金遭到抛售，就会导致价格下跌。因此美元上涨，就容易导致黄金下跌。相反，美元下跌，就容易推升金价上涨。20世纪末金价走入低谷，就与美国经济连续增长，美元持续坚挺有密切的关系。

图2-4为美元月线级别K线图，时间跨度为1998年10月31日到2009年3月31日。

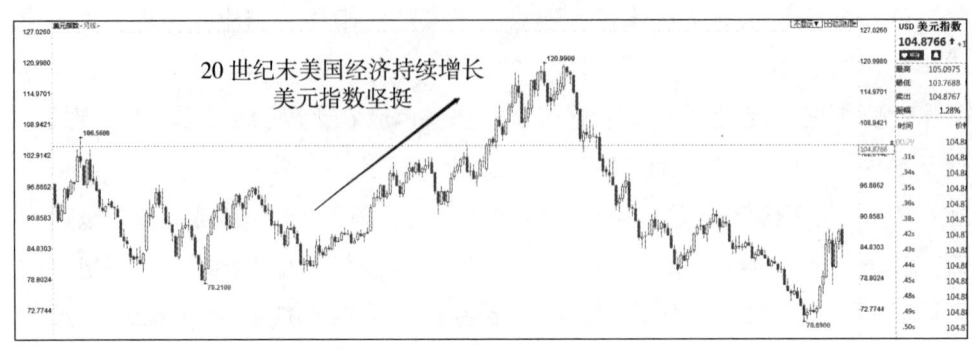

图2-4

图2-5为黄金月线级别K线图，时间跨度为1998年10月31日到2009年3月31日。

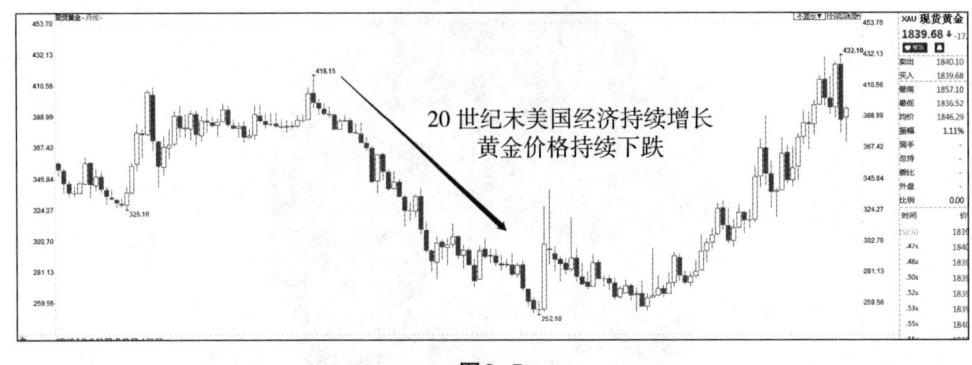

图2-5

2013—2015年，金价大幅下挫，是因为美国经济摆脱欧债危机的影响，实现复苏，美元大幅暴涨所致。

图2-6为美元月线级别K线图，时间跨度为2008年5月30日到2019年9月30日。

图2-7为黄金月线级别K线图，时间跨度为2008年5月30日到2019年9月30日。

2020年全球暴发新冠疫情后，美联储大水漫灌，致使美元遭到猛烈抛售，金价因此受益，开启暴涨模式。

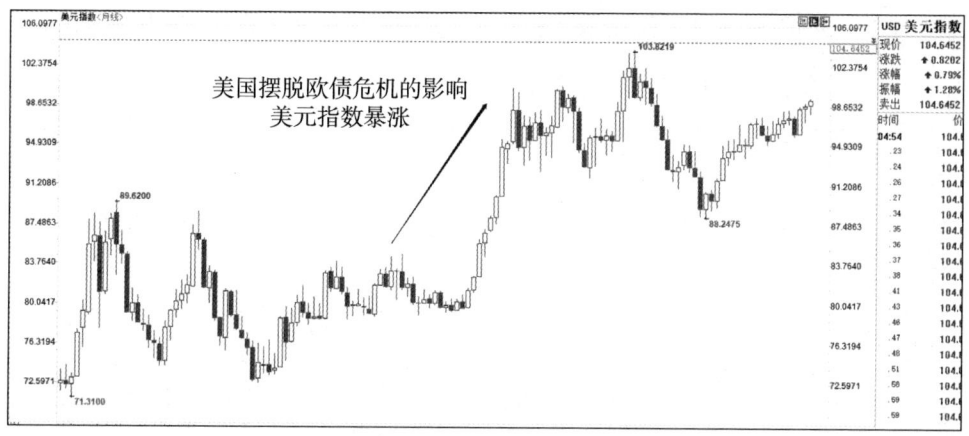

图2-6

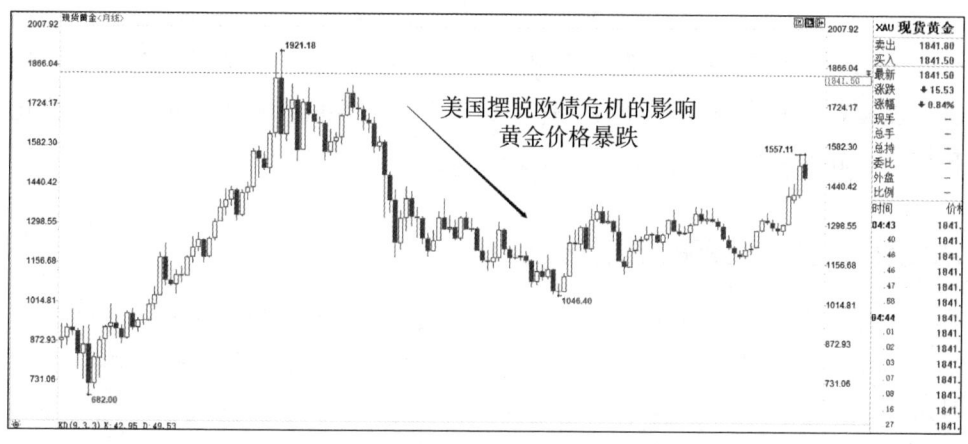

图2-7

图2-8为美元日线级别K线图,时间跨度为2019年10月8日到2020年9月18日。

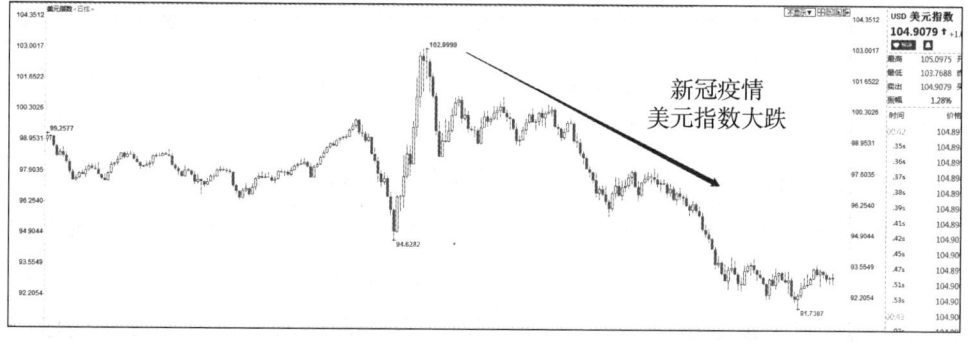

图2-8

图2-9为黄金日线级别K线图，时间跨度为2019年10月8日到2020年9月18日。

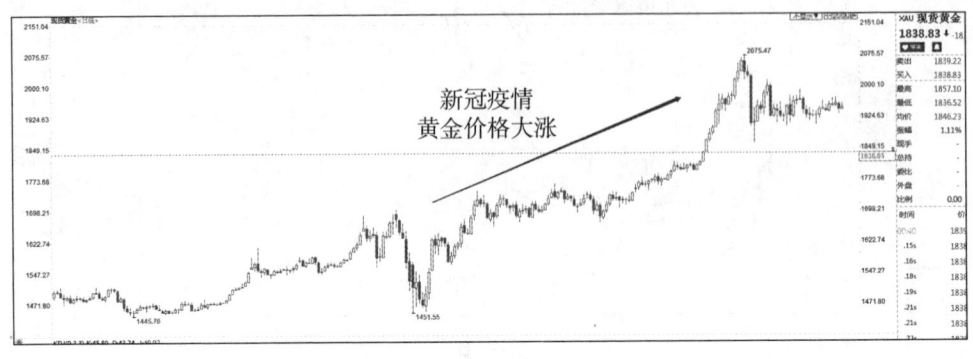

图2-9

（3）美元与黄金同是各大中央银行的重要储备资产，若美元指数表现坚挺，就会在一定程度上削弱黄金作为储备资产和保值功能的地位。因此美元和黄金之间的替代效应，也会导致美元和金价多数时候呈负相关。

2.1.2 黄金与美元的正相关性

黄金与美元在多数时候呈负相关，那么什么时候二者会呈正相关呢？根据数据统计，当避险情绪开始升温的时候，二者都会同向上涨，呈现正相关性。

黄金和美元的资产替代效应，体现的是避险属性。也就是说，黄金是天然的避险资产，美国作为世界第一大经济体，其美元货币也是公认的避险货币。一旦世界政治经济发生动荡，资金就会流入避险港湾，那么黄金和美元都会受益。

可以发现这样一种情况，一旦政治经济危机发生恶化，资金往往都会追捧美元，甚至抛售黄金。也就是说，当避险情绪温和升温时，一般黄金和美元会同向上涨，呈现正相关性，而一旦市场出现恐慌，黄金往往会遭到抛售，而美元不断上涨，黄金和美元又会回归明显的负相关性。究其原因，一方面是作为世界货币，美元体系深入影响着世界经济，其避险属性强于黄金；另一方面，当市场发生恐慌时，美元和黄金往往已经双双上涨，美元处于高价值。由于黄金是以美元计价的，那么高价值的美元也容易导致抛售黄金，投资者以此换取更多的流动性。黄金和美元呈正相关性持续的时间往往较短，而呈负相关性持续的时间较长。

2020年全球暴发新冠疫情，在刚开始的阶段，由于市场对疫情的担忧，刺激了避险情绪，此时避险情绪只是温和上升，因此黄金和美元双双上涨，资金流入避险资产。随后事态发展愈演愈烈，新冠疫情的影响前所未知，市场极度恐慌，现金为王，一切资产都遭到抛售，黄金价格剧烈暴跌，原油甚至跌至负数，大宗商品一地鸡毛，唯独美元强劲上涨，这体现出美元的避险属性要强于黄金。

图2-10为美元日线级别K线图，时间跨度为2019年9月2日到2020年8月11日。

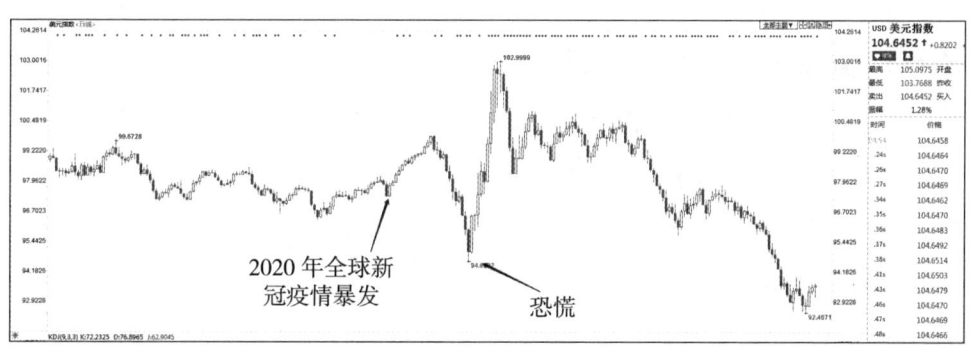

图2-10

图2-11为黄金日线级别K线图，时间跨度为2019年9月2日到2020年8月11日。

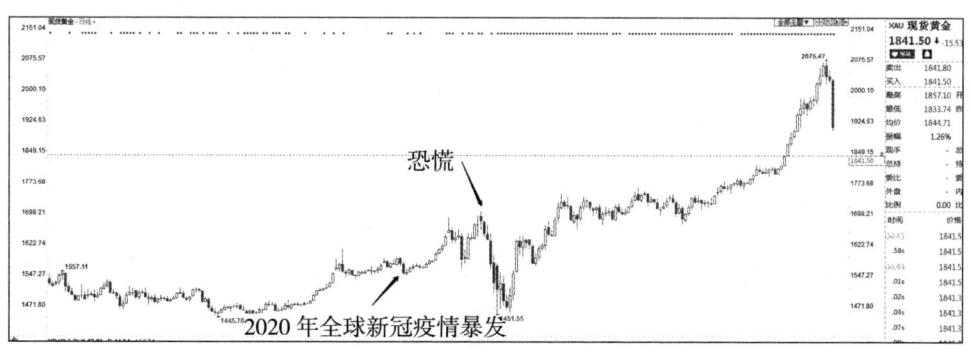

图2-11

值得注意的是，近年来，世界经济版图正日益发生变化，美国的世界经济霸主地位受到多方挑战，美元作为除黄金之外的唯一储备资产这一地位也不再牢固。为了规避美元贬值带来的风险，各国开始推动储备资产的多样化进程，再加上国际政治经济局面等因素的影响，美元作为安全资产的作用降低，美元和黄金的关联性逐渐减弱。尤其是我国的经济不断发展，目前已是全球第二大经济体，在不久的将来，人民币汇率势必会对黄金产生重要的影响。

黄金和美元并不是在任何时候都呈现负相关性，两者之间的微妙关系不容忽视。要结合当下的经济形势，判断黄金和美元会呈现什么样的变动关系，才能做出正确的投资决策。

2.1.3　黄金和美元的三大关系

黄金具有三大属性，分别是商品属性、货币属性和避险属性。而美元作为信用货币，也历来被看作安全资产，具有避险属性。二者之间具有三大关系，分别是替代关系、跷跷板关系和避险竞争关系。

1. 替代关系

商品属性对黄金价格的影响较小，远远没有作为货币属性（各大央行以黄金作为储备货币）和避险属性（投机交易）的影响大。黄金作为货币的属性，其数量是有限的，是足值货币，因此同时又可以衍生出抗通胀属性。通胀是信用纸币时代不可避免会发生的，美元作为信用货币不可避免会贬值，因此黄金作为对抗通胀的工具，在货币属性上往往会表现出与美元相反的走势，这是货币替代效应导致的。当纸币贬值时，人们更倾向于寻求黄金这种传统货币作为替代，以保护资产不会缩水，二者同为货币，就产生了替代关系。

2. 跷跷板关系

布雷顿森林体系建立后，黄金直接以美元计价，进一步增强了美元和黄金的跷跷板效应。从经济学角度讲，黄金是以美元计价的商品，如果美元升值了，那么黄金就值不了那么多高价值的美元，就得跌价才能恢复其本身价值。从投机的角度讲，当美元升值，就容易促使持有黄金的投资者抛售黄金，获取高价值的美元，再用高价值的美元兑换更多其他货币。即使黄金价格不涨不跌，依然能从中获利，这样就导致了美元和黄金具有跷跷板效应，此消彼长。

3. 避险竞争关系

避险属性也可以归纳为货币属性的衍生属性，因为正是黄金具有货币属性，才会成为储备货币，被公认为安全资产，才会拥有避险属性。同时，美国凭借其强大的经济实力，其货币美元也历来被看作安全资产。所以，一旦发生经济危机，美元和黄金都能吸收避险资金。

但是从历史数据来看，当危机并不是很严重，避险情绪温和升温时，资金往往会同时流入美元和黄金，出现美元和黄金双双上涨的现象。当危机严重，出现恐慌情绪时，美元的避险属性要强于黄金，黄金往往会遭到抛售，美元一家独大。等预期美联储开始实施宽松货币政策救市时，市场极度恐慌的情绪也会得到缓和。美元利率预期下降，货币量预期增加，会削弱美元的吸引力，之前过量流入美元避险的资金又会流出，一部分风险偏好资金会流入经济体，因为他们相信通过美联储救市，能让经济实现复苏；另一部分风险厌恶资金会流入黄金寻求避险，因为他们不相信美联储可以让经济实现复苏。这时美元和黄金又会出现明显的反向走势。

由此得出的投资指导意义是，当危机刚开始出现，市场担忧情绪还不严重时，可以买入黄金进行避险；当市场出现极度恐慌时，要及时卖出黄金；当美联储以及全球预期开始放水时，再次中长线买入黄金避险，以对抗通胀。跟着经济形势走，时刻关注全球央行的货币政策，相机抉择，往往都能获取不菲的收益。

2.2　原油

黄金与原油之间一般存在着正相关的变动关系，也就是说，黄金价格和原油价格通常是共进退的，多数时候同涨同跌。原油价格上升，预示着黄金价格也要上升；原油价格下跌，预示着黄金价格也要下跌。黄金与原油的正向变动关系，主要是由通胀和"石油美元"机制决定的。但与美元一样，原油对黄金的影响也不存在"金科玉律",少数时候,二者也会呈现反向变动情况。

图2-12为黄金期货和WTI原油期货月线级别K线图,时间跨度为2015年8月到2022年6月。黄金和原油在大部分时间呈现明显的正向变动关系,只有少数时候才呈反向变动关系。

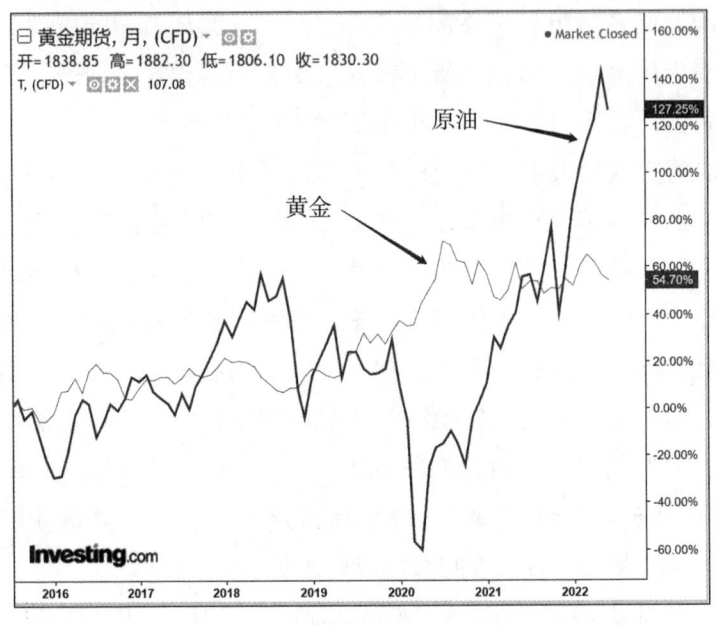

图2-12

2.2.1 黄金与原油的正相关性

黄金与原油之所以会呈正向关系,主要与两个因素有关:通货膨胀和石油美元机制。

1. 通货膨胀

(1)黄金的抗通胀作用。要揭示黄金与原油之间的关系,不能不强调黄金的抗通胀属性。黄金作为传统货币,虽然现在已经退出货币的主要舞台,但是其货币属性在人们心中具有不可动摇的地位,黄金仍具有全世界范围内的流通性和变现能力,并且是全球各国重要的储备资产和战略资源。

黄金是足值货币,几乎没有任何信用风险,而现代信用货币本身没有价值。一方面，信用货币的价值由主权信用决定，一旦某国的主权信用风险上升，那么该国的信用货币就会由于人们对其失去信心而遭到抛售，进而导致货币贬值，黄金作为最后支付手段的作用和需求就会上升。另一方面，黄金储量有限，不像纸币可以由政府发行。当政府开启印钞机，货币超量发行的时候，就会导致本国货币大幅贬值，购买力下降，引发通货膨胀，此时购买力稳定的黄金就会受到追捧。

所以通货膨胀的时候，货币贬值，购买力下降，总是引起黄金价格上涨；当通货紧缩的时候，货币升值，利率升高，人们就会卖出不孳息的黄金资产，导致黄金价格下跌。

前面讲过，黄金有三大属性——商品属性、避险属性和货币属性。在金融市场交易量日益增长的今天，黄金的商品属性对其价格的影响基本可以忽略不计，而避险属性和货币属性都可以催生其抗通胀功能。

第一，避险属性催生抗通胀功能。比如，战争会引起黄金价格上涨，这是因为战争会增加军费开支，损害经济，产生财政赤字，那么政府就会通过大量印钞票的方式弥补财政，刺激经济，这样就会导致货币贬值，通胀急剧上涨。表面看起来，这是因为投资者买入黄金避险，但战争最终导致的是通胀预期上升，从而促使黄金价格上涨，彰显出黄金的抗通胀属性。当发生金融危机的时候也是同理，表面是避险情绪升温，黄金价格上涨，本质是各大央行会实施宽松的货币政策，货币大量放水以刺激经济，从而导致货币严重贬值，引起通胀水平上升。

第二，货币属性催生避险属性。投资者对纸币信心不足，从而买入黄金避险，避免资产遭受不可恢复的重创，这是因为黄金是硬通货，具有货币替代效应。因此，黄金的避险属性是货币属性催生的。

第三，黄金的核心功能——抗通胀。通过第一、第二点的论证，可以看出无论是避险属性，还是货币属性，超发货币最终都导向通货膨胀，从而引起黄金价格上涨。这种传导机制为"货币属性—避险属性—通货膨胀—黄金价格上涨"。

（2）通胀之"母"。从第二次工业革命以来，石油在工业社会中扮演的角色越来越重要，石油因此被称为"工业的血液"。一方面，原油作为社会生活的主要消费品，在社会经济发展中具有非常广泛的作用与功能，各行各业都几乎离不开原油产品。原油产品是材料工业的支柱之一，与现代交通工业的发展息息相关，工业、农业、手工业、科技、建材等，几乎无处不有原油的身影。能源在国民消费中占据了很大比重，因此油价波动将直接影响世界经济的发展状况。另一方面，因为美国经济总量和原油消费量均列世界第一，所以油价对美国经济影响深远。据国际货币基金组织估算，油价每上涨5美元，将削减全球经济增长率约0.3个百分点，美国经济增长率则可能下降约0.4个百分点。当油价连续飙升时，国际货币基金组织也会调低未来经济增长的预期，由此可以看出，油价已经成为全球经济的"晴雨表"。

总体来看，原油价格的波动对通货膨胀具有举足轻重的影响，所以原油价格被誉为通胀之"母"。一般情况下，油价上涨会引发通货膨胀，油价下跌会造成通货紧缩。

图2-13为WTI原油期货日线级别K线图，时间跨度为2021年7月到2022年6月。油价从2021年7月低位60美元/桶附近，一路飙升至2022年6月123美元/桶的高位。

图2-13

在此期间，美国CPI通胀数据从0.6%一路攀升至8.6%，如图2-14所示。其中主要原因就是油价暴涨，带动大宗商品价格全面上升，社会平均生产成本急剧上升，由此引发了恶性通胀。

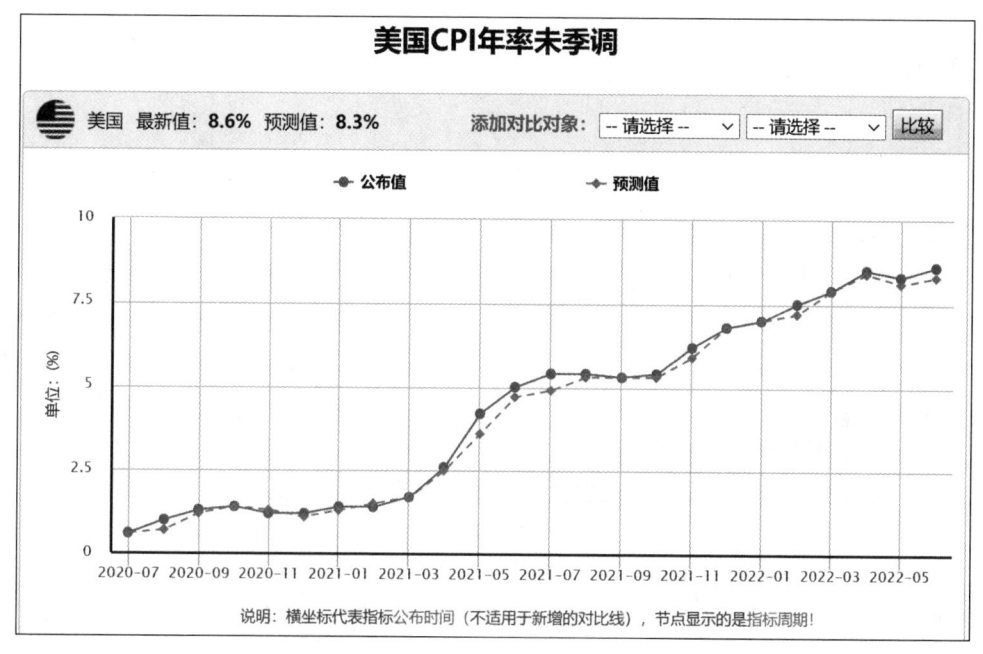

图2-14 美国CPI数据

油价的涨跌主要受两方面因素的影响，其一是全球经济增长，其二是主要产油国的政治局势。

第一，全球经济增长。全球经济快速增长，社会经济各行各业都会扩大对原油的需求，导致原油供不应求，进而从需求侧推动油价上升。

比如，20世纪末至21世纪初，全球经济强劲增长，对原油的需求量与日俱增，油价也自10美元/桶劲升至147美元/桶。图2-15为WTI原油期货月线级别K线图，时间跨度为1985年到2012年。

再比如，全球暴发新冠疫情后，2020年3月油价跌至-40美元/桶。之后，随着全球经济触底，各国经济不断复苏，在促进复工生产的浪潮下，油价很快又从-40美元/桶狂涨至130美元/桶，如图2-16所示。

第二，主要产油国的政策和局势。全球半数石油产量来自美国、俄罗斯和欧佩克组织。随着美国页岩油的兴起，美国跃升为全球最大产油国，沙特

图2-15

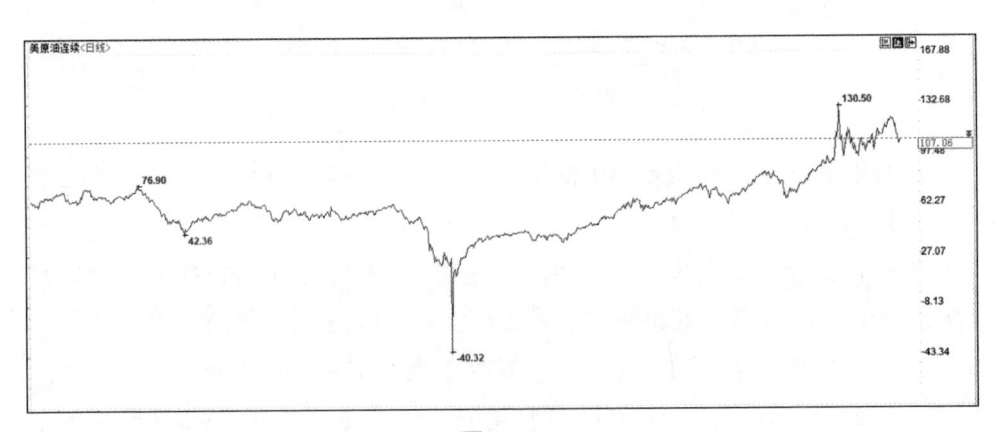

图2-16

则是欧佩克成员国中最大的产油国。2022年3月,美国原油日产量16551万桶,俄罗斯原油日产量10651万桶,沙特原油日产量1030万桶。原油供给存在严重的地域差异,价格也受到主要产油国政策的密切影响,当主要产油国增产时,油价就容易下滑,从而压低通胀水平;当主要产油国削减产量时,油价往往就会走高,进而推升通胀水平。

2018年油价先上涨、后下跌,"几乎完全"由石油巨头的生产政策所左右。产油国定期互相通气,从而确保对国际油价的影响力。2021年4月,欧佩克产油国达成协议,决定削减原油产量,油价自59美元/桶附近快速走高至78美元/桶,如图2-17所示。

图2-17

除了主要产油国的政策对油价具有重要的影响之外,主要产油国发生地缘冲突时,原油供给容易中断,对油价的影响更为猛烈,油价往往会直线飙升,造成通胀水平快速升高。比如三次"石油危机",都分别导致了油价不同程度的大幅上涨,且导致资本主义国家物价飞速上涨,经济发展陷入滞胀的困境。在原油价格暴涨时,日本CPI最高曾达到了惊人的40%。

再比如近期爆发的俄乌冲突,导致俄罗斯受到西方国家的制裁。2022年2月26日,俄罗斯被禁止使用国际资金清算系统(Society for Worldwide Interbank Financial Telecommunications,SWIFT)。一石激起千层浪,WTI原油期货跳空高开,自85美元/桶附近直线冲至116美元/桶附近,短短6个交易日暴涨逾36%。作为第二大产油国,俄罗斯原油出口严重下滑,这加剧了供需失衡,其他产油国很难有能力弥补巨大的供给缺口,因此导致油价大幅上涨,如图2-18所示。随后油价一直在高位运行,这也直接恶化了西方国家通货膨胀程度，美国CPI一度飙升到8.6%，欧元区CPI也飙升到8.1%，达到了不可控的地步。

图2-18

（3）"原油—通胀—黄金"传导机制。前面已经介绍过，黄金的核心作用是抗通胀，原油是通胀之"母"。现在再来理解"原油—通胀—黄金"的传导机制，就非常简单了。黄金是通胀期间的保值品，原油价格上涨会催生通胀。相关资料显示，原油价格每上涨10%，通胀率就上涨约1%，并且当通胀高企时，经济发展的不确定性也随之增加。无论是抗通胀还是避险需求，黄金都受到人们的青睐。

所以，黄金与原油之间存在着正相关的关系，原油价格上升预示着黄金价格也要上升，原油价格下跌预示着黄金价格也要下跌。从中长期来看，黄金与原油价格波动趋势多数情况是一致的，只是大小幅度有所区别。如20世纪70年代原油价格大涨，同时期黄金价格也大涨；80年代原油价格一路走低，黄金牛市也于1981年结束，进入下降通道；90年代，原油价格在低位徘徊，黄金价格更是跌入历史低点。再比如，2022年1月到3月，随着油价持续上涨，全球通胀水平持续上升，黄金也跟着水涨船高，如图2-19所示。

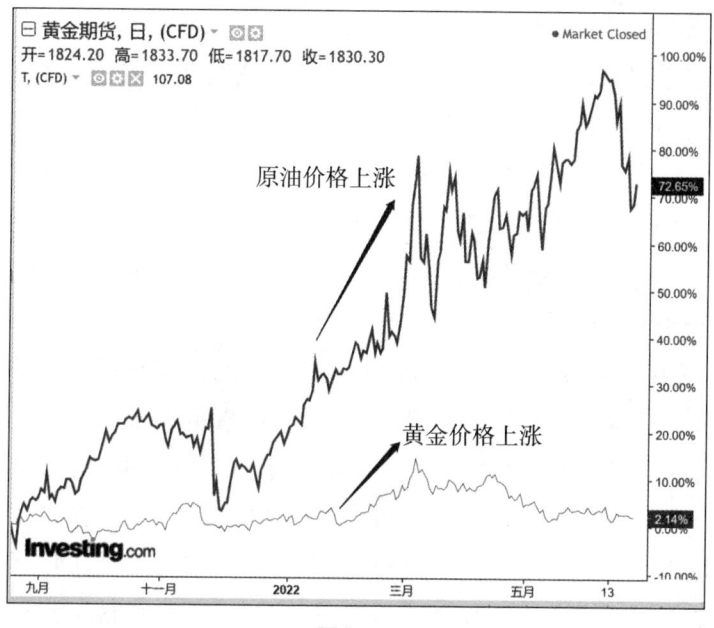

图2-19

2. 石油与美元的关系

（1）"石油美元"机制。要想弄清楚石油和美元的关系，就必须研究"石油美元"机制，因为这是让二者发生关系的根本原因。"石油美元"是指20世纪70年代中期，石油输出国由于石油价格大幅提高，从而增加了石油收入，这部分收入在扣除发展本国经济和国内其他支出后，仍有庞大的盈余。这时石油在国际市场上以美元计价和结算，因此产油国的全部石油收入被统称为"石油美元"。

由于全球大宗商品、贸易商品都以美元计价，所以美元、石油美元、商品美元"三足鼎立"，由此形成了"中心国（美国）—资源出口国（欧佩克等国）—商品输出国（亚洲新兴经济体）"的大循环，这是石油美元机制形成的基础。

二战后，美国凭借政治经济霸主地位，建立布雷顿森林体系，使美元成为最重要的国际储备和结算货币。美国借助布雷顿森林体系，能够开动印钞机生产大量美元，并在世界范围内采购商品与服务。然而很快布雷顿森林体系土崩瓦解，经历了石油危机之后，美国领教了"石油武器"的厉害，因此把目标指向石油，与石油生产国达成协议，贸易一律用美元作为结算货币，至此,"石油美元"机制形成。

"石油美元"机制形成后,其他石油进口国需要通过出口换得美元以进行对外支付。石油是当今世界第一能源,通过将石油价格和美元绑定,美国就可以通过本国货币政策操纵国际石油的产量和流通,从而达到控制世界经济的目的。美元和石油这一绝对刚需挂钩,使得美元作为世界硬通货的地位得到稳固,在美元长期贬值时,美国就可以向全世界人民收取"铸币税"。

(2)石油与美元的负向关系。美国经济长期依赖石油和美元两大支柱,其依赖美元的铸币权和美元在国际结算市场上的垄断地位,掌握了美元定价权。又通过超强的军事力量,将全球近70%的石油资源及主要石油运输通道,置于其直接影响和控制之下,从而控制了全球石油供应,掌握了石油的价格。这也导致了石油与美元一般情况下呈负向关系。从长期来看,石油和美元总体上是反向变动关系,少数情况下才同向变动,而且同向变动的时间较短,幅度较小,并且石油与美元的负向关系比黄金与美元的负向关系更加明显。

图2-20为WTI原油期货月线级别K线图与美元指数的走势对比,时间跨度为1985年到2022年。

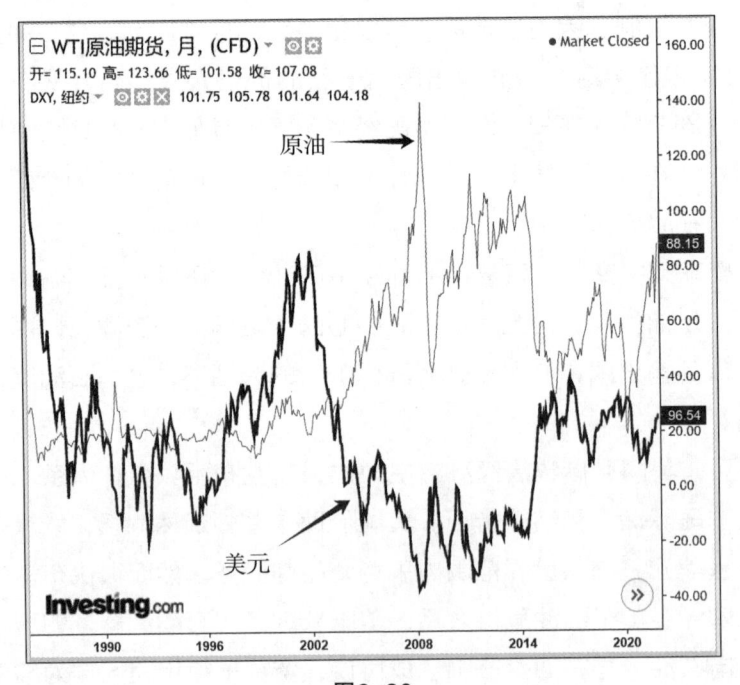

图2-20

长期来说，当美元贬值时，原油价格上涨；美元升值时，原油价格呈下降趋势。出现这种现象的原因主要有以下三个。

第一，原油以美元计价。

在国际市场上，原油以美元计价，而且国际贸易也是以美元来结算的。那么当美元上涨时，以美元计价的原油，自然会变得昂贵，这样就削弱了需求量，从而容易引起油价下跌；当美元下跌时，原油就会变得相对便宜，这样就刺激了对原油的需求，石油进口国可能增加进口量，从而容易引起油价上涨。

第二，美元汇率的波动会影响"石油美元"的购买力。

当美元汇率贬值时，石油输出国手中的"石油美元"购买力下降，能够购买其他国家的商品和劳务减少，那么石油输出国会有提升油价的倾向，以弥补购买力下降的损失。相反，美元升值时，"石油美元"购买力增加，石油输出国会有降低油价的倾向，以扩大出口量。

第三，美元汇率变动一般对应货币周期的转变。

当美元贬值时，一般美联储处于降息周期。低利率环境有利于经济增长，那么对石油的需求量也会不断增加，从而引起油价上升；相反，当美元升值时，一般美联储处于加息周期，经济体利率水平的提高会遏制消费和投资，削弱经济增长的动力，对石油的需求量也会下降，使得油价进入下跌周期。

（3）"美元—原油—黄金"传导机制。前面论述了"原油—通胀—黄金"的传导机制，并且详细揭示了美元和原油的负向关系，那么可以得出"美元—原油—黄金"的传导机制。

美元的涨跌可以引起原油价格的涨跌，原油价格的涨跌又可以影响通胀水平的变动，进而影响作为抗通胀、保值品的黄金的价格波动。当美元上涨时，会打压油价下行，从而压低通胀水平，减弱黄金的吸引力，对金价具有抑制作用；当美元下跌时，会引起油价上升，从而催生通货膨胀，进而彰显黄金的抗通胀作用，引起金价上涨。

图2-21为黄金期货、WTI原油期货和美元指数月线级别K线图，时间跨度为2014年到2022年。黄金和原油价格大体呈正向变动关系，而美元与黄金、原油价格呈反向变动关系。

图 2-21

另外，油价变动直接影响到石油输出国的黄金储备量，进而引发黄金价格波动，不过对黄金价格的影响作用不是很大。石油价格上涨，"石油美元"会迅速膨胀，一些国家会提高黄金在其国际储备中的比例，增加国际市场对黄金的需求，进而推动黄金价格上涨。

2.2.2 黄金与原油的负相关性

黄金和原油呈正相关的关系，但并不是绝对的。在一些特殊时期，两者也会出现背离关系。如20世纪70年代，油价一直位于高位，但黄金价格不涨反跌，这主要是因为美国财政部为了阻止投资者对黄金的投机性需求而抛售部分黄金储备，国际货币基金组织也采取相同的做法，导致黄金市场供给增加，价格难以上涨。当时，金融市场的交易量较小，因此美国财政部和国际货币基金组织抛售黄金储备，能够起到压制黄金价格上涨的作用。现在金融市场交易量极其庞大，黄金储备的运作对市场价格的影响甚微，因此现在看到，当爆出各大央行购入或者抛售黄金储备的新闻时，市场基本反应平平。

除上述原因外，这种负相关性还存在于以下两种情形中。

1. 金融危机初期

金融危机爆发初期，经济开始衰退，原油需求降低，资金会撤离原油市场，导致油价下跌。与此同时，避险资金会介入黄金市场，引起黄金价格上涨。这个时期持续的时间较短。2008年9月中旬，国际金融危机爆发，引发国际大宗商品价格深幅回落，原油价格跌幅位于前列。与原油市场相反，作为全球最大的黄金ETF基金——SPDR黄金ETF，其黄金持有量一直在增加，显示出资金借道黄金ETF进入了黄金市场避险。资金撤离原油市场加重了原油价格的跌势，而避险资金进入黄金市场又支撑了黄金价格的上涨。

再比如，暴发全球新冠疫情后，几乎让全球经济停滞，原油需求一落千丈，随即油价大幅下跌，而黄金得益于避险情绪的升温，价格快速走高。图2-22为黄金期货和WTI原油期货日线级别K线图，时间跨度为2020年2月到2020年8月。在疫情暴发之初，经济衰退的担忧导致油价快速下行，黄金受到避险资金的追捧，价格快速走高。

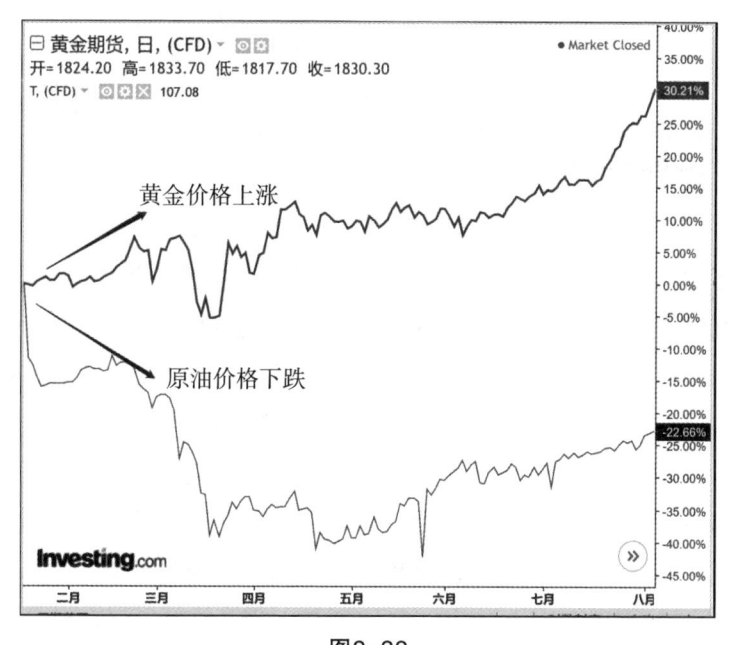

图2-22

2. 主要产油国地缘政治危机后期

主要产油国爆发地缘政治危机初期，黄金和原油价格往往都会立刻飙升。油价飙升的原因是地缘政治冲突会切断原油供给，降低原油产量。黄金价格飙升的原因是避险情绪升温，引发资金流入黄金市场。如果冲突是短期的，则一般黄金和原油价格都会双双快速回落。比如2003年3月20日，美国对伊拉克发动军事行动，战争初期，黄金和原油价格双双暴涨，之后黄金和原油价格又双双快速下跌，如图2-23所示。

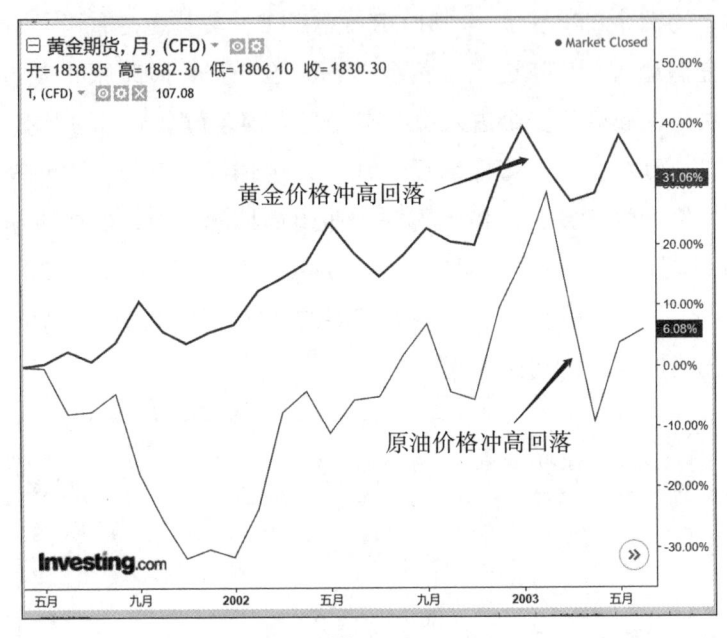

图2-23

当产油国地缘政治危机长期持续的时候，对经济的损害会越来越大，原油产量会持续降低，且后期产量恢复的难度也会越来越大，因此地缘政治危机后期油价会持续上升。油价长期暴涨会导致通胀飙升，远远超过2%的水平，此时高通胀并不能支撑金价上涨。一方面，恐慌情绪可能会导致资金流入美元；另一方面，为遏制高通胀，市场会预期央行收紧银根，预期通胀下降的影响会让资金流出黄金，此时黄金和原油价格会出现反向关系。

比如，2022年3月，俄乌冲突僵持不下，西方国家制裁俄罗斯，导致俄罗斯原油出口中断，市场出现巨大供给缺口，油价振荡攀升，黄金价格却掉头下跌，如图2-24所示。

图2-24

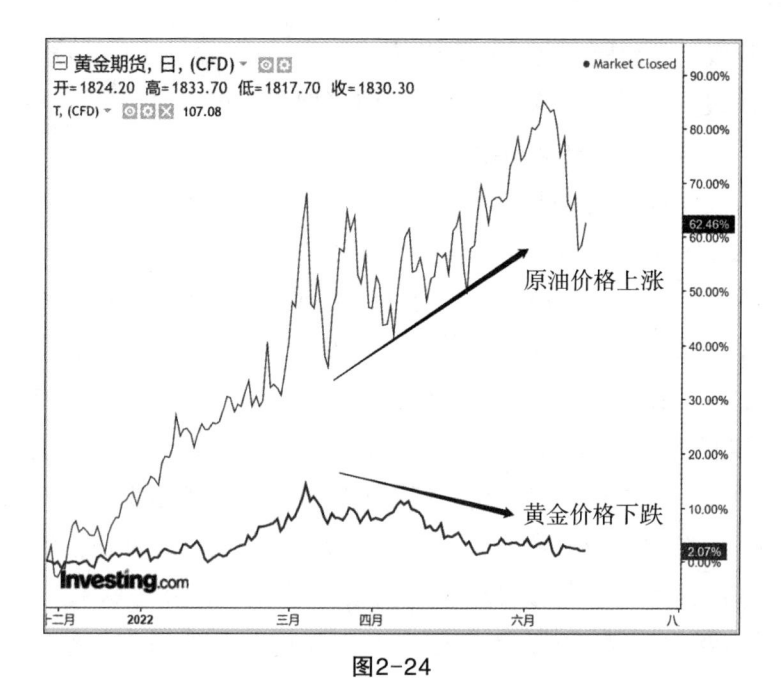

2.3　金融危机

本节详细阐述如何运用经济学原理，准确把握黄金在金融危机中的中长线周期变动。

2.3.1　危机的四个阶段

在金融危机中后期，先是由于危机加深，导致恐慌情绪蔓延，市场资金只想寻求避险，这时资金会从早期流入黄金市场转向流入美元（因为美元避险属性强于黄金），导致黄金被大幅抛售，价格下跌，但是这个阶段持续的时间较短；随后为了挽救经济，各国会采取宽松货币政策，增加流动性，这样会推升通胀预期，黄金价格又会进入上涨阶段，这个阶段持续的时间较长；在金融危机后期，随着经济持续复苏，货币政策开始收紧，通胀预期降低，金价又会进入下跌阶段，这个阶段持续的时间最久。

比如，2008年次贷危机爆发后，黄金价格就经历了四个阶段。

第一阶段：避险期。金融危机初期，避险情绪升温，金价上涨。

第二阶段：恐慌期。这个时候，投资者担忧经济衰退，恐慌情绪蔓延，现金为王，黄金短期遭到猛烈抛售。

第三阶段：预期通胀上升期。这个阶段是预期通胀上升期，并不是实际可见的通胀上升期，在这个阶段金价持续上涨。货币政策有时滞效应，市场也是走预期的，所以货币政策往往是在衰退到来之前就开始宽松，在经济摆脱危机之前就开始紧缩。很多后知后觉的投资者，疑惑明明当时经济看起来还很糟糕，美联储却开启加息，金价也早已下跌，主要原因就是货币政策的时滞效应和预期效应。

第四阶段：预期通胀下降期。预期通胀下降期并不是实际可见的通胀下降期，在这个阶段金价持续下跌。这个阶段经济复苏，预期退出宽松货币政策，通胀预期也持续降低，金价持续下跌。有时候经济还未开始复苏，金价就开始下跌了，这是因为通胀到了一个执政者满意，投资者仍不买账的水平。

图2-25为黄金期货月线级别K线图，时间跨度为1991年7月到2018年10月。

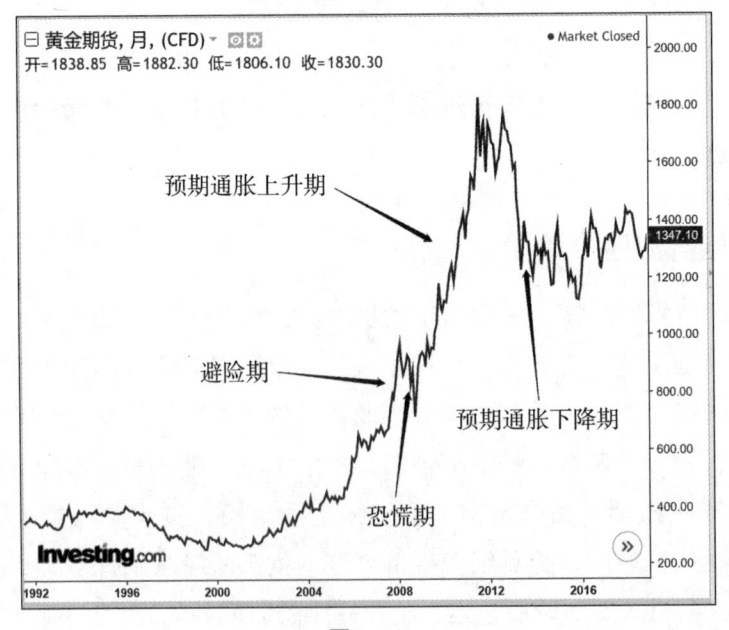

图2-25

2.3.2 通胀目标2%

全球央行基本都将通胀稳定在2%作为目标（央行的两大职能是稳物价、促就业。西方经济学家认为，温和通胀有利于经济发展），所以一旦通胀水平达到2%，通胀对金价上涨的推动力就会减弱，因为投资者会提前预期央行在不久的将来将逐渐退出宽松货币政策，届时通胀也将回落，因此黄金就会提前下跌。

比如，疫情引发的经济危机，就可以很好地阐释这个现象。自2022年3月以来，美联储CPI通胀数据达到了2.5%，黄金也自高位2070美元/盎司一路下跌。但是当通胀飙升至8.6%时，黄金看起来就完全失去了抗通胀的功能，就是因为这个2%的通胀目标造成的（这一点在《玩转大非农》一书PCE金价理论中有详细阐述）。

图2-26为黄金期货日线级别K线图，时间跨度为2019年4月到2022年8月。

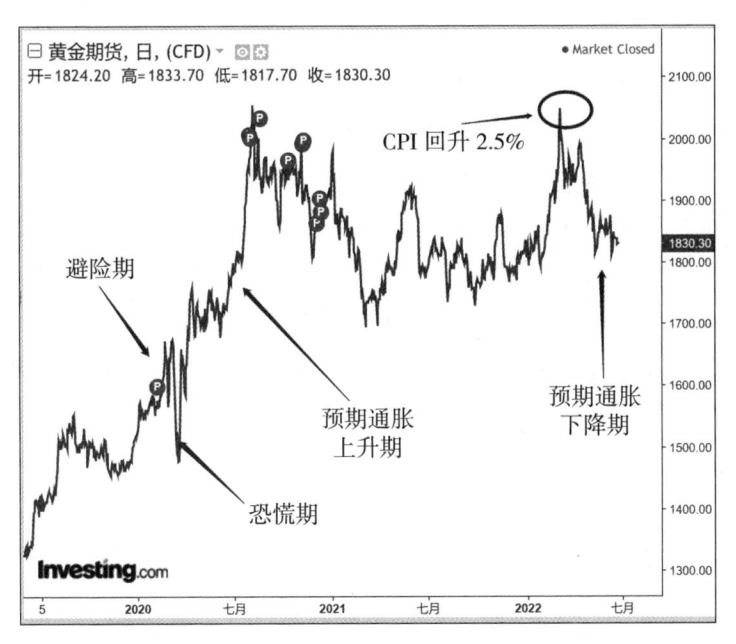

图2-26

美国CPI数据如图2-27所示。

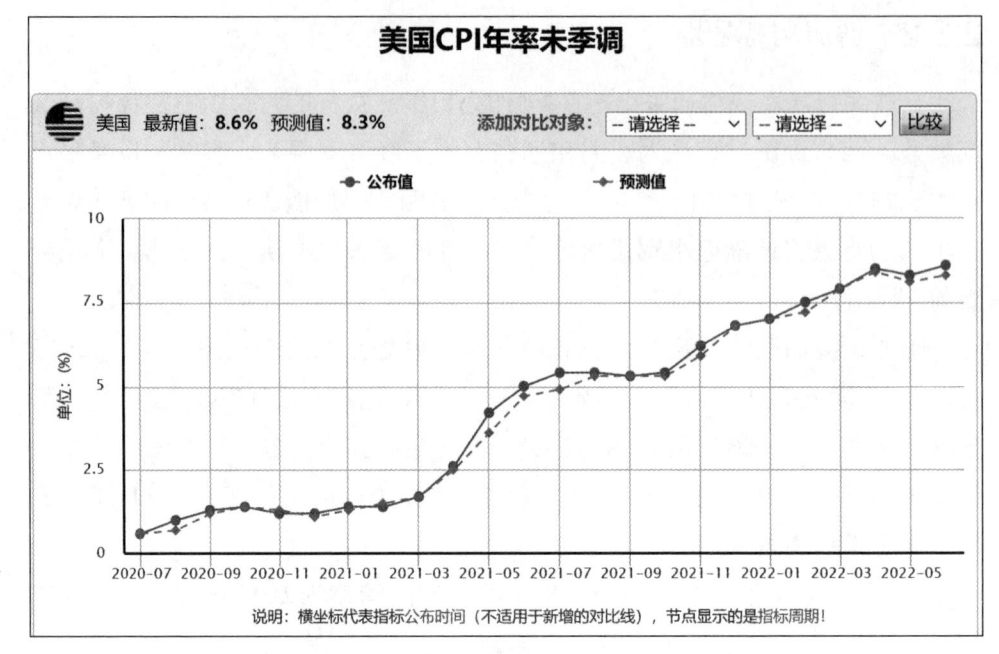

图2-27

美国央行制定通胀目标初期，最早定在0～1%。但是这个说法遭到了反对，理由是通胀目标区间如果定在0～1%，那么这个区间离0太近了。从美国央行制定政策的角度来讲，很难把利率变为负数，因此利率有一个零底线。在这种情况下，如果发生经济衰退，美国央行就没有多少空间可以通过降低实际利率（实际利率=名义利率-通胀率）以刺激经济发展。也就是说，如果经济的通胀率为2%，那么当把名义利率降到0时，实际利率为-2%。这个负的实际利率，对于经济来说是有刺激作用的。但是如果通胀率为0，那么即使把名义利率降到0，其实际利率也还是0，达不到刺激经济的作用。经过讨论后，美联储将通胀目标设为2%。

2.3.3 危机中的启迪

从本节内容可以总结出黄金投资中最重要的三大核心理论。

第一，人尽皆知的机会不是机会。

危机来临时，人们往往四处逃散，惶恐不安。就像谚语所说的一样，"危机，危机，危中有机"，这句话表达的意思是机会都来源于危险之中，所谓"富贵险中求",表达的就是相反理论。所有人不看好,往往是最佳机遇;所有人都认为是机会,实际上往往都是陷阱。

金融市场中莫不如此。大众的眼光往往都是短视的,真理总是掌握在少数人手里。天才交易员利弗莫尔曾经说过,他总是选择与群体思维相反的思维方向,随时都准备与大众反向操作。

我比较喜欢做黄金长线投资,每当长线买入时,往往都是市场反向浪潮最大的时刻。新冠疫情暴发时,黄金快速暴跌,整个市场笼罩在极度恐慌之中,但这恰恰是千载难逢的机会。当时我反向在1470美元/盎司附近中长线抄底,金价迅速见底,短短几个月就暴涨至2000美元/盎司上方,如图2-28所示。

图2-28

第二,2%为长期通胀目标。

很多人认为基本面分析太过抽象,无法具体量化,定量化分析方面不及技术分析。但各大央行2%的通胀目标,给投资者的投资决策提供了可以量化的数字。比如,在疫情期间,全球经济活动停滞,进入严重通缩阶段,通胀水平远小于2%。此时黄金中长线必然会上涨,因为全球央行必然会努力推升通胀,以刺激经济增长,导致通胀预期上升,金价自然也会水涨船高。

因此,每当通胀远低于2%时,都可以作为中长线行动信号。

第三,黄金抗预期通胀,而不是抗现实通胀。

要注意的是，黄金价格涨跌取决于通胀预期，而不是取决于现实通胀水平。因此黄金的抗通胀作用，抗的也是预期通胀，而非现实通胀。金融市场永远是炒预期，并不是炒现实，一旦到了可以看到现实的时候，行情基本上已经走完了。

图2-29为2022年美国通胀数据。美国通胀数据高企不下，黄金不但没有发挥抗通胀作用，反而持续下跌，如图2-30所示。

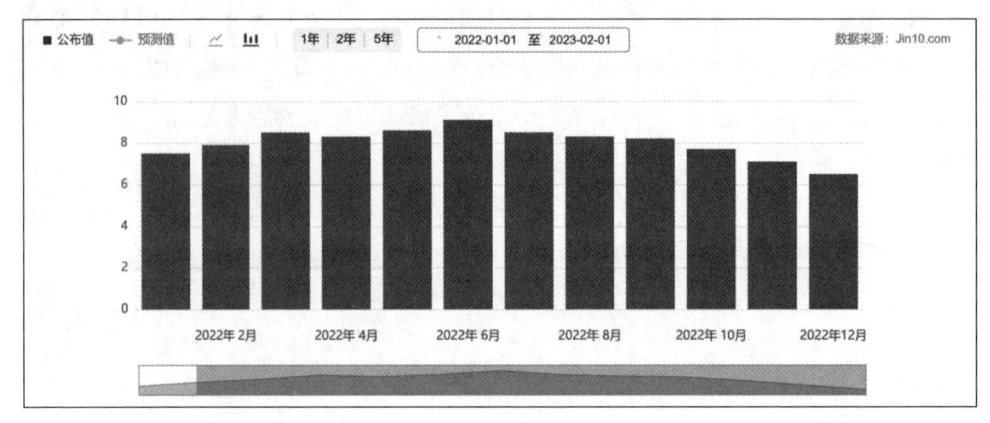

图2-29

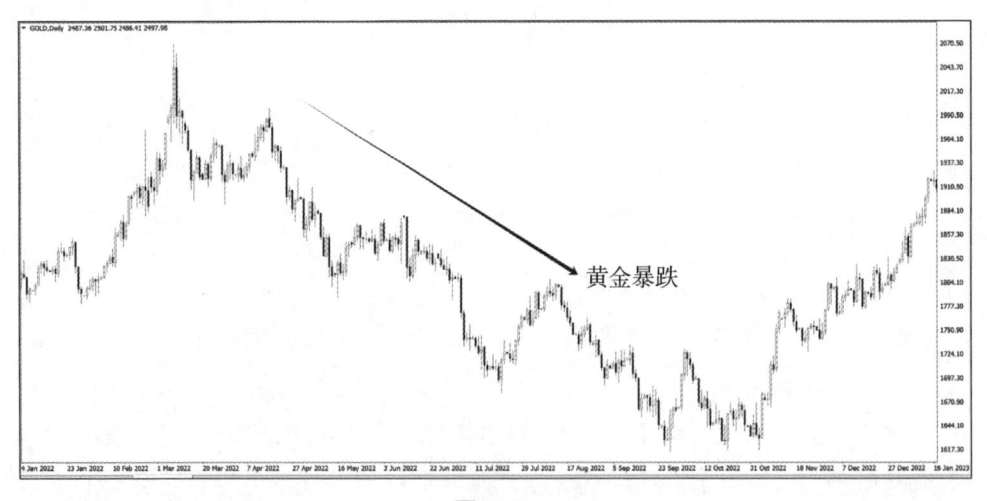

图2-30

2.4 股市

黄金市场和股票市场是世界金融市场体系的重要组成部分。一般来说，股票市场主要满足投资者的投资需求，黄金市场主要满足投资者的资产保值需求。

2.4.1 黄金与股市的负相关性

国际黄金市场的发展历史表明，在正常情况下，黄金与股市也是逆向运行的，股市行情大幅上扬时，黄金价格往往是下跌的，反之亦然。

股市是经济的晴雨表，一方面，股市的好坏直接影响着风险资产的收益率，黄金作为不孳息资产，当股市高涨的时候，持有黄金的成本增加，黄金势必会遭到抛售，反之亦然。另一方面，黄金作为避险工具，经济危机来临时，股市风险资产就会遭到抛售，转而追捧作为保值和安全资产的黄金。所以从这两个方面看，股市和黄金就是跷跷板的两头。

图2-31为道琼斯工业指数和国际黄金周线级别K线图，行情时间跨度为2012年1月22日到2019年6月2日。道琼斯工业指数自2012年刷新历史高点以来，吸引了大量资金进入股市，之后继续不断刷新历史高点。同期金价却结束了近10年的牛市，进入了下跌周期。

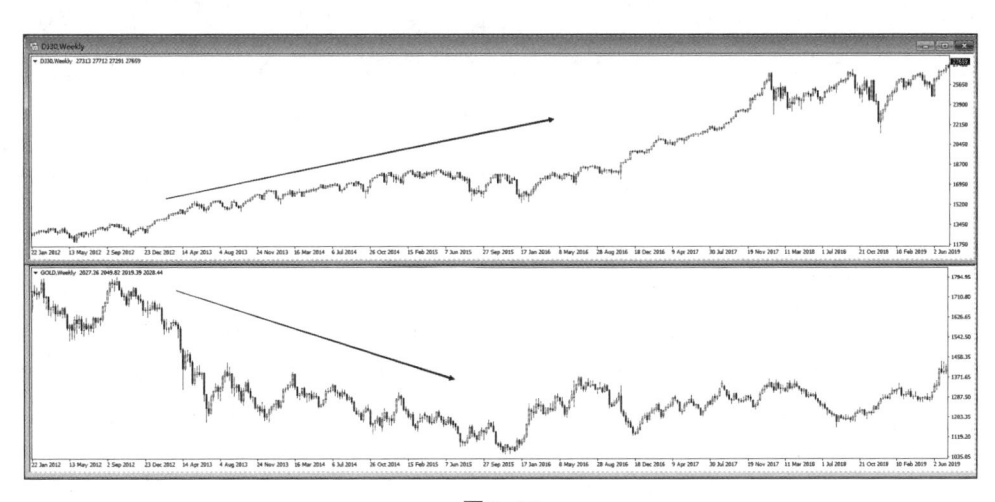

图2-31

2.4.2 黄金与股市的正相关性

黄金与股市并不总是保持反向关系，有两种例外情况。

（1）当经济危机步入复苏阶段，由于经济体的扩张性经济政策会增强投资者的信心，使得大量资金流动，追逐风险投资，因而股市持续走强。但是此时人们的避险情绪还在，且扩张性货币政策导致预期通胀升温，也会刺激资金追捧抗通胀属性的黄金，所以经济复苏期会导致股市和黄金同涨同跌。

图2-32为道琼斯工业指数和国际黄金日线级别K线图，行情时间跨度为2019年12月29日到2020年8月10日。疫情导致全球经济疲软，美联储实施史无前例的宽松货币政策，刺激经济复苏。经济复苏预期和通胀上升预期，共同导致黄金和股市一同上扬。

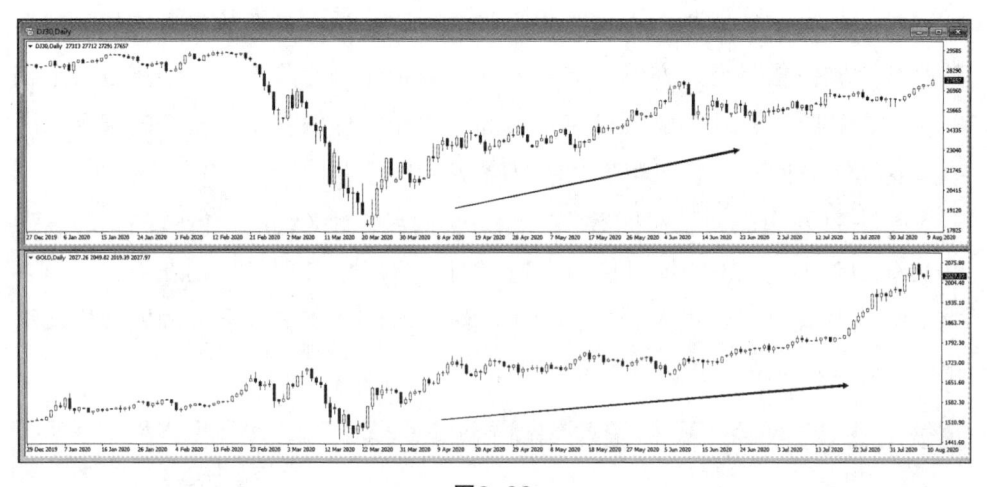

图2-32

（2）在极度恐慌下，现金为王，市场抛售一切资产，会导致黄金价格和股市同涨同跌。

图2-33为道琼斯工业指数和国际黄金日线级别K线图，行情时间跨度仍然是2019年12月29日到2020年8月10日。2020年3月，由于新冠疫情暴发，全球资金流动性紧缺，股票和黄金全部遭到抛售，就发生了股市和黄金同步暴跌的情况。

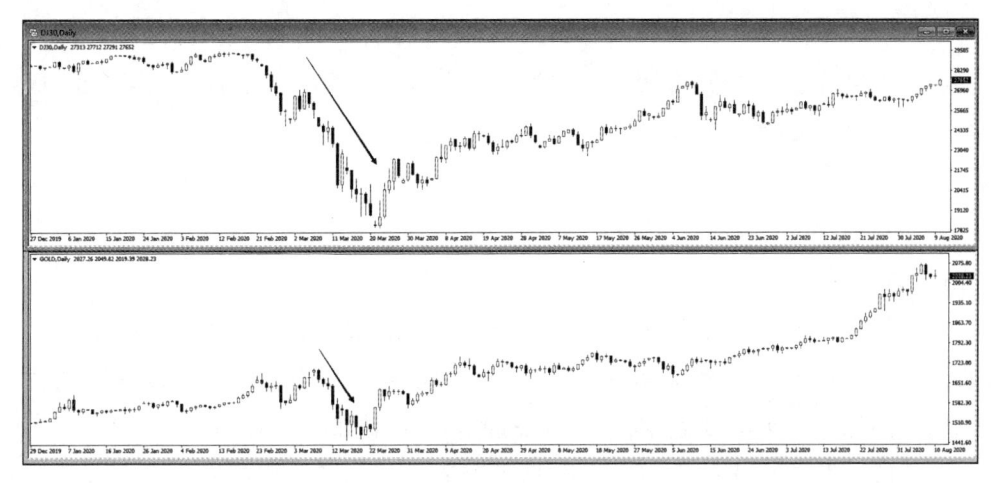

图2-33

2.5 非农数据

非农数据指美国就业数据，它和黄金价格走势具有密切的关系。美国有两个就业数据，一个是美国劳工部劳动统计局的大非农数据，另一个是美国自动数据处理公司（Automatic Data Processing，ADP）提供的数据，简称ADP数据，俗称小非农数据。

2.5.1 大非农数据

大非农数据指非农业就业人数、就业率与失业率这三个数值，它是反映美国非农业人口就业状况的数据指标。通常由美国劳工部在每个月第一个星期五的晚上公布。

非农业就业人数主要统计从事农业生产以外的职位变化情况。它能反映制造业和服务业的发展及增长趋势，下降代表企业减产，经济步入萧条期。当社会经济发展较快时，消费自然增加，消费型行业以及服务业的职位随之增多。

每个月的常规数据中，大非农数据对外汇和黄金行情的影响最大，所以大非农数据是投资者应当重点关注的常规数据。大非农数据之所以对黄金市场有如此大的影响力，主要原因有以下三点。

第一，数据公布及时。大非农数据是每月第一个公布的重要经济数据，而且这个数据在调查完毕后一个星期即由美国劳工部公布，所以市场能够从数据中及时得知美国的非农就业情况。

第二，大非农数据详细指出了美国的就业情况，公布的资料对预测美国经济发展状况非常有用。所以，当市场得到这些资料后，可以对美国的国内生产总值进行大概的预测。

第三，大非农数据关注的是美国一般家庭的收入情况，就业情况改善，收入增加，就会带动各个消费环节。美国经济中大约70%的增长以国民消费为主，所以得知大非农数据，就可以预测美国国内的消费情况。

一般情况下，大非农就业人数高于预期，美元指数会反弹，黄金价格会下跌；反之则美元指数下跌，黄金价格上涨。但大非农数据与黄金价格的关系并不是每次都遵循这一常规思路，仍有特殊情况存在。有时大非农数据亮眼，风险偏好令美元指数不涨反跌，黄金价格不跌反涨。有时大非农数据惨不忍睹，受避险情绪提振，美元指数不跌反涨，黄金价格不涨反跌。其中的关键在于投资者的风险偏好。

图2-34为2024年8月2日国际黄金5分钟级别K线图。当晚大非农数据利多，黄金价格秒速拉升。

图2-34

图2-35为2024年7月5日国际黄金5分钟级别K线图。当晚大非农数据利空，黄金价格却反向大涨。

图2-35

2.5.2 小非农数据

大非农就业数据可以带来行情的大幅波动，所以投资者都希望能够提前预判大非农就业数据的好坏，期望能够在最佳位置介入市场，从而获取更多的收益。从交易实务上讲，虽然抓到最佳位置的愿望往往会以踏空或者踏错一波行情而告终，但提前预判大非农就业数据的走向，对判断交易方向和控制风险有至关重要的作用。而ADP数据就是前瞻大非农数据的重要指标，该指标也称为小非农数据。

小非农数据是在美国劳工部发布大非农数据之前公布的私营部门非农数据。该数据由ADP公司发布，发布的就业人数比较权威。小非农数据即ADP全美就业报告，由ADP公司赞助，宏观经济顾问公司（Macroeconomic Advisers LLC）负责制订和维护。

本报告的数据采集自约50万家匿名美国企业，涵盖近3500万美国员工，反映了美国的就业情况。该就业数据是消费者支出的领先指标，占总体经济活动的大部分。ADP调查仅包括私营部门的就业数据，不包括政府部门就业。ADP就业人数被看作大非农数据的先行指标，很多投资者以此作为黄金交易的依据。

ADP就业人数每月公布一次，时间一般为大非农数据公布前两天。如果ADP就业人数高，则说明经济发展良好，对美元是利好消息，利空黄金。

反之，则利空美元，利多黄金。但实际行情并不总是按照经济原理运行，因此，切不可将经济原理奉为交易赚钱的圭臬，生搬硬套按其操作。

图2-36为2024年7月31日国际黄金5分钟级别K线图。当晚小非农数据利多黄金，黄金行情也立即走高。

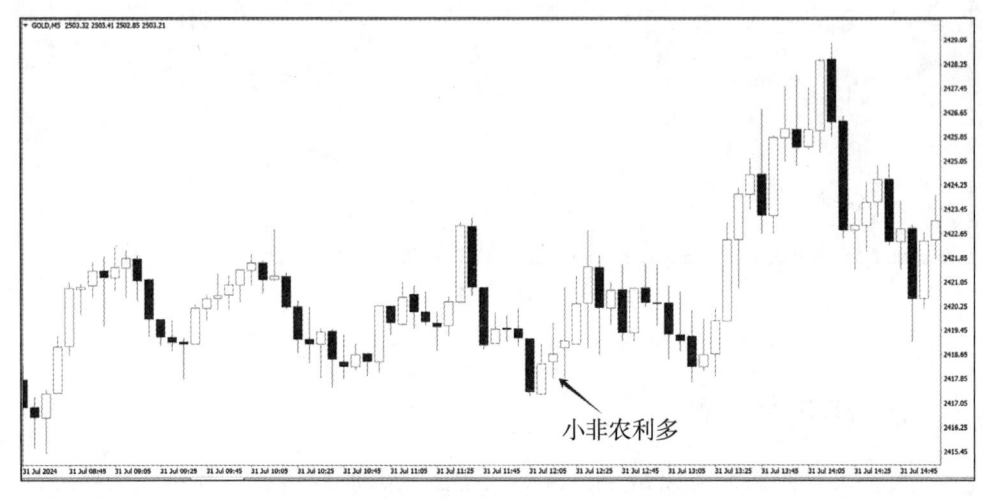

图2-36

图2-37为2024年5月1日国际黄金5分钟级别K线图。当晚小非农数据利空黄金，黄金行情只是略微小跌，然后继续攀高。

图2-37

2.5.3 小非农数据与大非农数据的关系

（1）小非农数据主要是私营部门的非农就业数据，大非农数据是全美所有行业统计获得的非农就业数据。

（2）小非农数据和大非农数据都是反映美国劳动力市场状况的指标。

（3）小非农数据和大非农数据呈高度正相关关系。小非农数据对大非农数据有预测作用，一般情况下，小非农数据和大非农数据相差不会很大。如果小非农数据表现良好，基本上可以确定大非农数据也会表现强劲，反之亦然。

图2-38为2001年到2013年美国ADP就业人数和大非农就业人口数据对比。从图中可以看出，小非农数据和大非农数据呈高度正相关关系。

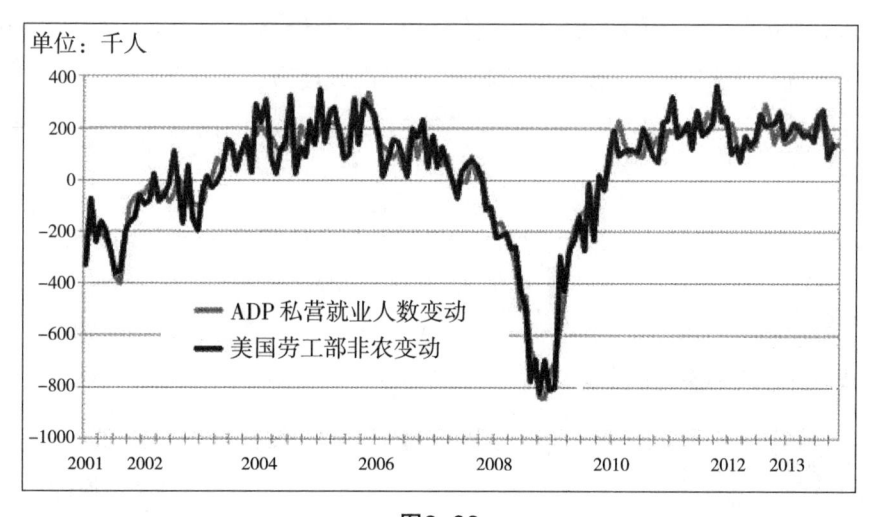

图2-38

若小非农数据好于预期，投资者对周五大非农就业数据的乐观预期将会提振美元，打压黄金；反之，若小非农数据差于预期，投资者对周五大非农就业数据将会悲观，打压美元，支撑黄金。可以说小非农数据是大非农数据的一次预演。

图2-39为美国2024年9月公布的一组就业数据（小非农数据和大非农数据）。从图中对比可知，小非农数据公布值9.9<预期值14.5，数据表现欠佳；大非农公布值14.2<预期值16，数据表现也欠佳。大小非农数据对金价影响的方向一致，都是差于预期，利多黄金。

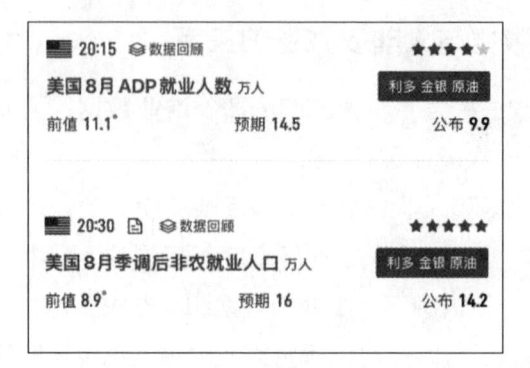

> 20:15 📊 数据回顾　　★★★★
>
> **美国8月ADP就业人数** 万人　　利多 金银 原油
>
> 前值 11.1˚　　预期 14.5　　公布 9.9

> 20:30 📊 数据回顾　　★★★★★
>
> **美国8月季调后非农就业人口** 万人　　利多 金银 原油
>
> 前值 8.9˚　　预期 16　　公布 14.2

图2-39

图2-40为国际黄金5分钟级别K线图，行情时间跨度为2024年9月5日到2024年9月6日。由于小非农数据利多影响，黄金价格瞬间走高。之后公布的大非农数据再次利多，导致黄金价格再一次直线飙升。

图2-40

小非农数据与大非农数据呈高度正相关关系，因此小非农数据利空黄金，大非农数据也大概率会利空黄金。操作上，小非农数据公布显示利空后，要以反弹做空为主。如果大非农数据如期发布利空，交易也会因此获利。

2.5.4 CN战法

1. 非农数据行情特点

每逢非农数据公布的时候，也是金融市场万众瞩目的时候，因为这时行情往往都是变化最大且最快的，一旦机会把握对了，就能迅速将不菲的利润装进口袋。投机是一场对人性的挑战，而一般的投资者都不具备耐性，总想快速暴赚，所以这些重大快速的行情往往最能牵动人心，使人们跃跃欲试，期望在最短的时间内获取暴利。然而市场利润和风险是并存的，在非农数据行情中，往往都有大机构、大资金入场，会快速影响金价，所以短期技术很容易被破坏。

图2-41为2021年6月4日美国非农数据公布时的国际黄金5分钟级别K线图。在非农数据公布时，"COMEX最活跃黄金期货合约北京时间2020年6月4日20:30一分钟内买卖盘面瞬间成交4459手，交易合约总价值8.38亿美元"的操作，导致黄金猛烈冲破数道阻力，直接扭转趋势，支撑阻力全部失效，顺势交易也失效。

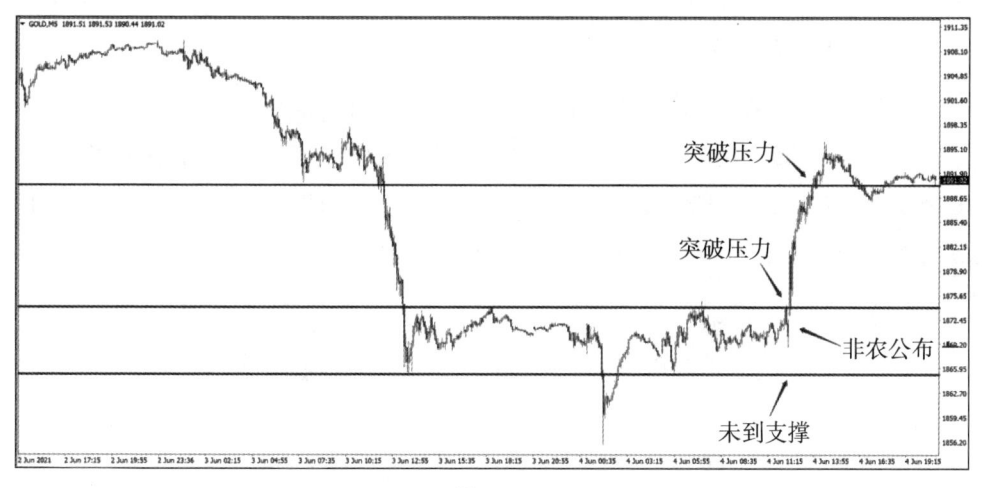

图2-41

大部分投资者其实并不知道如何在这种重大快速的行情中赚钱，相反，每次进场都是铩羽而归。很多人都心有不甘，但苦于没有行之有效的方法，最后干脆放弃。但是对于平时小波动的行情，投资者的耐性又不够，看见利润就跑，总是无法达到令自己满意的获利空间，在赚小赔大的过程中反复恶性循环。

那么，有没有一种方法可以应付这些重大行情呢？

当然有！那就是CN战法。CN即control the nonfarm，直译为"玩转非农"。

2. CN战法基本法则

CN战法是我的另一本图书《玩转大非农——黄金、外汇、原油非农行情实战技法》的核心理论（更详尽的内容请参考原书），是根据非农数据交易黄金的利器。该交易方法是脱离技术层面的客观交易系统，理论背景是诺贝尔经济学理论，属于市场底层投资逻辑。CN战法是一个完整的交易体系，根据信号进入，基本就是优越的进场价位，有很强的获利能力，可以增加投资者的信心，提升交易心态。

CN战法基本法则：非农数据公布前5分钟，如果行情向下拉低，那么就反向交易，进场做多；如果行情向上拉升，那么就反向交易，进场做空。

注意：向上拉升或向下拉低越明显，反向交易的成功率越高。如果非农数据公布前几分钟，行情没有明显拉升或者拉低，可以持币观望，不参与交易。

3. CN战法四部曲

以2021年6月4日隔夜非农行情分析CN战法的实际效果。如图2-42所示，美国劳工部公布的报告显示非农就业总人数增加55.9万人，失业率下降0.3个百分点至5.8%，创2019年3月以来的新低。美国非农数据不及预期，市场对美联储减码担忧减弱。当晚纳斯达克指数高开高走，大型科技股普涨。

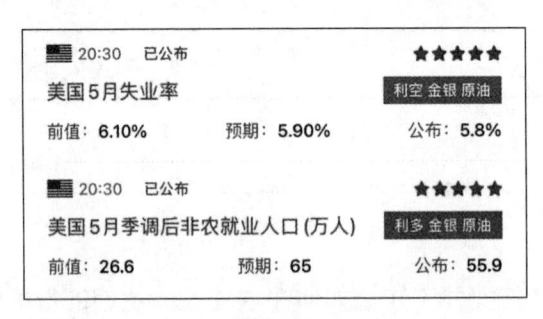

🇺🇸 20:30 已公布		★★★★★
美国5月失业率		利空 金银 原油
前值：6.10%	预期：5.90%	公布：5.8%

🇺🇸 20:30 已公布		★★★★★
美国5月季调后非农就业人口（万人）		利多 金银 原油
前值：26.6	预期：65	公布：55.9

图2-42

图2-43为2021年6月4日美国非农数据公布时的国际黄金5分钟级别K线图。

图2-44为2021年6月4日美国非农数据公布时的国际黄金1分钟级别K线图。

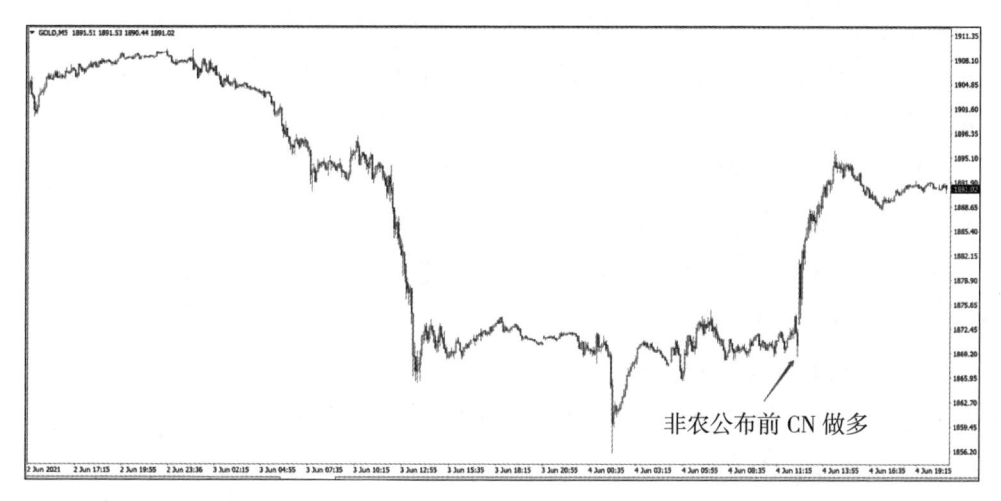

图2-43

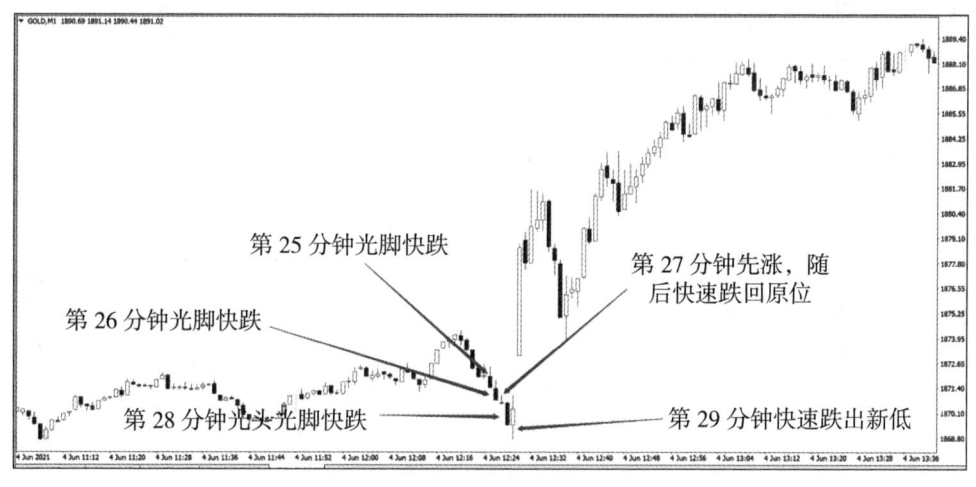

图2-44

（1）确定反向信号。

如图2-43所示，非农数据公布前，黄金价格下跌，因此CN信号是反向做多。

（2）确定开仓时机。

如图2-44所示，由于开盘后第25分钟和第26分钟都是中阴光脚快跌的走势，这个时候出现反向做多信号。第27分钟虽然反弹，但是迅速被打回原点，紧接着第28分钟继续光头光脚大阴下跌，可见整体是浓郁的下行气氛，这个时候就是开仓做多的最佳时机。

最后，第29分钟先快速打了一个新低，偏下行气氛，虽然收阳线，但不影响前期判定的多头信号，所以持仓至数据公布。如果在最后一分钟持有过程中，黄金价格大幅爆拉，幅度和速度都超过前面4根K线，那么立刻平仓，再反向开仓。

如果在第29分钟开盘之前有很明确的信号可随时开单，如果不是很明确，就等第29分钟开盘再下单。最后1分钟继续观察验证信号的对错，并加以斧正，反向开单。因此，2021年6月4日非农行情做多价位是第29分钟的1869.44美元/盎司。

（3）确定止损价位。

使用短线支撑阻力（前期高低点）和控制点两种方法，根据合理原则和就近原则科学止损。

图2-45为2021年6月4日美国非农数据公布时的国际黄金5分钟级别K线图。短线支撑阻力是1865.3美元/盎司，控制点是1861美元/盎司，所以综合来看，科学止损点设置在1861美元/盎司以下即可。

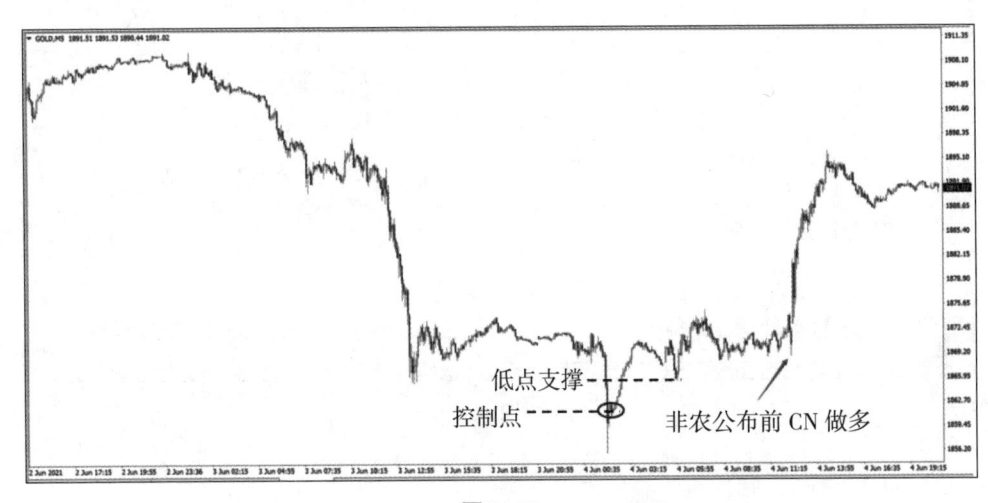

图2-45

（4）确定退出时机。

根据"非农析金"原理（见《玩转大非农——黄金、外汇、原油非农行情实战技法》），借助短线支撑阻力和控制点制订科学的退出机制。

首先，根据卢卡斯诺贝尔经济学理论判断数据，如果是非理性预期强势数据，且与信号方向一致，则可以持有单子，等利润奔跑，反之，则尽量谨慎推动合理止损或尽快出场；如果是超理性预期的数据，且与信号方向一致，则可以适当扩大获利目标，即时推动合理止损，反之则谨慎，在适当价位出场；如果是理性预期数据，则数据不影响单子持有。

其次，找出短线支撑阻力（前期高低点）和控制点，根据合理原则和就远原则，科学设置止盈价位。

图2-46为2021年6月4日美国非农数据公布时的国际黄金5分钟级别K线图。

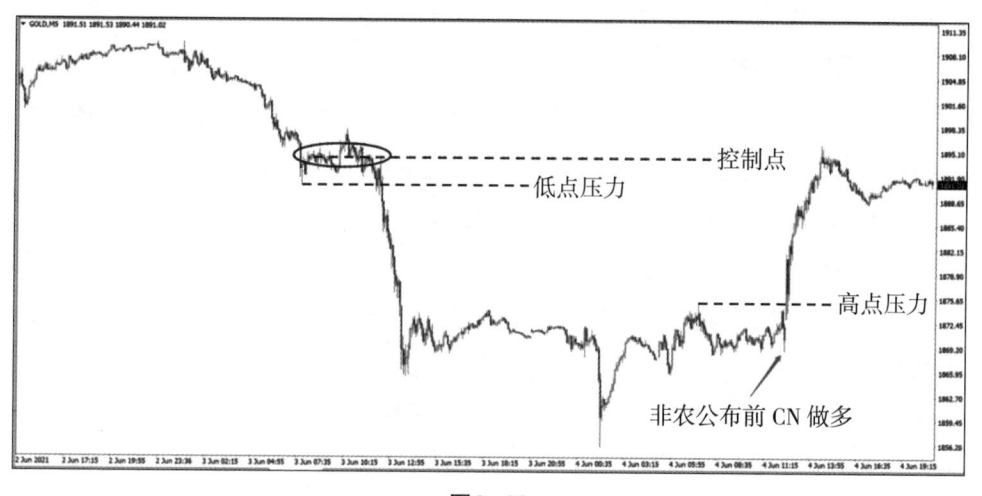

图2-46

因为非农数据前值是26.6，预期值是65，公布值是55.9。根据"非农析金"原理可知，该数据对黄金价格的影响是小幅利多，与多单持仓方向一致，可以安心持仓，放大获利。

如图2-46所示，短线压力是1874美元/盎司，进一步压力是1890美元/盎司，控制点是1894.5美元/盎司。综合来看，科学的出场点是1894.6美元/盎司。当晚数据公布后，黄金价格直线拉升，没有触及止损价位，在1869.44美元/盎司多单开仓，直接在控制点1894.5美元/盎司止盈出场，获利25.06美元/盎司。

2.5.5 AE战法

1. AE战法定义

AE中的A是小非农ADP的首字母，E是expect（预期）的首字母，所以"小非农预期战法"简称为AE战法。

AE战法是根据小非农数据对大非农数据的前瞻性指引所产生的预期对金价的影响，并结合控制点等技术指标形成的一种以基本面为主导的交易方法。从定义中可以得知，AE战法主要应用于小非农数据公布后和大非农数据公布前的一段行情。

2. AE战法四大原理

（1）前瞻指引。ADP就业人数俗称"小非农"，被看作大非农数据的先行指标，二者有很强的正相关性，很多投资者可以此作为交易依据。

若ADP就业数据向好，投资者对周五大非农就业数据的乐观预期将会提振美元，打压黄金；反之，若ADP就业数据表现差劲，投资者对周五大非农就业数据将会悲观，打压美元，支撑黄金。可以说小非农是大非农的一次预演。

（2）预期金融市场。金融市场永远由预期主导，所以才会经常出现数据利多而行情下跌或者数据利空而行情上涨的现象。真正的市场往往会提前反应，消息没来的时候，行情都已经走完了，这就是市场中常说的"买预期，卖事实"。所以在ADP公布之后，如果ADP利多，那么在大非农公布之前，根据ADP的前瞻性指引，市场会有一个预期认为大非农也会利多，那么市场就有预期动力将行情往上推。反之，如果ADP利空，那么市场就会有预期动力将行情往下压。

（3）相反理论。站在机构的角度看，当ADP利多的时候，如果机构通过调查、分析、统计得出大非农也可能利多，那么机构会计划做多非农。在ADP公布后到大非农公布前的一段时间，机构会清理散户，将行情往下打。机构这样做有两个好处：第一，散户大多是非理性的，当他们看到数据利多，但是行情反向下跌，就会因恐慌轧平多头，这样就达到了清理散户的目的；第二，机构先往下打压行情，可以降低持仓成本，获利更多。

机构的交易行为导致ADP数据利多，但是行情反向下跌，或者ADP数据利空，行情反向上涨。这个时候，投资者就可以反向操作，刚好站在机构这一边，获利会更稳健一些。

（4）原始控制点理论。有了反向操作思维之后，在哪个位置去反向介入就很重要了。下面介绍一下AE战法中重要的原始控制点理论。

第一，控制点是市场概况指标上的峰值，其对应的是成交次数最多的价格，交易者在这个价格点能轻松交易。

大家知道，金融市场价格的运行是投资者交易行为的结果。人们往往喜欢朝着最舒适的方向交易，金融市场有一句话与之对应：价格往往会朝着阻力最小的方向运行。比如，某一家首饰店的珠宝质量好，价格又实惠，人们就倾向于去该门店消费。与此相同，当交易者在价格的某一点上觉得很合理的话，市场就会在该位置畅通无阻地成交，这样就形成了控制点。

控制点具有价格吸引子作用，当价格再次抵达控制点的时候，交易者认为这是最合理的价格，就会将价格维持在该价位运行，价格也会在控制点上受阻。

第二，原始控制点是指市场未曾触及或者未曾再次抵达的控制点。

从哲学上讲，人们是通过普遍现象来认知事物的。当人们第一次认知某个事物时，往往难以接受。但随着认知的次数变多，就会慢慢地接受。就像我第一次教我爸爸用电脑的时候，他特别抵触。但是为了方便他的生活，给他老年生活带来乐趣，我多次指导，现在他已经完全迈进多彩多姿的网络生活之中。

原始控制点也是一样，作为未曾触及的控制点，当它第一次被触及时，阻力非常强大，回挡的概率非常高。因此，原始控制点的威力远远大于常规控制点，它既是强大的价格吸引子，也是强大的阻力点。

图2-47为黄金1小时级别K线图，时间跨度为2024年3月4日到2024年4月10日。

图2-47中，山峰状的指标为市场概况，每一个峰值所对应的价格都是控制点。但只有最下方一峰对应的价格是原始控制点，因为该价位未被触及过。从后市可以看到，价格触及原始控制点的时候立即精准上涨，说明原始控制点具有强大的威力。

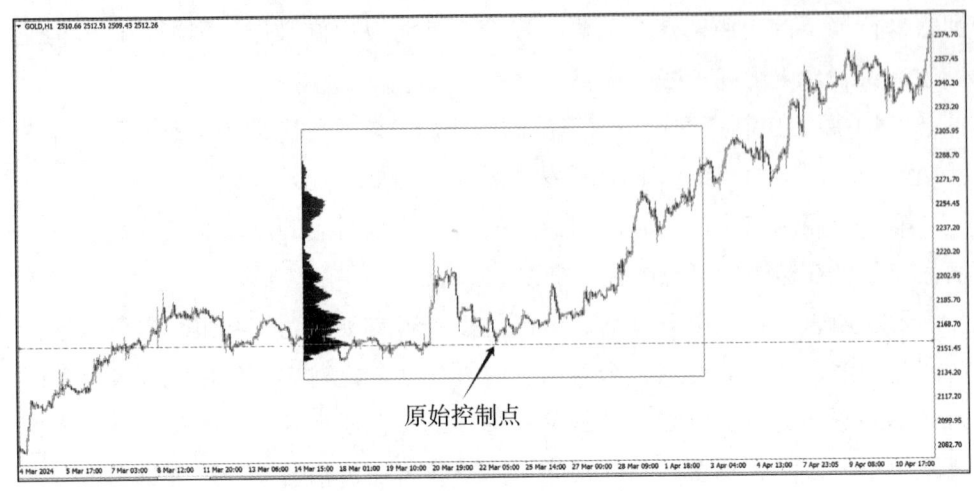

图2-47

3. AE战法的两种情况

AE战法有两种情况：一种是标准AE战法，另一种是非标准AE战法。如果是标准AE战法，盈利概率极高，但是大部分行情都是非标准的。

（1）标准AE战法。小非农数据公布后，行情走势和小非农指示的方向相反，那么可以在原始控制点处，顺着小非农数据指示的方向入场交易。因为大非农数据大概率和小非农数据方向一致（二者呈高度正相关关系），根据预期理论，很可能在大非农数据公布前，市场预期压力会对价格产生影响，此时顺着小非农数据指示的方向做交易，盈利能力非常强。

图2-48为2022年10月5日小非农数据公布时的黄金5分钟级别K线图。

标准AE战法操作要点如下。

①数据公布时间：2022年10月5日晚上20:15公布美国9月ADP就业数据。

②数据公布情况：公布值为20.8，预期值为20，前值为13.2。

③数据分析：根据诺贝尔经济学理论推导的"非农析金"可知，ADP数据大幅利空黄金。

④反向交易：在ADP就业数据公布后，黄金价格不跌，反而快速上涨。根据AE战法，应该等价格反弹触及原始控制点时，立即开仓反向做空。由图2-48可知，美国9月ADP就业数据公布后，上方最强的原始控制点为1712美元/盎司左右，即在黄金反弹至该位置时，立即反向开仓做空。

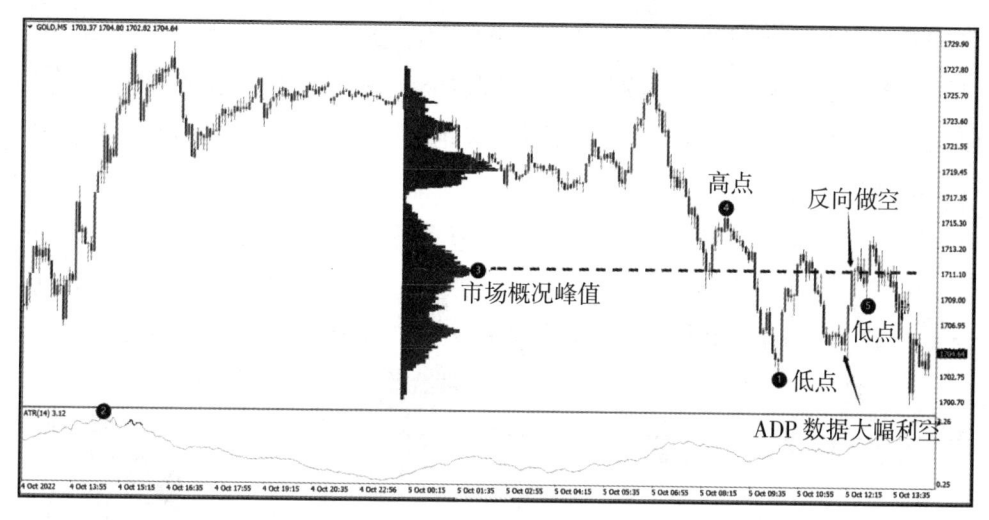

图2-48

⑤持仓决策：因为数据大幅利空，有利于空单，因此，可以安心持有空单，等待行情进一步下跌，以扩大利润。

⑥持仓盈亏：从行情图中可以看到，黄金振荡下跌至1700美元/盎司，轻松获利出局。

（2）非标准AE战法。小非农数据公布后，行情走势和小非农指示的方向相同，这属于被市场预期到的常规情况。根据市场有效理论和理性预期理论，被预期到的事件无法获取更大的收益，并且也不能改变市场运行的轨迹。在这种情况下，借助原始控制点，当价格反向回挡，与小非农方向相反且抵达原始控制点的时候，反向交易获利概率也非常高。

图2-49为2022年11月30日小非农数据公布时的黄金5分钟级别K线图。

非标准AE战法操作要点如下。

①数据公布时间：2022年11月30日晚上21：15公布美国11月ADP就业数据。

②数据公布情况：公布值为12.7，预期值为20，前值为23.9。

③分析数据：根据诺贝尔经济学理论推导的"非农析金"可知，ADP数据大幅利多黄金。

④反向交易：美国11月ADP就业数据公布后，黄金价格上涨，然后振荡下跌。根据AE战法，应该等价格回落触及控制点时，立即开仓反向做多。由图2-49可知，黄金价格直接触及下方原始控制点1755美元/盎司后，立即反

弹回升，因为小非农数据大幅利多黄金，所以投资者可以直接在1755美元/盎司做多。此次属于非标准AE战法，但1755美元/盎司属于原始控制点，所以仓位可以适当增加。需要提醒的是，只有在标准AE叠加原始控制点时，该战法的成功率才最高。

⑤持仓决策：因为数据是大幅利多黄金的，因此，可以进一步持有多单，以最低点结合上方的控制点作为出场点（主动出场），或者等待行情进一步上涨，运用追踪止损（被动出场）的方式，不断移动止损，扩大利润。

⑥持仓盈亏：从图2-49中可以看到，黄金价格精准上涨，立买立赚。

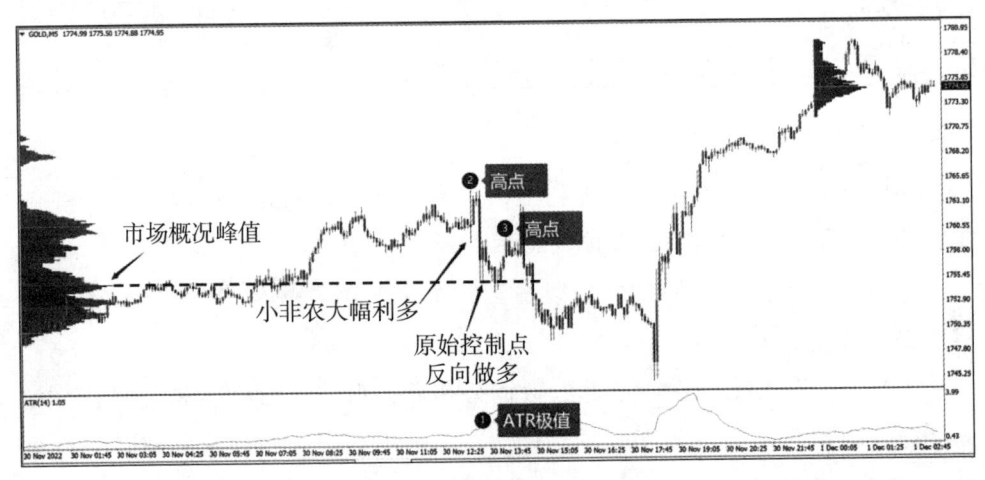

图2-49

2.6 国际局势

黄金的避险作用更多地体现在信用货币失去秩序的时刻。在政治或经济动荡时，信用货币的吸引力下降，此时，作为国际公认的交易媒介，黄金的避险价值就体现出来了，这无疑会支撑黄金价格上涨。

战争对黄金价格的影响是相当明显的，例如俄乌冲突、巴以冲突等，对国际黄金价格的走高都起到了推波助澜的作用。一般而言，在战争或冲突爆发前，黄金价格趋于上涨的可能性较大；战争爆发后，战局发展可预测性的强弱，会对黄金价格产生支撑与抑制作用；战争结束或进入尾声阶段后，黄金价格下跌的概率增加。

图2-50为黄金日线级别K线图，时间跨度为2023年7月18日到2024年7月10日。2023年10月巴以冲突爆发后，黄金价格强势上涨。

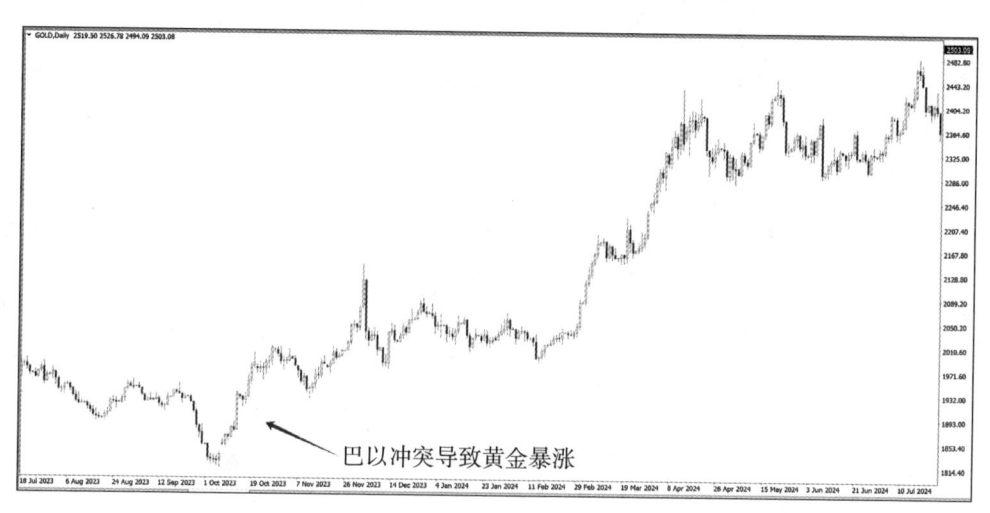

图2-50

图2-51为黄金日线级别K线图，时间跨度为2021年10月31日到2022年4月28日。2022年2月，俄乌冲突爆发导致黄金价格大幅暴涨。

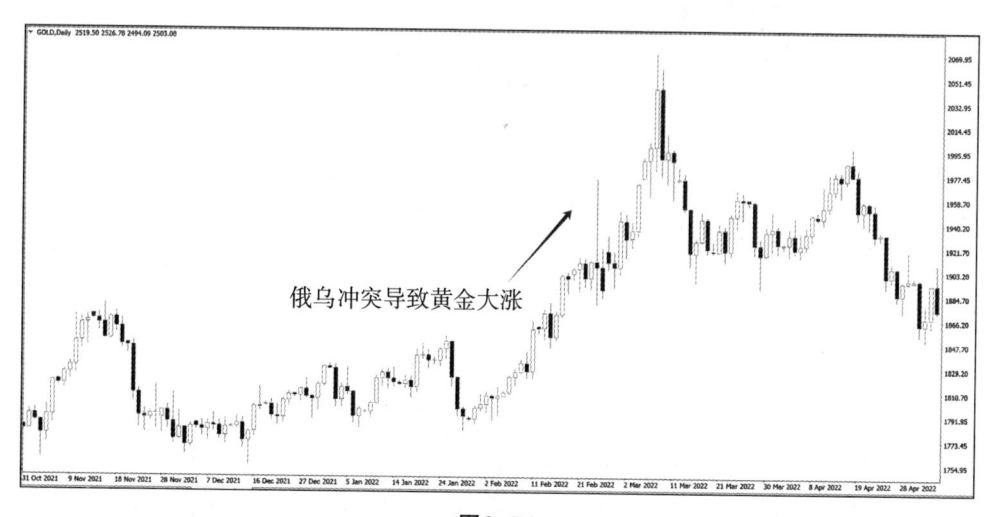

图2-51

虽然通胀是引起黄金价格长期上涨的核心因素，但地缘政治是导致黄金价格短期上涨的最强动力。当地缘政治紧张时，会破坏所有其他因素对黄金价格走势影响的逻辑。也就是说，一旦爆发较为严重的地缘政治危机时，美元对黄金价格的反向制约、通胀会降低对黄金价格的压迫、经济高涨将削弱黄金的吸引力等，这些基本逻辑大概率都会失效。

图2-52为黄金和美元指数日线级别K线图，时间跨度为2021年11月到2022年4月。俄乌冲突爆发后，美元指数和黄金价格齐飞，美元对黄金价格的反向制约关系完全丧失。

图2-52

图2-53为黄金日线级别K线图，时间跨度为2022年8月17日到2024年9月2日。美联储自2023年加息以来，利率不断升高，通胀持续降低，但是黄金价格一直上涨，这主要是由于地缘政治危机导致的。持续的地缘政治危机，强烈地刺激着黄金的避险需求，几乎完全抹去了美联储加息和通胀降低对黄金的利空影响。

其实爆发较为严重的地缘政治危机时，黄金通常只遵循避险逻辑强势上涨。这就是长线来看，黄金能够轻松涨过其他商品的根本原因。其他商品总会受到经济周期的影响，其价格有上涨周期，也会有下跌周期。而黄金价格基本不受经济周期的影响，经济危机的时候，避险属性会助推黄金价格上涨；经济良好的时候，如果发生地缘政治危机，黄金价格照样会大涨。所以，黄金价格的下跌周期往往比其他商品的下跌周期时间要短，发生的次数也要少很多。因此，黄金价格长线的上涨逻辑比其他商品更具有稳定性。

黄金作为避险的终极港湾，也是价值最终的集中地。从价值投资角度来说，股票的稳定性不可能超越黄金。股市会发生"黑天鹅"事件，股票还可能退市，但"黑天鹅"事件反而会助推黄金价格上涨。

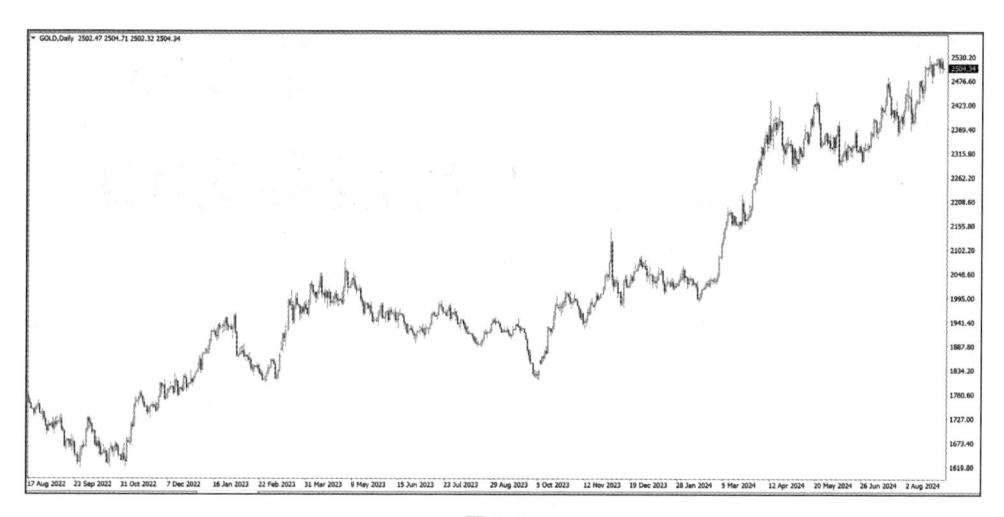

图2-53

第 3 章
与趋势为伍

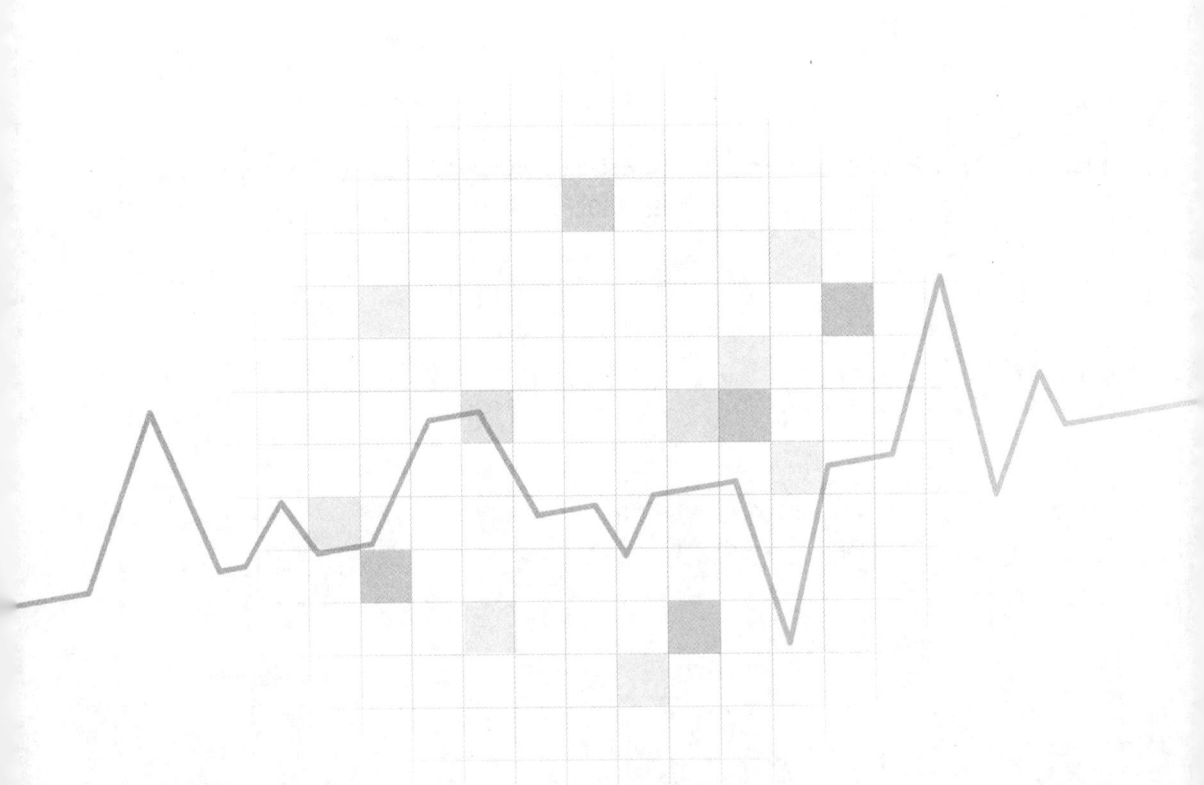

趋势交易是长期稳定盈利的重要方法，也是所有交易的核心部分。静心观行情，处变不惊，和趋势交朋友，紧跟大趋势下单，会使交易和盈利过程变得更轻松。

3.1　趋势的定义

趋势是什么？趋势是事物或局势发展的动向，是客观存在的运动特征，并在一段时间内保持这种动向。对趋势的判定方法有很多种，可以用道氏理论、波浪理论、亚当理论，甚至可以简单到用一把直尺往图表上一放来判断。对于如何把握趋势，将趋势为己所用，则见仁见智，各有各的妙法。

事实上，大道至简，趋势简单到可以这样描述：市涨买涨，市跌卖跌。但是人是非理性的，盲目而频繁地交易，方法、策略混乱不一，就算偶尔做对了趋势，也会早早退出，导致盈利微不足道。大多数投资者容易犯的错误，是在趋势中跟进太晚，总以为价位已太低或者太高，于是不断地逆势买进或卖出，偶尔抓准了反弹或回调机会能赚一点儿，但如果抓错了控制点或未能及时获利平仓，就会不肯认赔，甚至加码摊平亏损，以致被套牢。

在空头市场低吸抢反弹，恐怕会被淹没在向下的洪流里；在多头市场做空，恐怕会一脚踩在直升机上。趋势是无法阻挡的，永远都不要觉得自己比市场聪明，没有人知道市场的真正顶部与底部，正所谓"空头不死，多头不止；多头不死，空头不止"。逆着市场趋势交易，最终会九死一生。只有顺应市场趋势，市场才会不断地把礼物送到投资者手中。

3.2　趋势的特性

1. 趋势具有惯性

记住，最重要的是不与市场争论，顺势而为，绝不逆势操作。

——杰西·利弗莫尔（Jesse Livermore）

行情具有趋势性，趋势是无法阻挡的，具有强大的惯性。一旦上涨趋势开始启动，价格会因为惯性不断上升，一般很难止步。一旦熊市来临，价格会因为惯性不断向下推动，也很难止步。对于中长线投资来说，顺势交易几乎就是盈利的保障，切不可逆势而为。

图3-1为黄金1小时级别K线图，时间跨度为2024年6月27日到2024年7月16日。行情上涨趋势启动后，一直连续大涨，顺势做多将轻松获利。

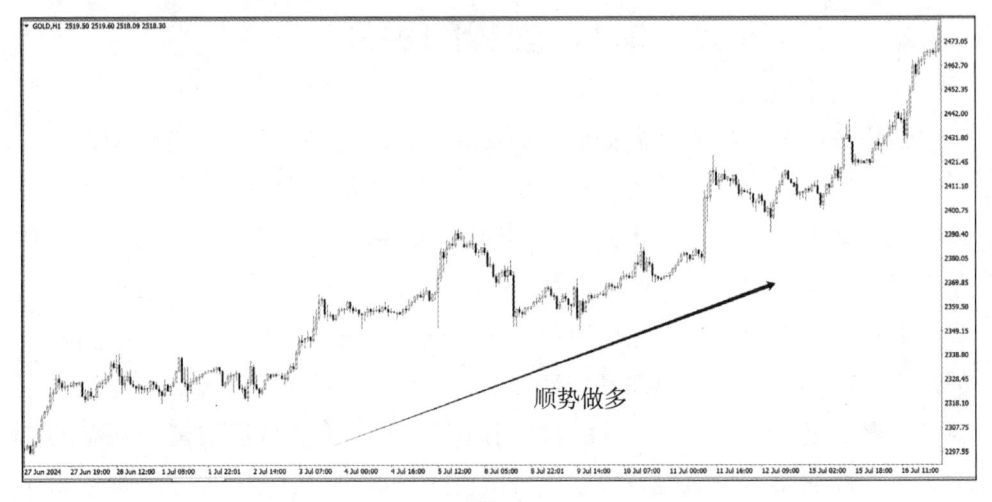

图3-1

图3-2为黄金1小时级别K线图，时间跨度为2023年11月27日到2023年12月14日。行情下跌趋势启动后，一直连续暴跌，顺势做空将轻松获利。

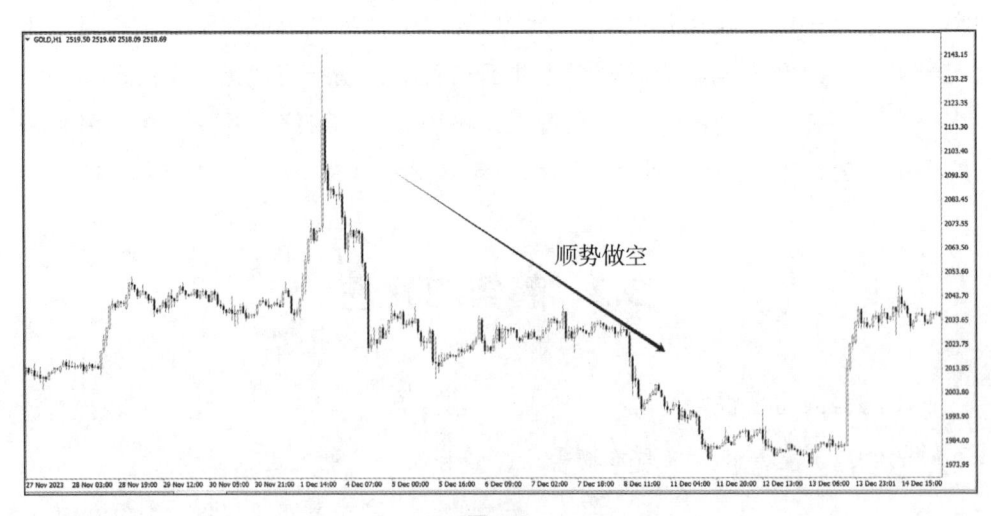

图3-2

趋势如河流，逆水行舟，阻力不断，难以前行，甚至不进则退。若能顺着其方向，将事半功倍。

2. 趋势具有客观性

趋势是客观的，不以任何投资者的意志为转移，也不因任何消息数据而改变，外在因素只能起到引导和助推作用。如果能够顺着趋势交易，那么交易将会变得非常轻松。对于初入市场的投资者来说，尤其需要强调这一点，因为新手往往很容易被市场误导。每次出现大数据和大消息的时候，市场波动会放大，就会使新手形成一种思维定式，认为行情都是由数据或消息决定的，所以每次交易总是喜欢跟数据、跟消息，认为这样可以赚钱。这样操作，运气好的时候行情可能如其所愿，能快速赚取些许利润，但是大多数时候，数据和消息只是起到干扰市场的作用，并不能改变市场的主要趋势。

图3-3为黄金日线级别K线图，时间跨度为2024年2月29日到2024年8月26日。由于2024年6月7日非农数据利空黄金，导致黄金价格当日巨阴暴跌，但随后行情立即反转，重新回到上涨趋势中。由此可以看出，经济数据无法改变行情趋势，切不可跟着数据做交易，以免误入数据陷阱之中。

图3-3

3.3　趋势和方向

顺势交易的关键是正确判断趋势。很多人误将方向看成趋势，导致频频亏损。

3.3.1　趋势和方向的区别

关于趋势和方向，首先要明确：趋势是全局性的，方向是局部性的。如果投资者不能很好地区分趋势和方向，就会将顺势而为简单地表现为追涨杀跌。

趋势是一段时间内价格朝同一个方向运行，而方向是短期内价格来回波动，它可以顺着趋势走，也可以逆着趋势走。在一段时间内沿着主线方向运行的是趋势，趋势往往指的是一个长周期内的行情运行情况，而方向是指在短时期内行情的反复波动。价格可以顺着趋势运行，或者水平振荡，当然也可以逆着趋势调整修正。

图3-4为黄金1小时级别K线图，时间跨度为2024年7月2日到2024年7月19日。在上涨过程中，行情有顺着趋势向上的短期运动，也有短期水平振荡，甚至还有逆着上涨趋势向下的短期运动。但是行情整体是步步高升，一浪高过一浪，价格不断上涨的。在此期间，如果能认清行情是上涨趋势，顺

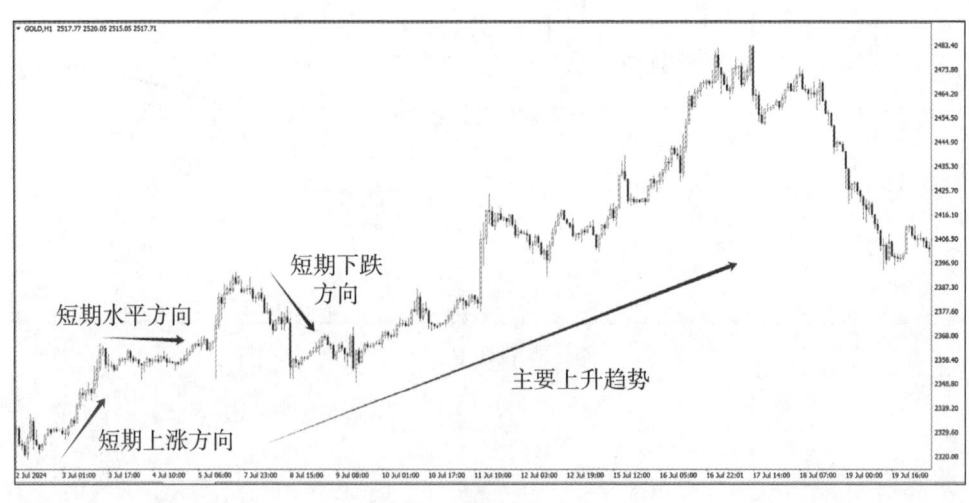

图3-4

势做多，盈利就会变得简单易行。

图3-5为黄金1小时级别K线图，时间跨度为2023年11月27日到2023年12月14日。在下跌过程中，行情有顺着下跌趋势的向下运动，也有短期水平振荡，甚至还有逆着下跌趋势的向上运动。但是整个行情的低点不断降低，一浪低过一浪，价格不断下跌。在此期间，如果能认清行情是下跌趋势，顺势做空，利润就会滚滚而来。

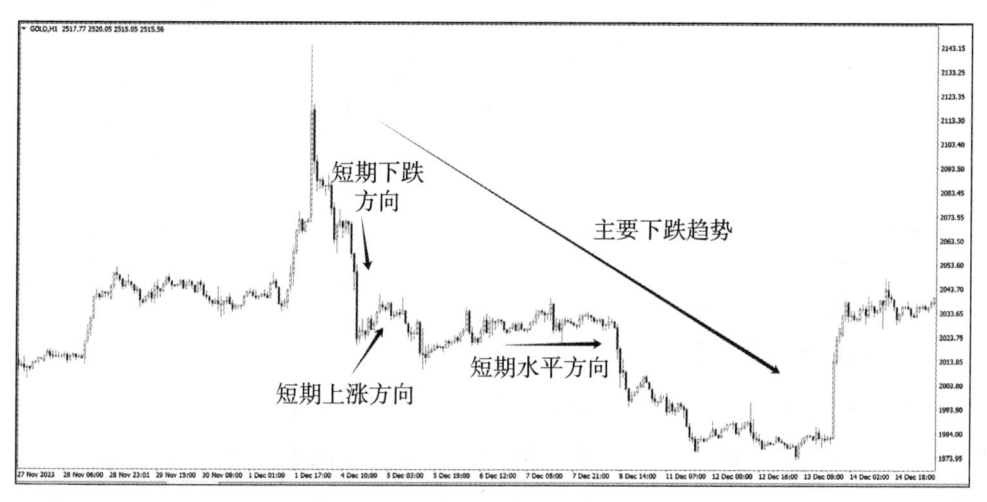

图3-5

3.3.2 短线顺势交易的核心原理

认清趋势和方向，不但可以正确把握大势，而且还可以优化交易入场点，帮助投资者精准把握买卖点。短线顺势交易的原则是市涨买涨，市跌买跌；绝不在下跌趋势中做多，也绝不在上涨趋势中做空。短线顺势交易的原理是当趋势和方向共振时才入场交易。

1. 短线顺势做空原理

在下跌趋势中，保持逢高做空思路。一旦行情短期方向也看空时，就可以立刻开仓做空。比如，在下跌趋势中，短期出现看跌形态（看跌吞没、长上影线、空方炮等）时，就可以顺势开仓做空，往往能一买入就大幅获利。

图3-6为黄金1小时级别K线图，时间跨度为2023年12月4日到2023年12月13日。行情处于下跌趋势，短期内又出现了看跌吞没形态，直接开仓做

空。价格随后开始暴跌，可大幅获利。

图3-6

2. 短线顺势做多原理

在上涨趋势中，保持逢低做多思路，一旦行情短期方向也看多时，就可以立刻开仓做多。比如，在上涨趋势中，短期出现看涨形态（看涨吞没、长下影线、多方炮等）时，可以顺势开仓做多，往往能精准抓到行情启动点，实现一买就赚的效果。

图3-7为黄金1小时级别K线图，时间跨度为2023年11月22日到2023年11

图3-7

月30日。行情处于上涨趋势，短期内又出现了一根带长下影线的K线，预示短期价格即将上涨，此时可以直接开仓做多，价格随后直线暴涨。

3.4 趋势的种类

寻找交易机会的第一步是判断市场趋势，这一步决定交易的方向。判断趋势的种类，则是落实交易的关键环节。

趋势分为三种：上升趋势、下降趋势和无趋势（也叫振荡趋势）。只有不到20%的时间，趋势是明显的单边行情，这意味着在剩下80%以上的时间里，市场都是处于振荡走势，或者说没有明确的走势方向。

3.4.1 上升趋势

上升趋势由连续一系列涨势构成，每段涨势都持续向上超越先前的高点，中间夹杂的下降走势都不会向下跌破前一波跌势的低点。总之，上升趋势由高点与低点都不断抬高的一系列价格走势构成，如图3-8所示。

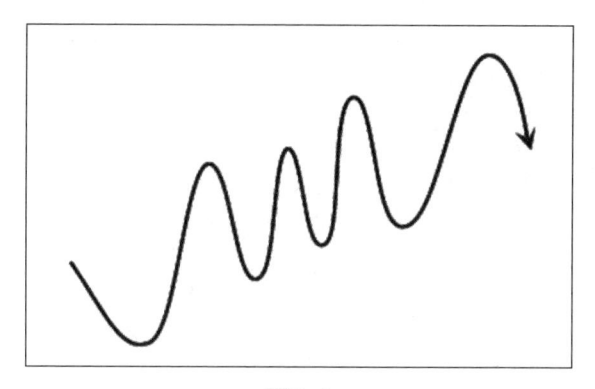

图3-8

图3-9为黄金1小时级别K线图，时间跨度为2023年11月22日到2023年11月30日。行情走出了一系列高点和低点，并且高点和低点不断抬高，从而形成上升趋势。

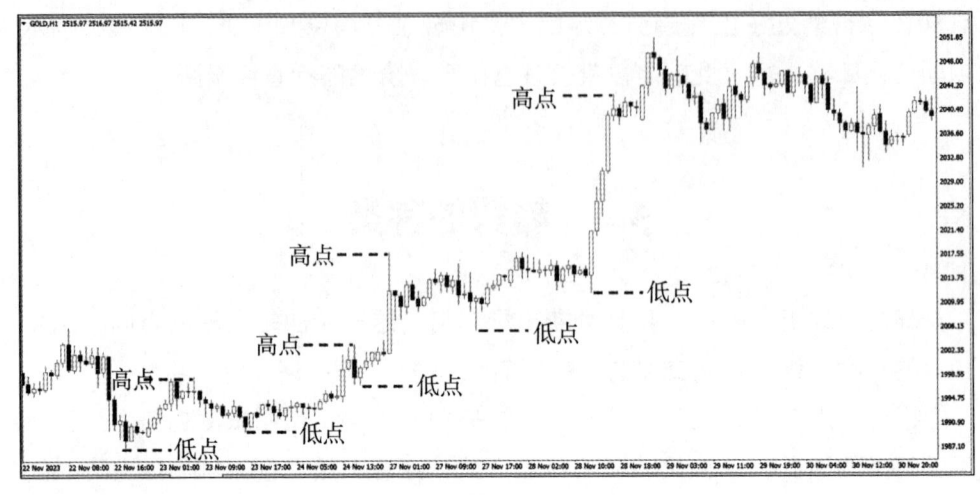

图3-9

3.4.2 下降趋势

下降趋势由一系列连续跌势构成，每段跌势都向下跌破先前的低点，中间夹杂的上升走势都不会涨过前一波涨势的高点。总之，下降趋势由低点与高点不断降低的一系列价格走势构成，如图3-10所示。

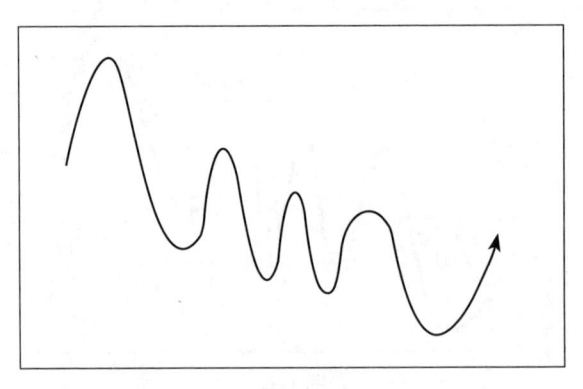

图3-10

图3-11为黄金1小时级别K线图，时间跨度为2023年12月1日到2023年12月12日。价格走出了一系列低点和高点，并且低点和高点不断降低，从而形成下降趋势。

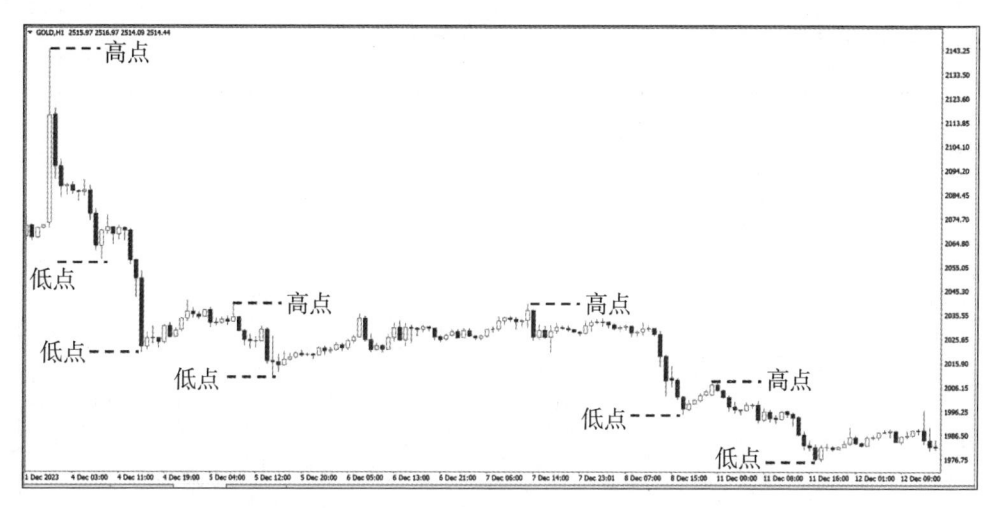

图3-11

3.4.3 振荡趋势

振荡趋势往往是行情在某个价格区间上下来回反复，市场不断盘整，出现横盘走势，没有明确的趋势方向。振荡趋势可分为振荡向下跌破形态和振荡向上突破形态。

1. 振荡向下跌破形态

图3-12为振荡趋势，没有明显方向。在振荡末端，行情向下跌破区间下轨道，预示行情即将进入下跌趋势。

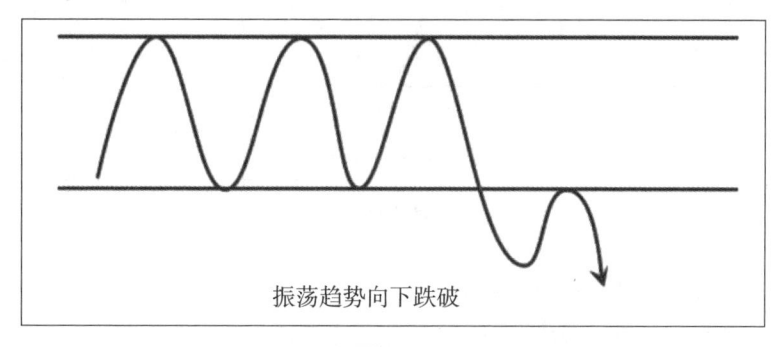

图3-12

图3-13为黄金1小时级别K线图，时间跨度为2022年8月5日到2022年8月24日。前期行情陷入区间振荡，无明显趋势，最终选择向下跌破区间的下

轨，开启下跌趋势。

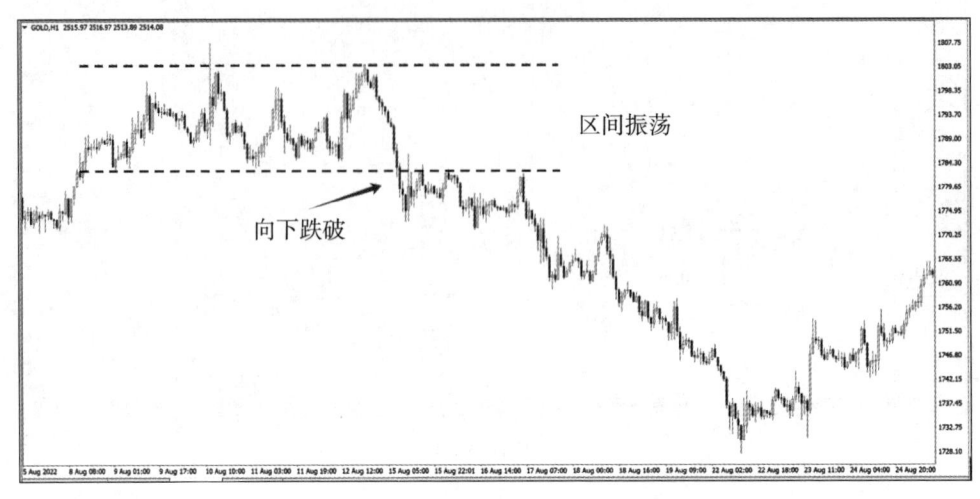

图3-13

2. 振荡向上突破形态

图3-14为振荡趋势，行情没有明显方向。在振荡末端，行情向上突破区间上轨，预示行情即将进入上升趋势。

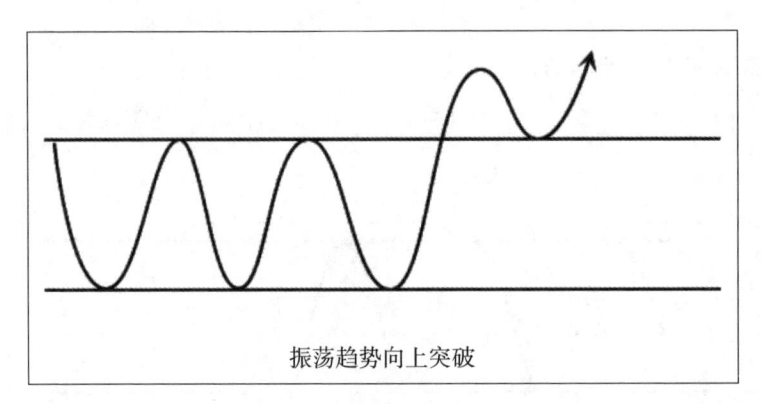

图3-14

图3-15为黄金1小时级别K线图，时间跨度为2023年3月7日到2023年3月16日。前期行情陷入区间振荡，无明显趋势，最终选择向上突破区间的上轨，随后开启上升趋势。

图3-15 中标注：振荡区间、向上突破

3.5 新趋势线

从数学上讲，可以把价格看作一连串离散质点，通过线性回归可以得到离散点的中轴线。这条线也代表着离散质点的核心趋势，它就是行情真正的趋势线，称为新趋势线。如图3-16所示，价格质点按照一定的离散程度围绕新趋势线排列展开（更详细的新趋势线内容，请参考《像利弗莫尔一样交易——让利润奔跑》一书）。

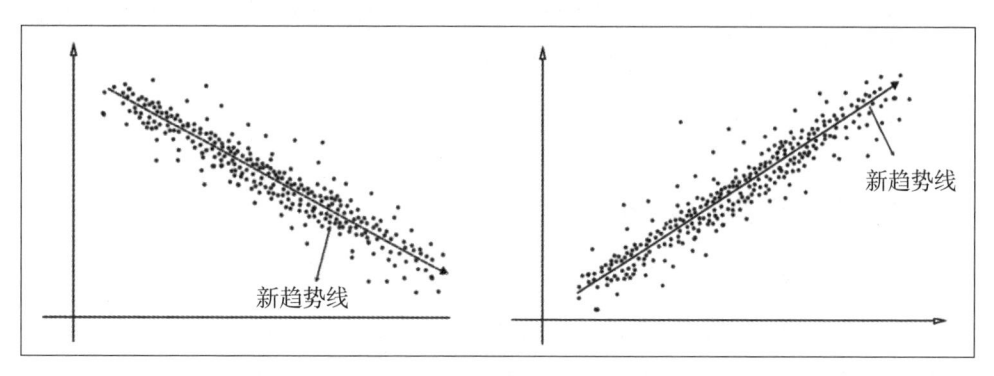

图3-16

传统趋势线理论认为，找两个波段的拐点（上涨行情中的两个波谷或下跌行情中的两个波峰），连接这两个点的直线，该直线不穿越价格，之后用第三个点验证其有效，即为传统趋势线。

这种画法随意性很大，一般都在"凑"趋势线，靠感觉去画这根线，下意识地主观迎合行情。其实对于传统趋势线，可以说是千人千条，并不是一个客观存在的趋势线，更多地存在于主观认识中，因为毫无客观标准去确定趋势线。

图3-17为新趋势线和传统趋势线之间的位置关系。

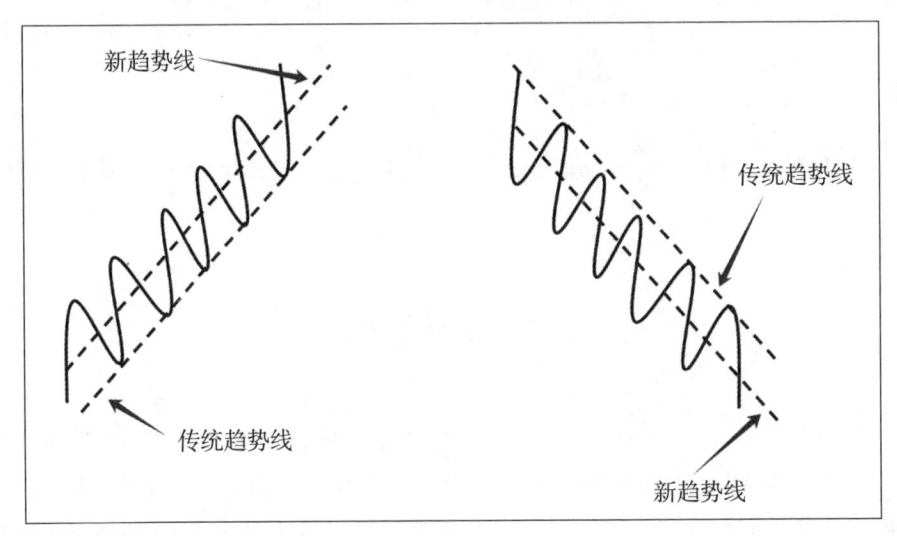

图3-17

取两波行情的中点，将其连接起来得到一条直线，如果该直线穿过下一轮行情的中点，则为行情的新趋势线。这种方法可以在一轮趋势行情的起初阶段就确定客观真实的趋势线，比起滞后的传统趋势线，更具有先行性，是当下最客观的可以指示行情真实趋势的趋势线。

3.5.1 新上升趋势线的画法

新上升趋势线的画法为选取上升趋势初期两段行情的中点，然后连接这两个点得到一条直线，该直线与第三轮行情的中点相交，则该直线就是上升行情的新趋势线，代表着上涨行情最核心的趋向，如图3-18所示。

图3-19为黄金1小时级别K线图，时间跨度为2024年6月4日到2024年6月7日。连接上升趋势中第一波和第二波行情的中点，画出一条直线，该直线又与第三波行情的中点相交，则该条直线就是行情的新上升趋势线。

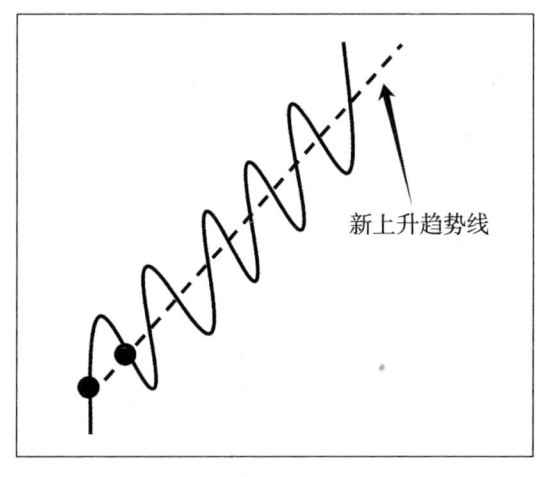

图3-18

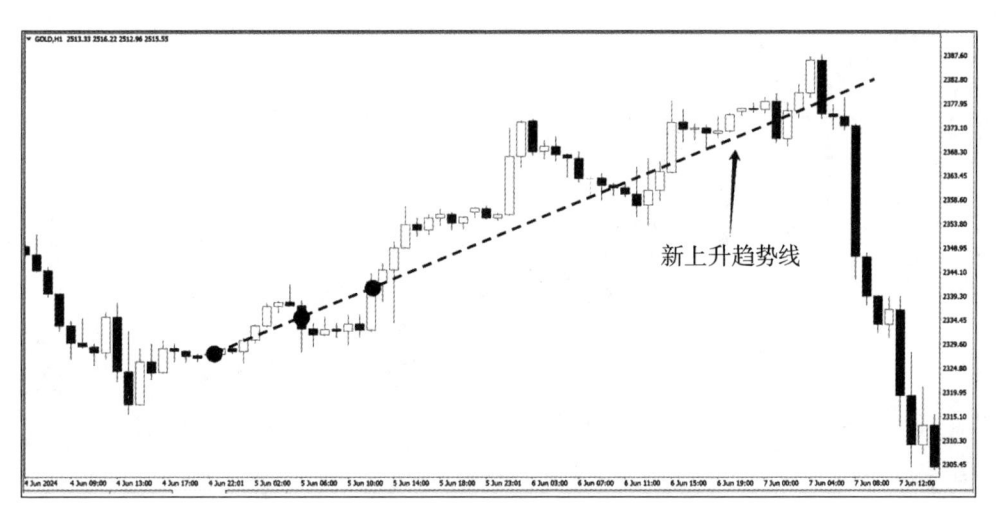

图3-19

3.5.2 新下降趋势线的画法

新下降趋势线的画法为选取下降趋势初期的两段行情的中点，然后连接这两个点得到一条直线，该直线与第三段行情的中点相交，则该直线就是下降行情的新趋势线，代表着下跌行情最核心的趋向，如图3-20所示。

图3-21为黄金1小时级别K线图，时间跨度为2024年8月2日到2024年8月7日。连接下降趋势中第一段和第二段行情的中点，画出一条直线，该直线又与第三段行情的中点相交，则该直线就是行情的新下降趋势线。

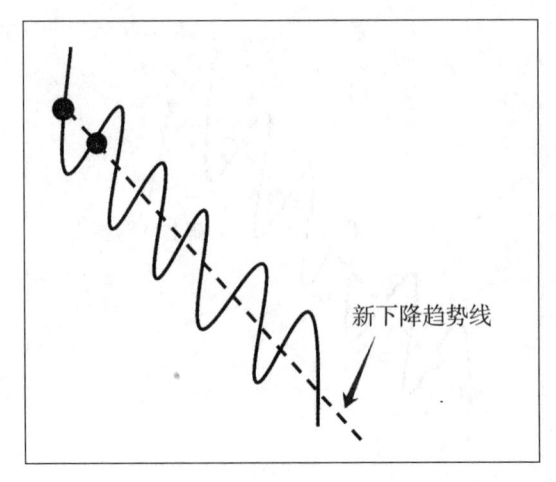

图3-20

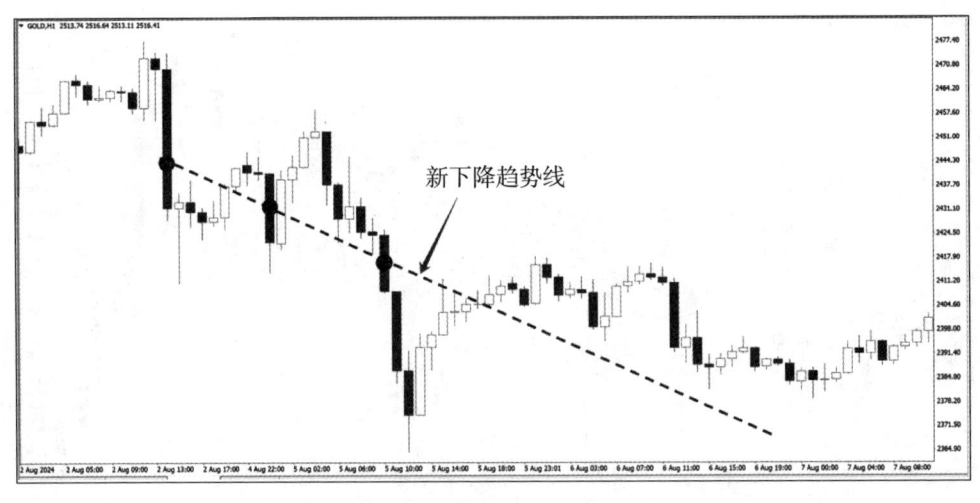

图3-21

3.6 趋势通道

价格质点是以一定的离散程度围绕新趋势铺展开来的，在价格质点的上方和下方，一定有两条线限制了价格质点的最大离散程度。这两条线也与新趋势线方向一致，即与新趋势线呈平行状态，显然这两条线形成的通道就是价格的趋势通道。

在上升趋势中，下通道线其实就是传统的上升趋势线，称其为切线（因为它具有切线性质），上通道线称为限制线（因为它具有限制价格上涨的功能）；在下降趋势中，上通道线即传统的下降趋势线，称为切线（因为它具有切线性质），下通道线称为限制线（因为它具有限制价格下跌的功能）。

3.6.1 上涨通道

在上涨趋势中，分别画两条新趋势线的平行线，将其中一条平行线向上移动，直到与上涨趋势中的第一个波峰相交，得到的直线就是行情的上通道线，即限制线；将另一条平行线向下移动，直到与上涨趋势中的第一个波谷相交，得到的直线就是行情的下通道线，即切线。正常情况下，上涨行情会在通道内运行，上涨通道限制了行情的最大离散程度，如图3-22所示。

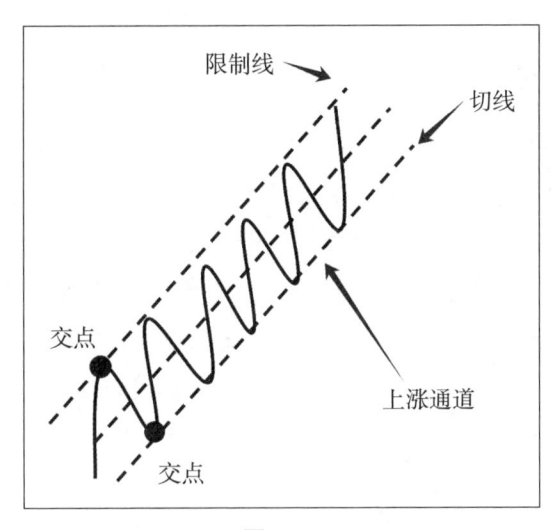

图3-22

图3-23为黄金1小时级别K线图，时间跨度为2024年6月4日到2024年6月7日。将新趋势线向上移动，直到与上涨趋势中的第一个波峰相交，就得到了限制线；再将新趋势线向下移动，直到与上涨趋势中的第一个波谷相交，就得到了切线。切线和限制线一起构成了上涨通道，价格一般会在通道内运行。

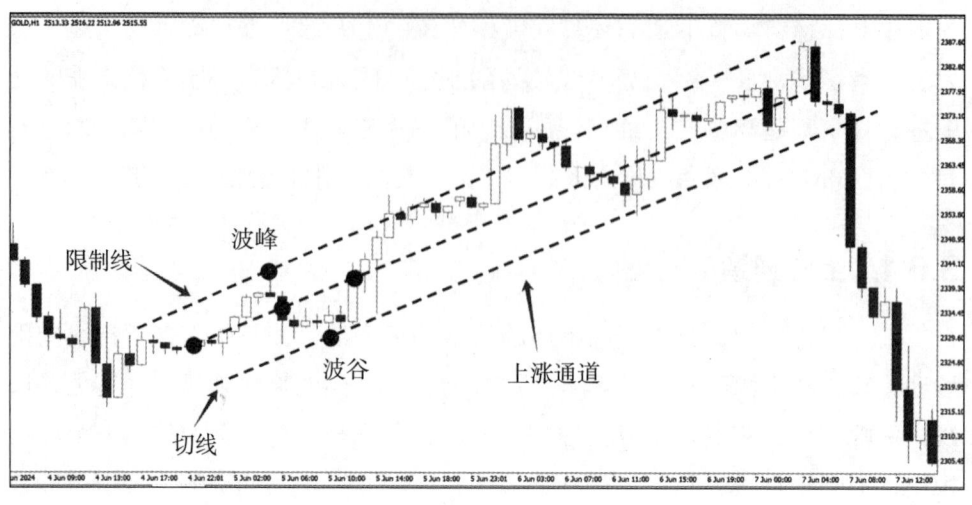

图3-23

3.6.2 下跌通道

在下跌趋势中，分别画两条新趋势线的平行线，将其中一条平行线向下移动，直到与下跌趋势中的第一个波谷相交，得到的直线就是行情的下通道线，即限制线；将另一条平行线向上移动，直到与下跌趋势的第一个波峰相交，得到的直线就是行情的上通道线，即切线。正常情况下，下跌行情会在通道内运行，下跌通道限制了行情的最大离散程度，如图3-24所示。

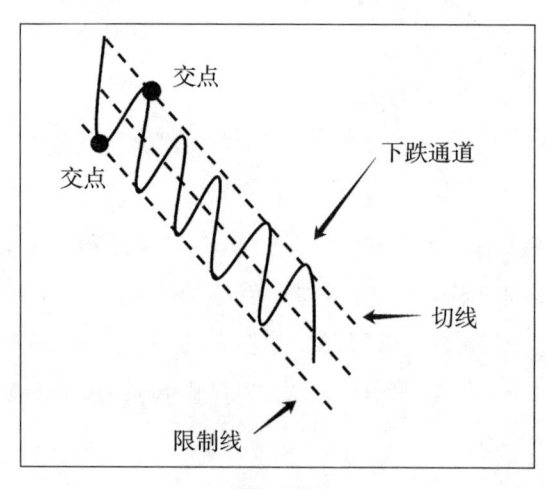

图3-24

图3-25为黄金1小时级别K线图，时间跨度为2024年8月2日到2024年8月7日。将新趋势线向上移动，直到与下跌趋势中的第一个波峰相交，就得到了切线；再将新趋势线向下移动，直到与下跌趋势的第一个波谷相交，就得到了限制线。切线和限制线一起构成了下跌通道，价格一般会在通道内运行。

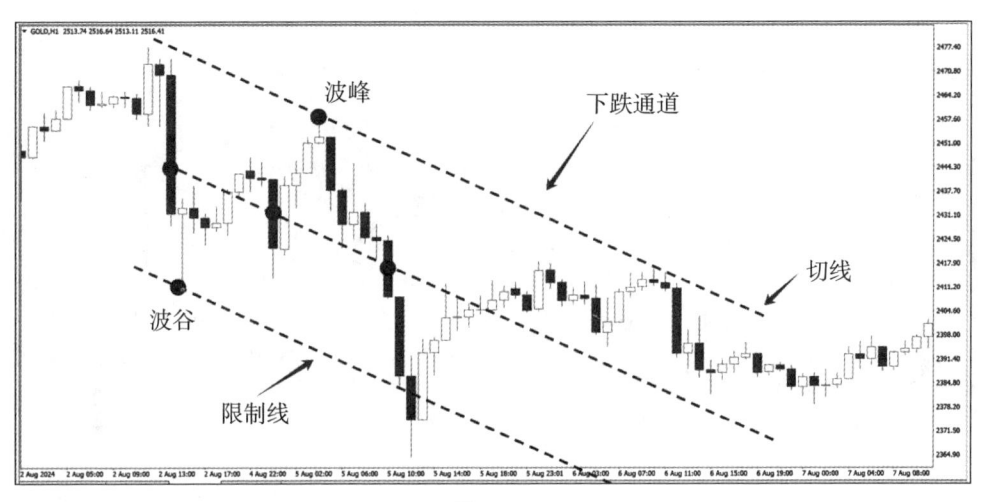

图3-25

3.7 新趋势线战法

新趋势线战法运用新趋势线、切线、限制线以及趋势通道对价格的作用，寻找最佳买卖点，进行顺势交易。

3.7.1 各条线的作用

下面分别讲解新趋势线、切线、限制线以及趋势通道的作用。

1. 新趋势线的作用

价格在新趋势线之上运行时，短期看涨，行情有进一步涨至趋势通道上轨的倾向；价格在新趋势线之下运行时，短期看跌，行情有进一步跌至趋势通道下轨的倾向。新趋势线是短期行情的多空分水岭。

一旦价格跌破新趋势线，总是能继续跌至通道下轨；一旦价格突破新趋势线，总是能继续涨至通道上轨。无论是上涨趋势还是下跌趋势，新趋势线都能起到短期多空分水岭的作用。在新趋势线上方，价格倾向向上离散；在新趋势线下方，价格倾向向下离散。

图3-26为黄金1小时级别K线图，时间跨度为2024年6月4日到2024年6月7日。

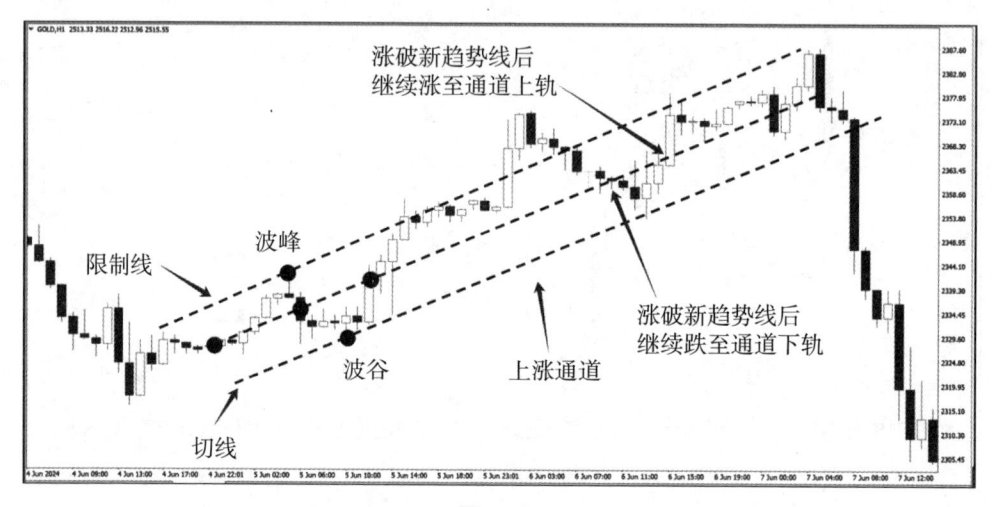

图3-26

图3-27为黄金1小时级别K线图，时间跨度为2024年8月2日到2024年8月7日。

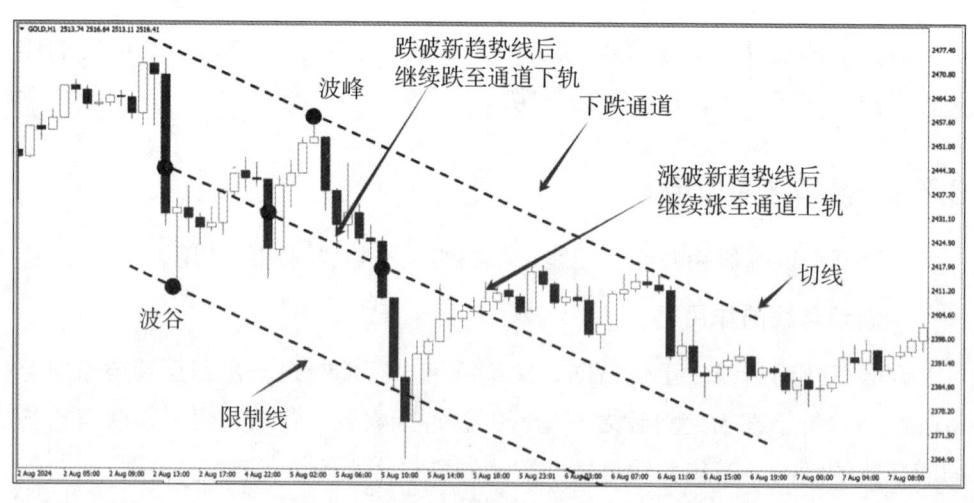

图3-27

2. 切线的作用

切线的作用和传统趋势线作用相同,用来维持价格趋势运行的反向最大离散程度。在上涨趋势中,只要切线不被跌破,价格就会继续保持完好的上涨态势;一旦切线被跌破,就表示行情的单调性发生改变,即上涨趋势结束。在下跌趋势中,只要切线不被突破,价格就会继续保持完好的下跌态势;一旦切线被突破,就表示行情的单调性发生改变,即下跌趋势结束。总的来说,切线是衡量趋势是否被破坏的标志。

切线被破坏后,价格超过了能维持价格原有趋势的反向最大离散程度,说明行情已经不受原趋势的控制,那么原先的趋势也难以为继,行情变盘在即。

图3-28为黄金1小时级别K线图,时间跨度为2024年6月4日到2024年6月7日。

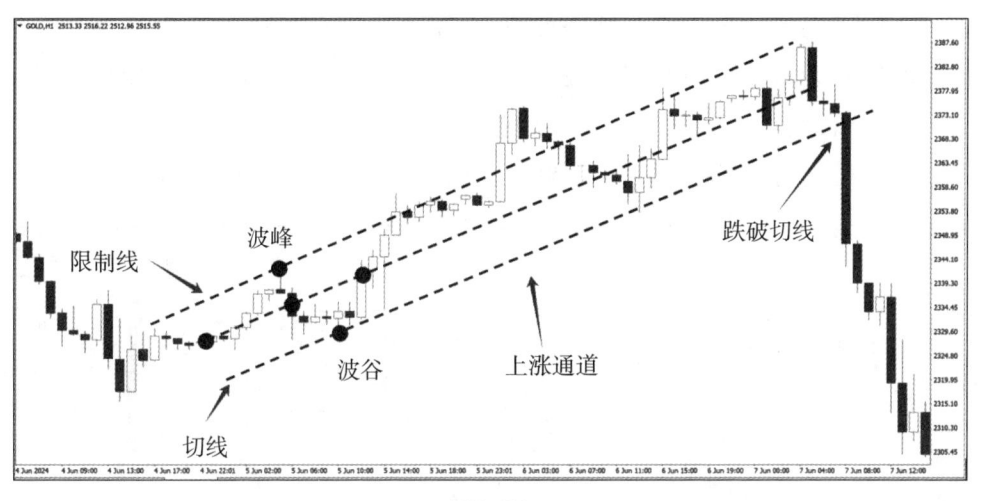

图3-28

图3-29为黄金1小时级别K线图,时间跨度为2024年8月2日到2024年8月7日。

3. 限制线的作用

在正常情况下,限制线可以衡量价格的最小离散程度,即在上涨趋势中,价格可以抵达限制线,当突破限制线时,会进入更强的上涨趋势;在下跌趋势中,价格可以抵达限制线,但也能跌破限制线,进入更强的下跌趋势。总的来说,限制线是衡量趋势是否加速的标志。

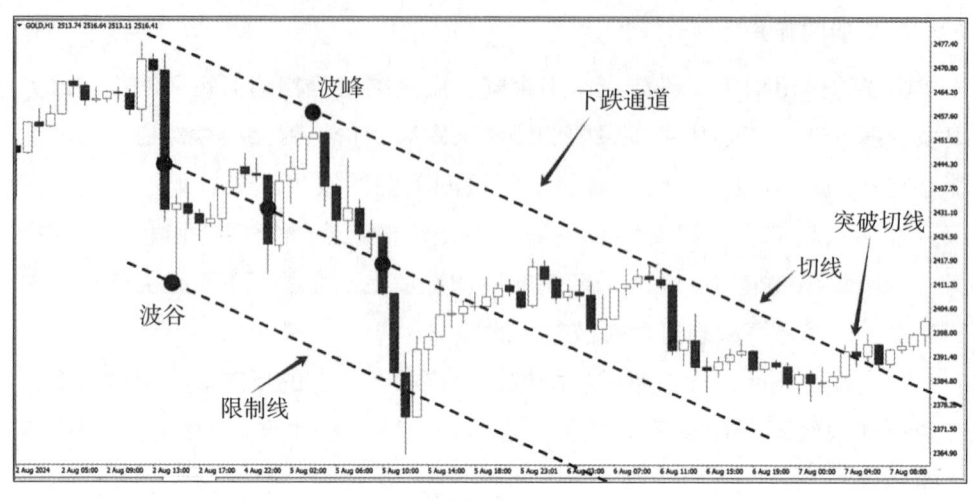

图3-29

（1）限制线被越过后，趋势加速，但最后又跌回趋势通道内。

图3-30为黄金1小时级别K线图，时间跨度为2024年6月4日到2024年6月7日。在上涨趋势中，限制线被突破后，价格加速上涨，不过随后又再度跌回趋势通道之内，限制了价格趋势的过度扩张。

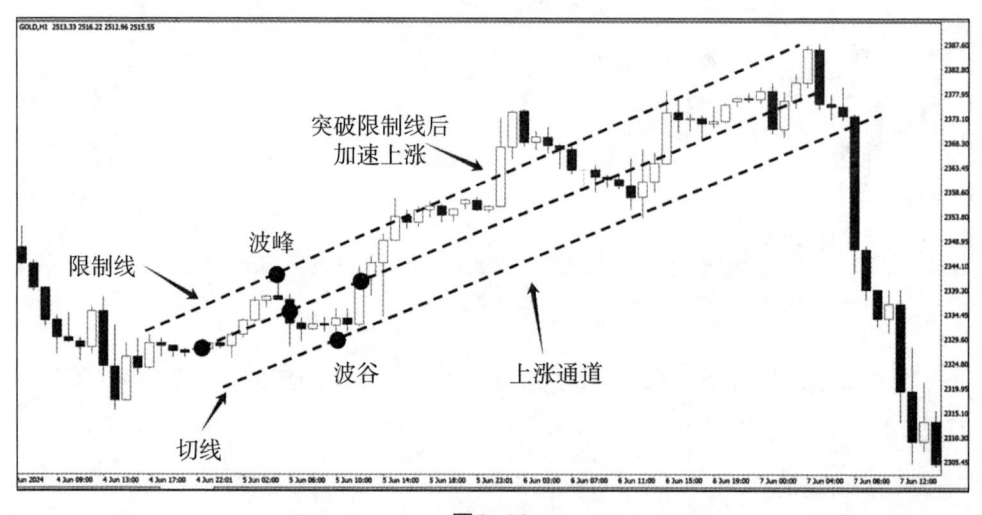

图3-30

图3-31为黄金1小时级别K线图，时间跨度为2024年8月2日到2024年8月7日。在下跌趋势中，限制线被跌破后，价格加速下跌。不过行情快速回到了趋势通道之内，限制线就像有吸引力一样，把价格吸了回去。

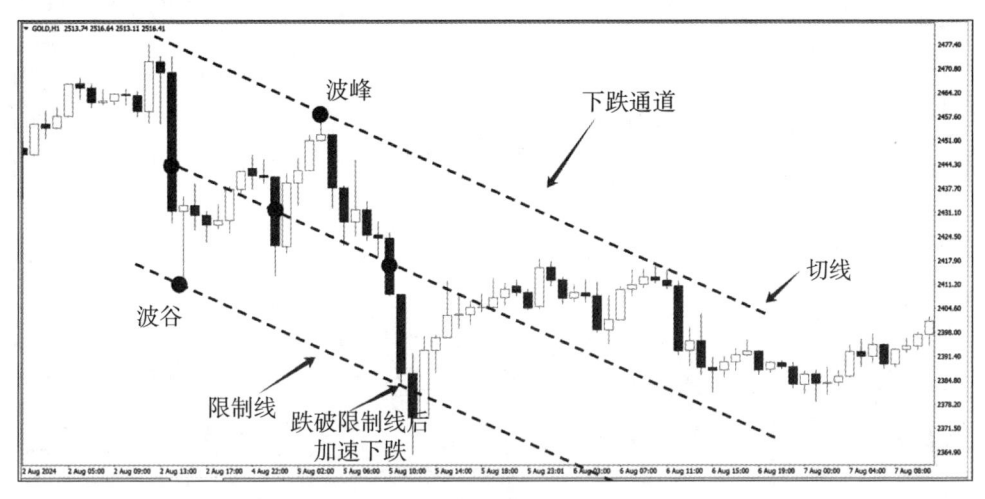

图3-31

（2）极端情况下，限制线被越过后，行情会进入更强的趋势状态。

图3-32为黄金1小时级别K线图，时间跨度为2024年5月21日到2024年5月24日。在下跌趋势中，限制线被跌破后，行情反弹至限制线时受阻，随后加速下跌，进入更强的下跌趋势中。

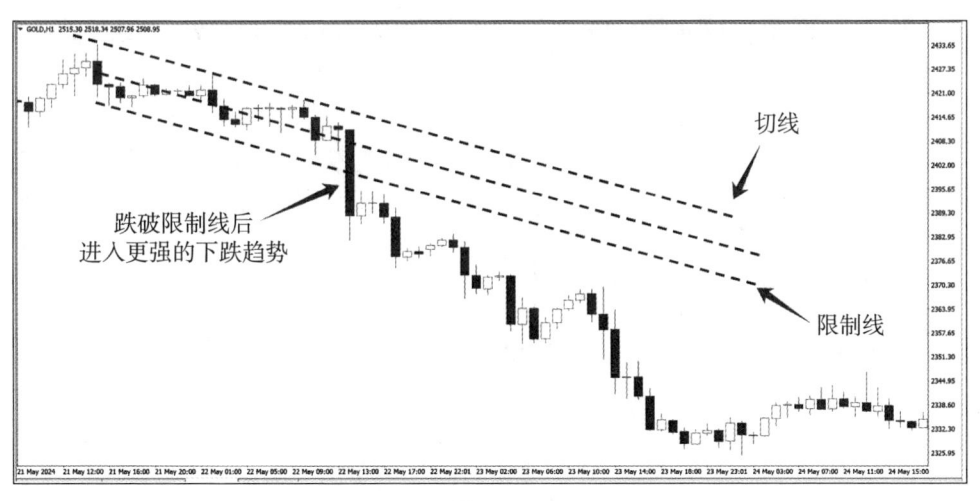

图3-32

图3-33为黄金1小时级别K线图，时间跨度为2024年2月28日到2024年3月4日。在上涨趋势中，限制线被突破后，行情加速暴涨，进入更强的上涨趋势。

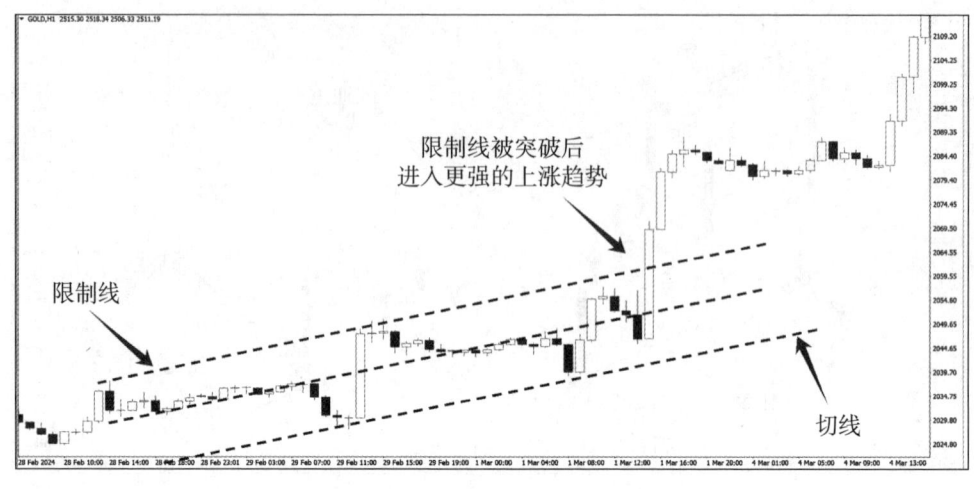

图3-33

4. 趋势通道的作用

不同级别的行情趋势,其趋势通道也不同。趋势通道可以帮助投资者清晰地发现趋势变轨的动作,不管是趋势结束,还是趋势延续,乃至趋势加速,都可以一览无余。

图3-34为黄金1小时级别K线图,时间跨度为2024年5月21日到2024年5月24日。

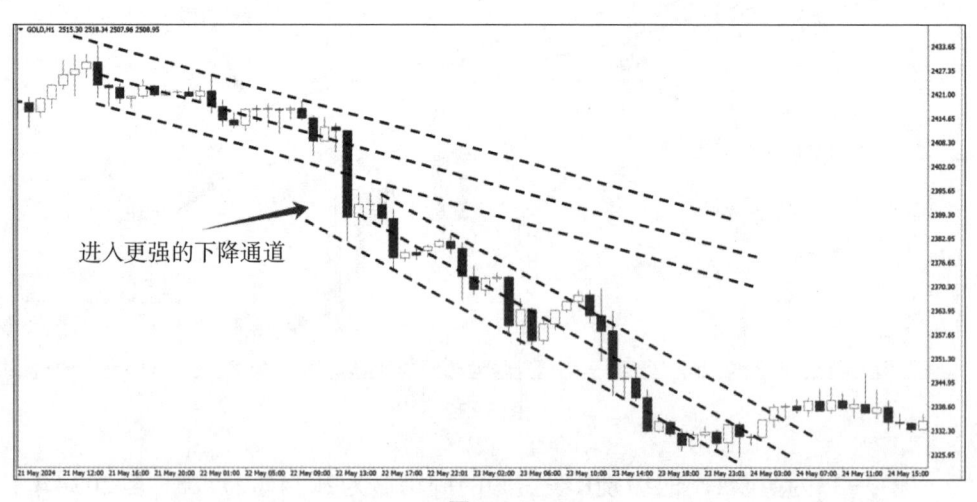

图3-34

图3-35为黄金1小时级别K线图,时间跨度为2024年2月28日到2024年3月4日。

图中标注:进入更强的上涨通道

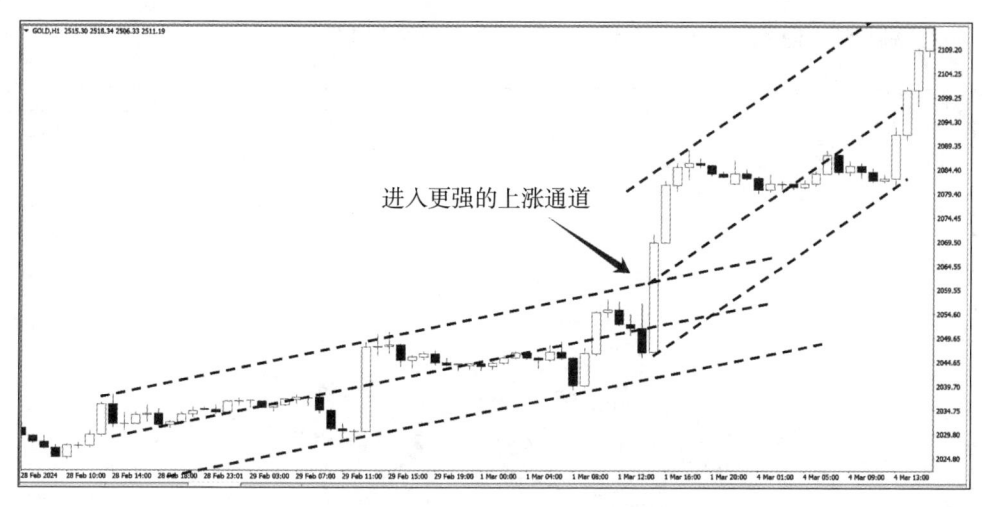

图3-35

从图3-34和图3-35中可知,不管当前是上涨趋势还是下跌趋势,趋势是被破坏了还是延续,抑或是趋势开始加速,进入新的趋势通道,都能一目了然。投资者可以利用趋势通道充分把握市场,找到精准的交易机会。

3.7.2 新趋势线做多战法

在上涨趋势中,保持逢高做多的思路。除了可以用看涨K线形态与上涨趋势共振的方法进行交易,还可以用新趋势线找到更精准的买卖点。

新趋势线做多战法主要有以下三种。

(1)当价格回落至切线做多,止损于前一个波谷的最低点,第一止盈目标位设为限制线位置。当行情强势突破限制线时,多单获利目标可以顺势扩大。可以用市场中更上方的波段高点作为获利目标,或者采用追踪止损方法,让利润奔跑。

图3-36为黄金1小时级别K线图,时间跨度为2024年2月28日到2024年3月4日。当价格再次回落至切线时做多,止损设为前一个波谷的最低点,第一止盈目标位设为限制线位置。

注意:新趋势线具有前瞻性,揭示的是行情的核心趋势,而传统趋势线是非常滞后的。在图3-36中,如果采用传统趋势线,是找不到任何做多机会的,因为传统趋势线需要两个低点才能确定上涨趋势,这时第一轮上涨行情早已结束。由此也可以看出,传统趋势线多数只是为了分析而分析,大多会沦为马后炮，根本不能在实战中及时提供买卖信号。

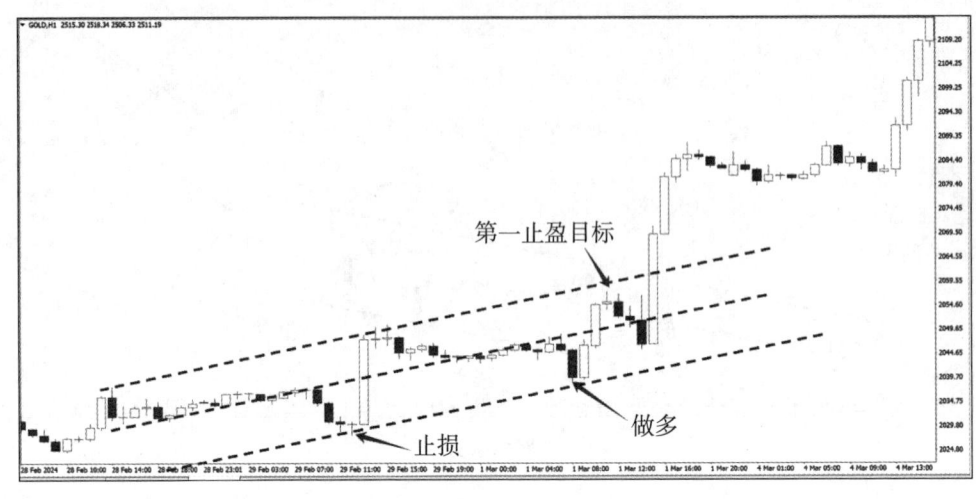

图3-36

（2）当价格继续突破新趋势线，可加仓做多，止损于当前这轮上涨行情的最低点，第一止盈目标位设为限制线位置。当行情强势突破限制线时，多单获利目标可以顺势扩大。可以用市场中更上方的波段高点作为获利目标，或者采用追踪止损的方式，让利润奔跑。

图3-37为黄金1小时级别K线图，时间跨度为2024年2月28日到2024年3月4日。价格突破新趋势线后，表明行情不但大势上涨，而且短期内价格也

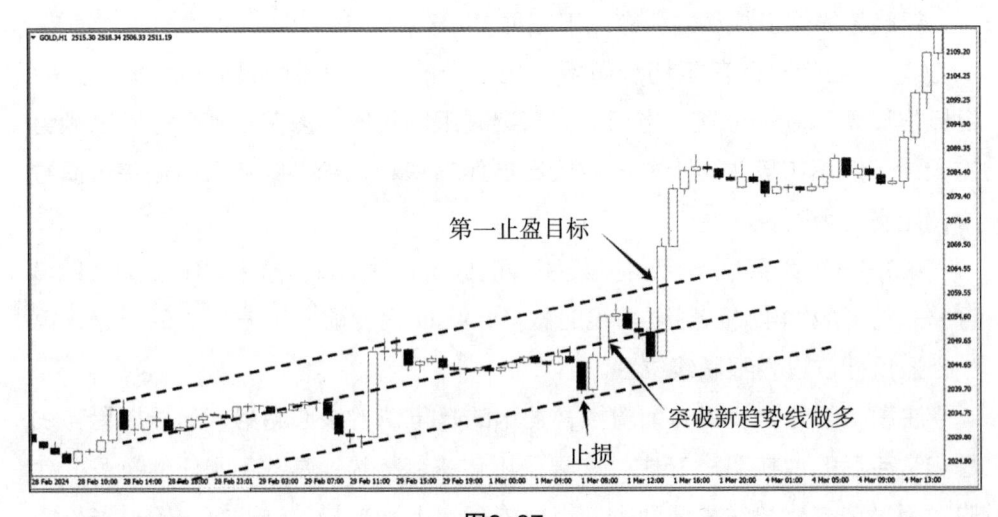

图3-37

进入多头格局，因此可以继续加仓做多。止损设为当前这轮行情的最低点，第一止盈目标位设为限制线位置。

（3）当价格向上突破限制线，则做多，止损于新趋势线下方即可，第一目标止盈位设为限制线位置。当行情强势突破限制线时，多单获利目标可以顺势扩大。可以用市场中更上方的波段高点作为获利目标，或者采用追踪止损的方式，让利润奔跑。

图3-38为黄金1小时级别K线图，时间跨度为2024年2月28日到2024年3月4日。当价格突破限制线后，表明行情即将加速上涨，可以继续做多，止损于新趋势线下方即可。

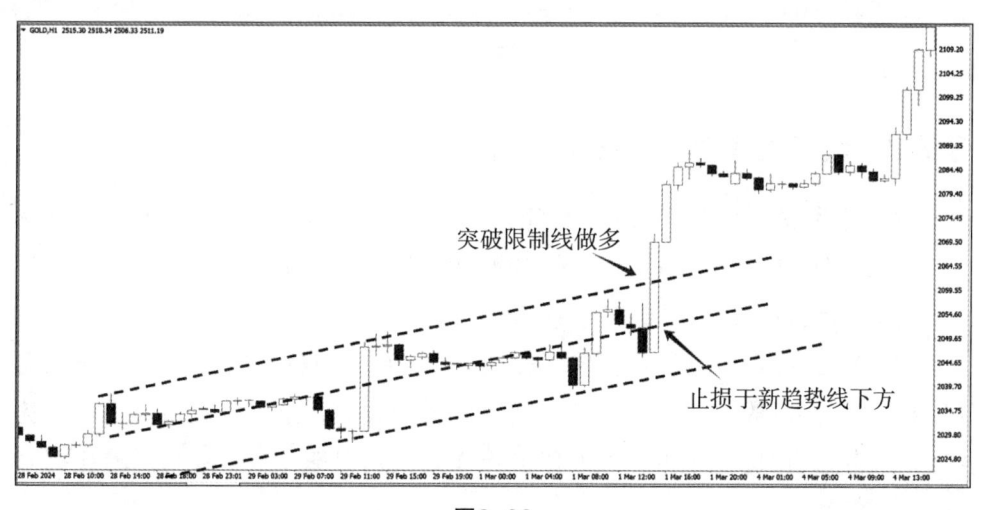

图3-38

图3-39为黄金1小时级别K线图，时间跨度为2024年2月23日到2024年4月2日。扩大一下行情范围，可以发现价格一直在创历史新高，前期并没有高点可以参考，所以只能采用追踪止损方式，让利润奔跑。可以一直追踪每轮行情的低点进行移动止损，价格跌破新的止损位时出场，这一操作可以暴赚100多点。

注意：在突破限制线之前，价格并非宽幅振荡，即不能是扩散状态，因为一般在扩散状态下，价格突破限制线时，往往乖离率过大，行情容易重新回归趋势通道之内。如果是收敛状态则最好，因为收敛状态下，突破限制线后，往往会催生大级别的暴涨行情。

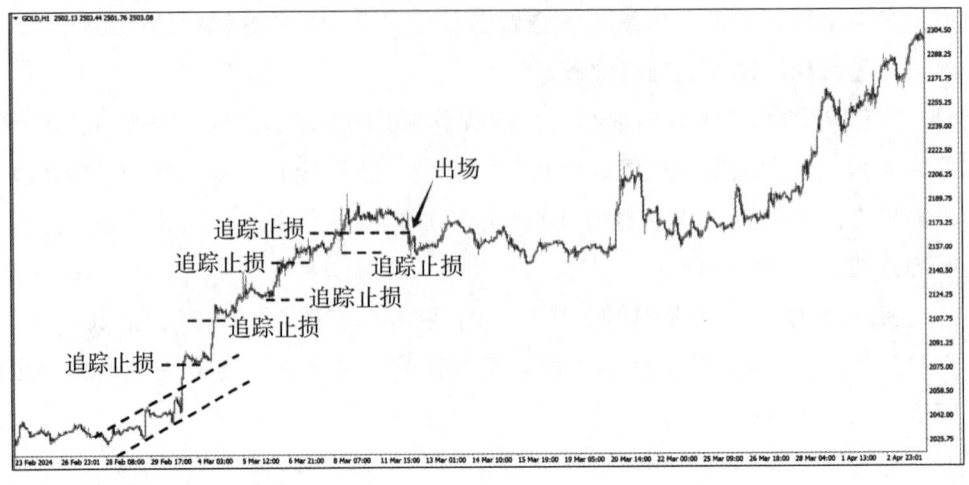

图3-39

3.7.3 新趋势线做空战法

在下跌趋势中，保持逢高做空的思路。除了可以用看跌K线形态与下跌趋势共振的方法进行交易，还可以用新趋势线找到更精准的买卖点。

新趋势线做空战法主要有以下三种。

（1）当价格反弹至切线时做空，止损于前一个波峰的最高点，第一止盈目标位设为限制线位置。当行情强势跌破限制线时，空单获利目标可以顺势扩大。可以用市场中更下方的波段低点作为获利目标，或者采用追踪止损方式，让利润奔跑。

图3-40为黄金1小时级别K线图，时间跨度为2024年5月21日到2024年5月24日。当价格再次反弹至切线时做空，止损于前一个波峰的最高点，第一止盈目标位设为限制线位置。随后价格又一次精准反弹至切线，用同样的操作，可以再次进行空头交易。

（2）当价格继续跌破新趋势线时做空，止损于当前这轮下跌行情的最高点，第一止盈目标位设为限制线位置。当行情强势跌破限制线时，空单获利目标可以顺势扩大。可以用市场中更下方的波段低点作为获利目标位，或者采用追踪止损的方式，让利润奔跑。

图3-41为黄金1小时级别K线图，时间跨度为2024年5月21日到2024年5月24日。价格跌破新趋势后，表明行情不但大势下跌，而且短期内价格也进

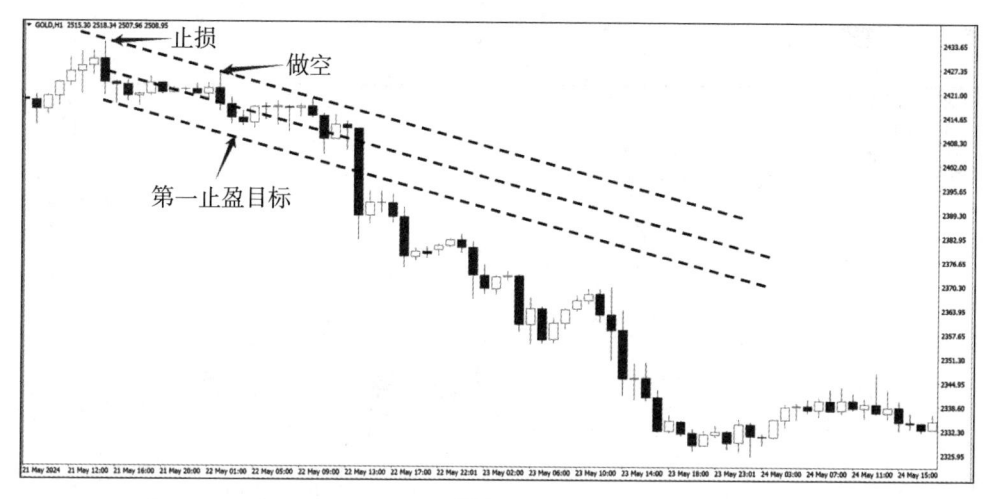

图3-40

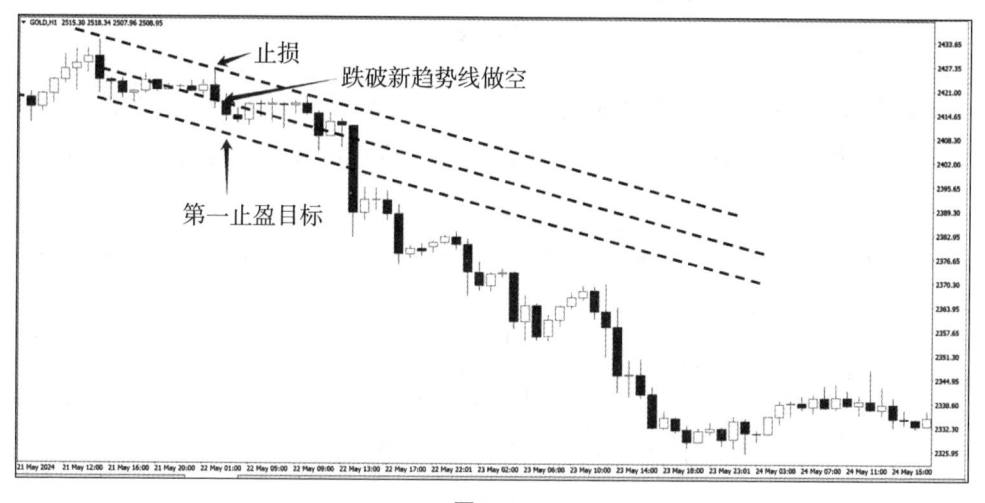

图3-41

入空头格局,因此可以继续做空,止损于当前这轮行情的最高点即可,第一止盈目标位设为限制线位置。

(3)当价格继续跌破限制线时做空,止损于新趋势线上方即可,第一止盈目标位设为限制线位置。当行情强势跌破限制线时,空单获利目标可以顺势扩大。可以用市场中更下方的波段低点作为获利目标,或者采用追踪止损方式,让利润奔跑。

图3-42为黄金1小时级别K线图,时间跨度为2024年5月21日到2024年5月24日。当价格跌破限制线后,表明行情即将加速下跌,可以继续做空,止

损于新趋势线上方即可。

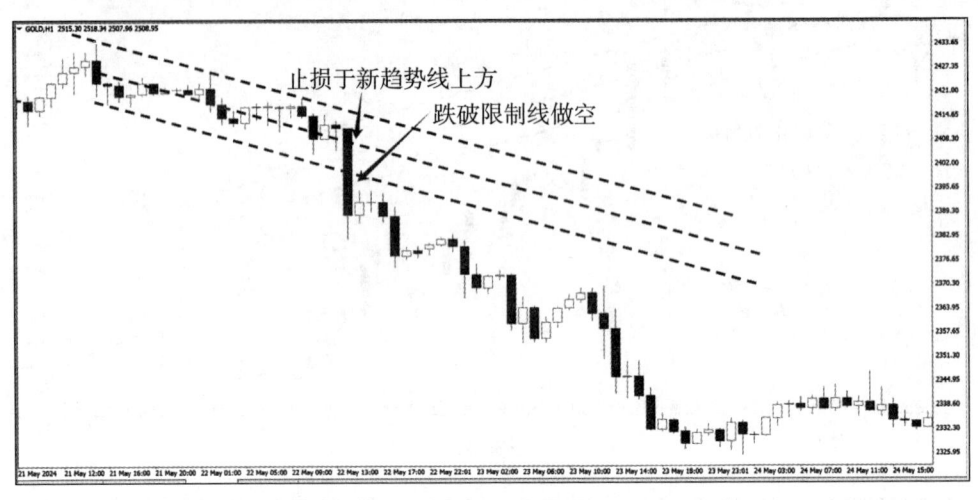

图3-42

图3-43为黄金1小时级别K线图，时间跨度为2024年5月9日到2024年5月29日。扩大一下行情范围，找到前期低点，作为最终获利目标，空单可以大赚56个点。

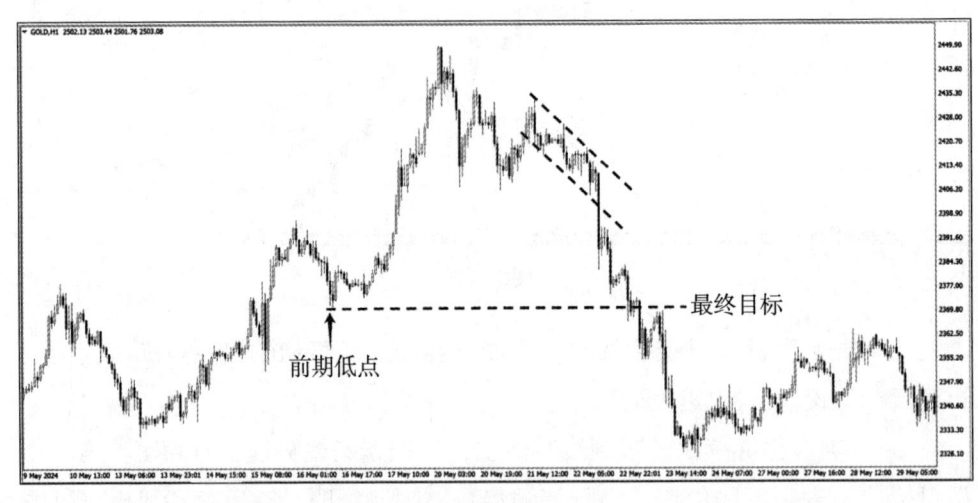

图3-43

图3-44为黄金1小时级别K线图，时间跨度为2024年5月9日到2024年5月29日。可以一直追踪每轮行情的高点，进行移动止损操作，最终价格突破追踪止损时出场，空单大赚近80个点。

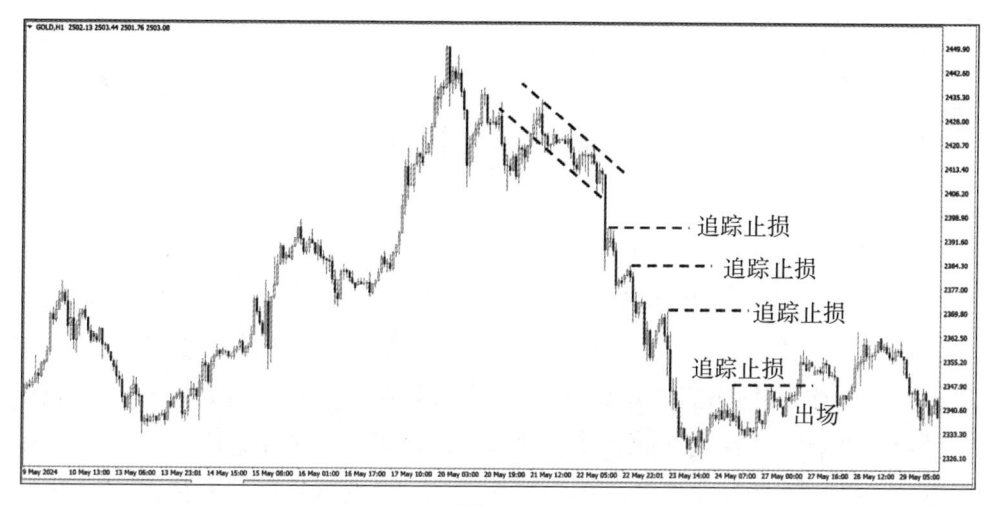

图3-44

注意：在跌破限制线之前，价格并非宽幅振荡，即不能是扩散状态，因为一般在扩散状态下，价格跌破限制线时，往往乖离率过大，行情容易重新回归趋势通道之内。如果是收敛状态最好，因为收敛状态下，跌破限制线后，往往会催生大级别的暴跌行情。

图3-45为黄金1小时级别K线图，时间跨度为2024年8月2日到2024年8月7日。由于行情跌破限制线前是扩散状态，因此大概率会出现虚破，随后行情迅速回挡，重新反弹至下跌通道内运行。价格行为学告诉我们，只有收敛的行情状态，才更容易出现真突破行情。在扩散行情中，尽量不要去追涨杀跌。

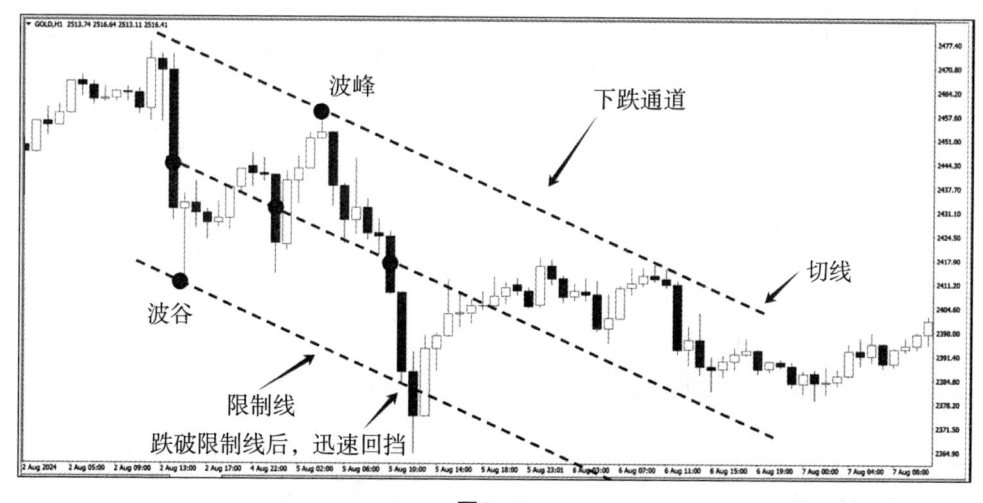

图3-45

3.8 振荡区间

振荡区间指走势比较有规律，价格经过一段时间的上涨或下跌，参与交易的市场多空双方意见出现分歧，从而导致行情在一个区间内做横盘振荡整理。

振荡区间往往会在市场的支撑阻力位形成，区间内价格往往会簇拥成交。区间往往是趋势行情的暂停阶段或者反转阶段。当行情大幅上涨或大幅下跌后，就有可能开始区间调整，就像行情跑累了，要中途歇一歇一样，随后继续沿着原先的趋势运行。当行情在顶部或者底部逆转的时候，往往也会通过区间振荡来桥接。

图3-46为黄金1小时级别K线图，时间跨度为2024年6月19日到2024年7月8日。两条虚线所构成的区域，即为行情的振荡区间，价格在区间内反复振荡，密集成交。

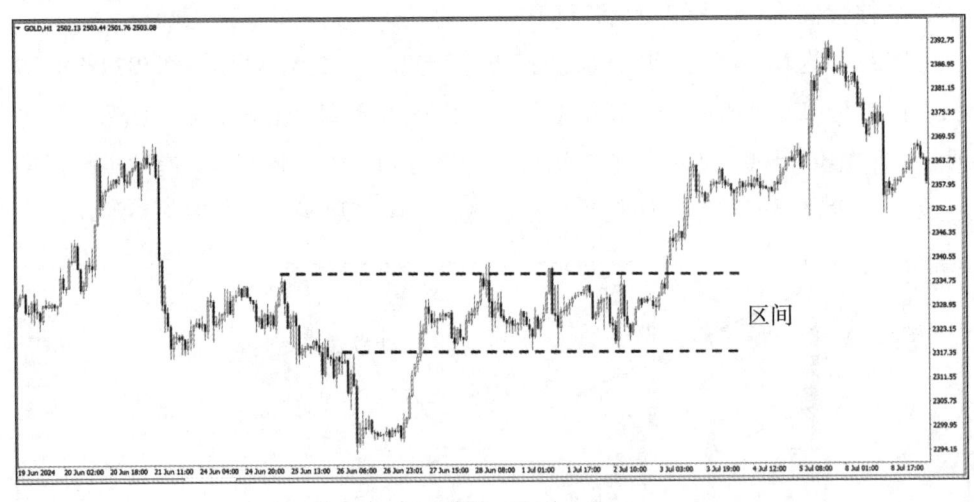

图3-46

3.8.1 振荡区间的画法

区间也称为箱体，行情在箱体内反复振荡，由箱体上下两个点所对应的价位画一条水平线，就是区间的上下轨。区间大概率会在市场的支撑阻力位形成，所以可以用支撑阻力位来验证区间的有效性。

根据区间原理，可以得出区间的画法。

第一步：先找到市场中上方临近的阻力位，如果价格在此受阻回落，说明市场分歧开始了，有可能会出现区间振荡行情。

第二步：关注行情是否再次在该阻力位受阻。如果价格二次受阻于该价位，那么该阻力位就是区间的上轨。

第三步：找到市场中下方临近的支撑位，如果价格在此受到支撑，转为上涨，说明市场分歧开始了，有可能会出现区间振荡行情（找区间上下轨的顺序可以调换，主要依据行情而定，看上下轨哪个先出现，就先确定哪个）。

第四步：关注行情是否再次在该支撑位受到支撑。如果价格二次在该价位受到支撑，那么该支撑位就是区间的下轨。

图3-47为黄金1小时级别K线图，时间跨度为2024年6月19日到2024年7月8日。A点是行情前期的波段高点，它是一个天然的阻力位。价格第一次触及A点后，大幅回落，说明A点是有效的阻力位。随后行情反弹，再次在A点受阻回落，因此可以确定A点所对应的价位就是区间上轨。

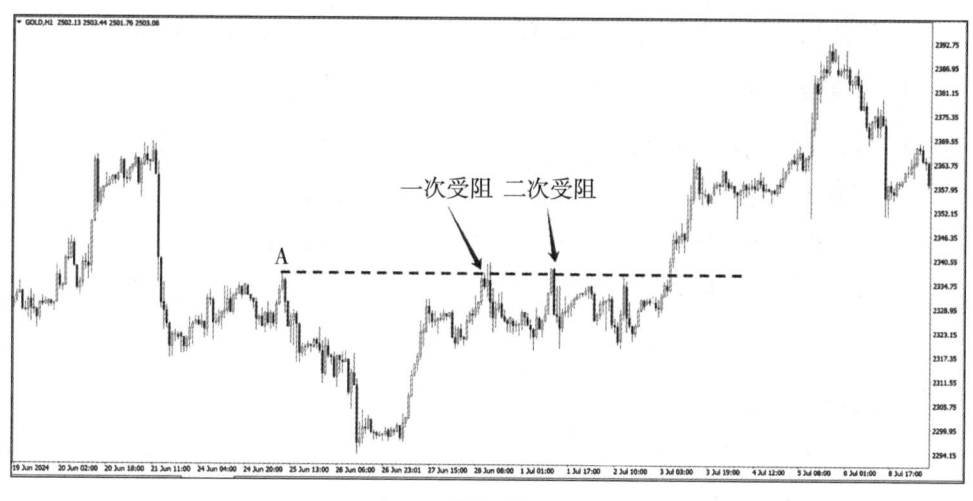

图3-47

图3-48为黄金1小时级别K线图，时间跨度为2024年6月19日到2024年7月8日。B点是先前行情加速下跌的起点，根据价格行为学可知，B点也是一个阻力位。但价格随后直接冲破B点，回踩又刚好在该价位精准反弹，因此该价位就发生了支撑阻力转换。B点由先前的阻力变成了支撑，随后行情再

次下探时，又一次在该价位精准反弹，因此可以确定B点所对应的价位就是区间下轨。

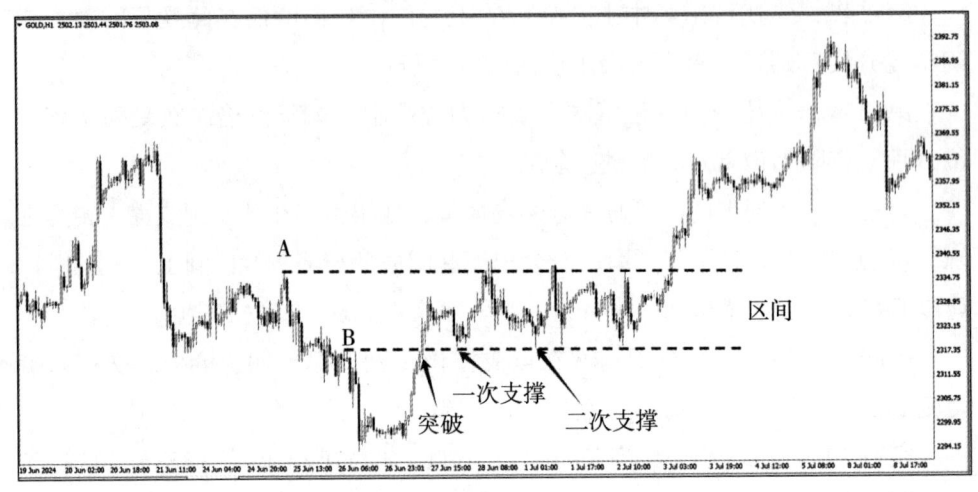

图3-48

3.8.2 振荡区间战法

振荡区间战法主要有三种：振荡交易法、突破交易法和回踩交易法。

1. 振荡交易法

振荡交易法指行情运行在区间之内，可以在上轨做空，下轨做多。

图3-49为黄金1小时级别K线图，时间跨度为2024年6月19日到2024年7月8日。当确立振荡区间后，一旦行情反弹触及上轨就做空，止盈目标位设为区间下轨；一旦行情回落至下轨就做多，止盈目标位设为区间上轨。反复操作，往往获利颇丰。

2. 突破交易法

振荡区间可以向上突破，也可以向下突破。不用预测区间到底会朝哪个方向突破，只需要静观其变，当价格朝哪个方向突破，就顺势操作。

图3-50为黄金1小时级别K线图，时间跨度为2024年6月19日到2024年7月8日。当价格突破区间上轨后，下一根K线开盘在区间上轨之上时，可以进场做多，随后行情继续上涨。

注意：当价格向上突破区间后，必须等下一根K线开盘高于区间上轨，才

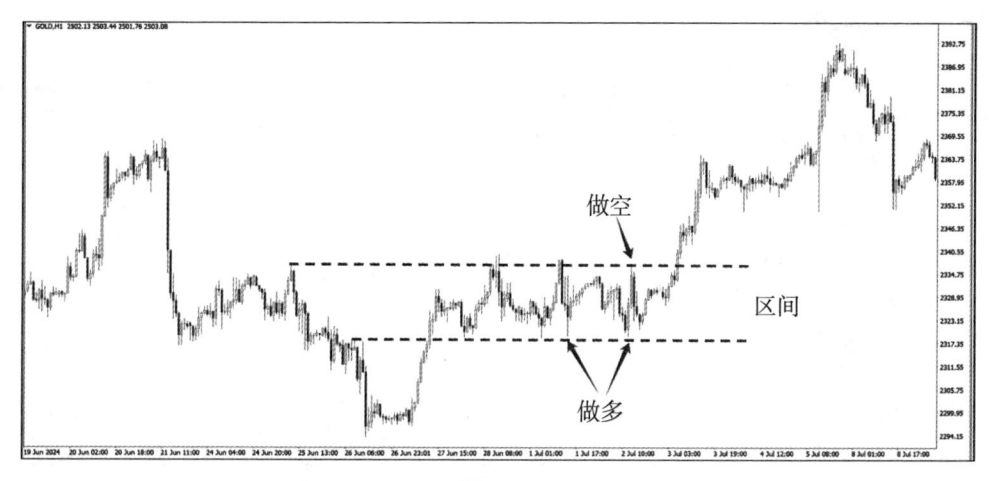

图3-49

图3-50

能确认突破,然后才能进场顺势做多。当价格向下跌破区间后,必须等下一根K线开盘低于区间下轨,才能确认跌破,然后再进场顺势做空。

图3-51为黄金1小时级别K线图,时间跨度为2023年8月16日到2023年9月22日。当价格跌破区间下轨后,下一根K线开盘在区间下轨之下时,可以进场做空。随后行情振荡下跌,一买就赚。

3. 回踩交易法

这里要讲一个重要的知识点,就是价格突破区间后,经常会有一次回踩,这是行情本身对突破是否有效的检验。回踩检验突破有效后,会开启趋势行情。

图3-51

回踩交易法，即当行情向上突破区间后，等价格回踩区间上轨附近时，进场做多，通常能一买就赚；当行情向下跌破区间后，等价格回踩区间下轨附近时，进场做空，通常也能精准获利。

图3-52为黄金1小时级别K线图，时间跨度为2023年8月16日到2023年9月22日。价格向下跌破区间下轨后，回弹刚好触及下轨，此时可以开仓做空，精准抓到高点，立买立赚。

图3-52

图3-53为黄金1小时级别K线图，时间跨度为2024年3月28日到2024年4月17日。价格向上突破区间上轨后，回踩到上轨，此时可以开仓做多，精准

抓到低点，一买就赚，连浮亏都没有。

图3-53

3.9　临界点

临界点是突破切线之前，行情在趋势通道内的最后一波回挡拐点。它是判断趋势是否逆转的重要信号，也是判断牛熊的关键点。

图3-54为黄金1小时级别K线图，时间跨度为2024年6月4日到2024年6月7日。趋势通道内的最后一波回挡拐点，就是此次上涨趋势的临界点。

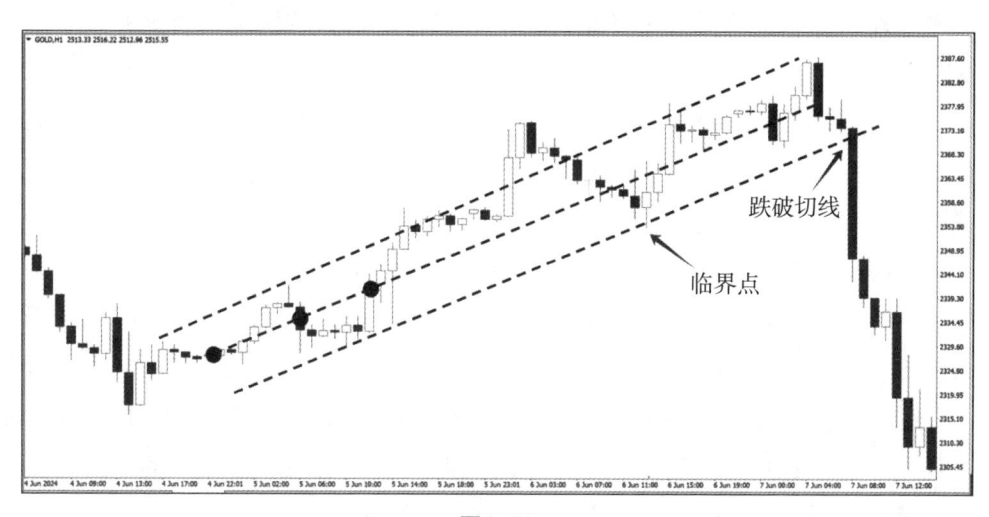

图3-54

图3-55为黄金1小时级别K线图，时间跨度为2024年8月2日到2024年8月7日。趋势通道内的最后一波回弹拐点，就是此次下跌趋势的临界点。

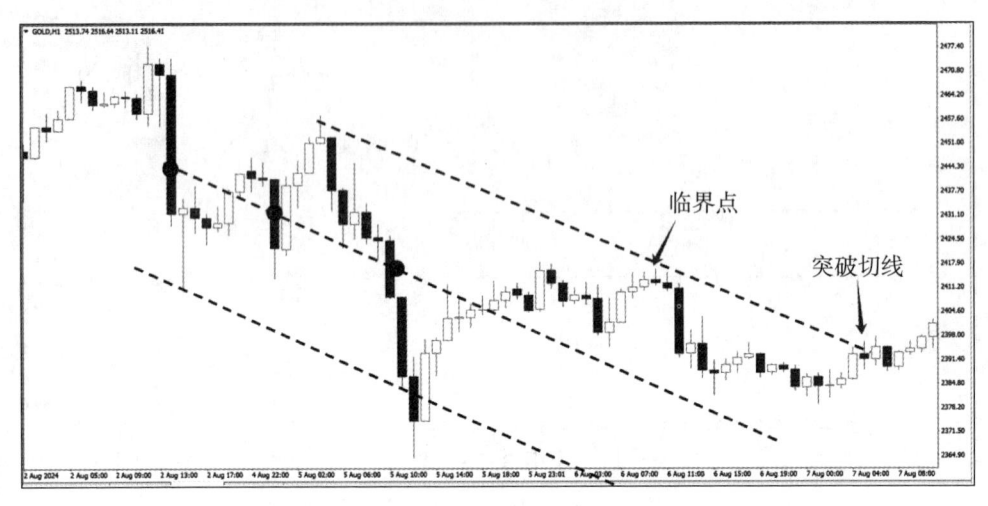

图3-55

3.9.1 临界点的性质

临界点必须符合拐点性质。

根据道氏理论，上涨趋势必须高点不断抬高，低点也不断抬高；下跌趋势必须高点不断降低，低点也不断降低。由此可以看出，只有价格创了新高后，回撤的波谷才是真正的低点，即行情的拐点，否则就只能是次低点；只有创了新低后，反弹的波峰才是真正的高点，即行情的拐点，否则就只能是次高点。

如图3-56所示，在上涨趋势中，C点没有创出超过A点的新高，所以D点只是次低点，不属于拐点，CD只是BE的子浪。E点创了A点之后的新高，所以B点才是行情真正的拐点。

如图3-57所示，在下跌趋势中，H点没有创出低于F点的新低，所以I点只是次高点，不属于拐点，GH只是GJ的子浪。J点创了F点之后的新低，所以G点才是行情真正的拐点。

图3-58为黄金1小时级别K线图，时间跨度为2024年6月4日到2024年6月7日。根据拐点性质可知，图中的M点不是临界点，因为M点之前的行情并没有创新高，所以不是行情的拐点，自然也不是临界点。

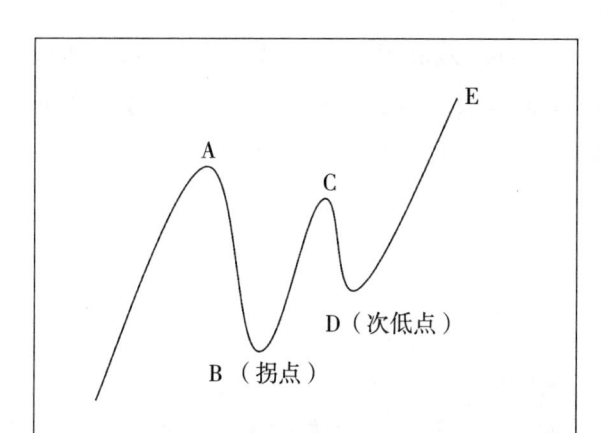

图3-56

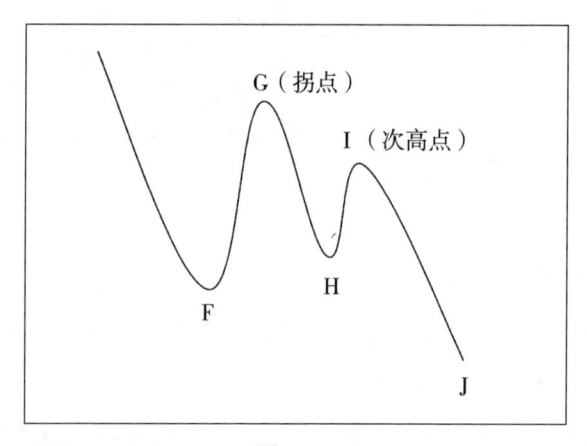

图3-57

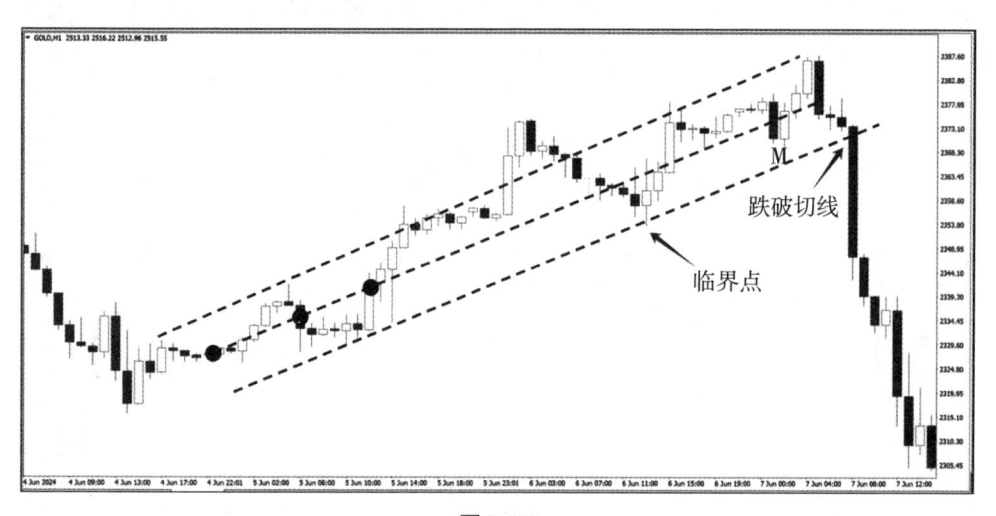

图3-58

图3-59为黄金1小时级别K线图,时间跨度为2023年8月9日到2023年8月28日。根据拐点性质可知,图中的N点不是临界点,因为N点之前的行情并没有创新低,所以不是行情的拐点,自然也不是临界点。

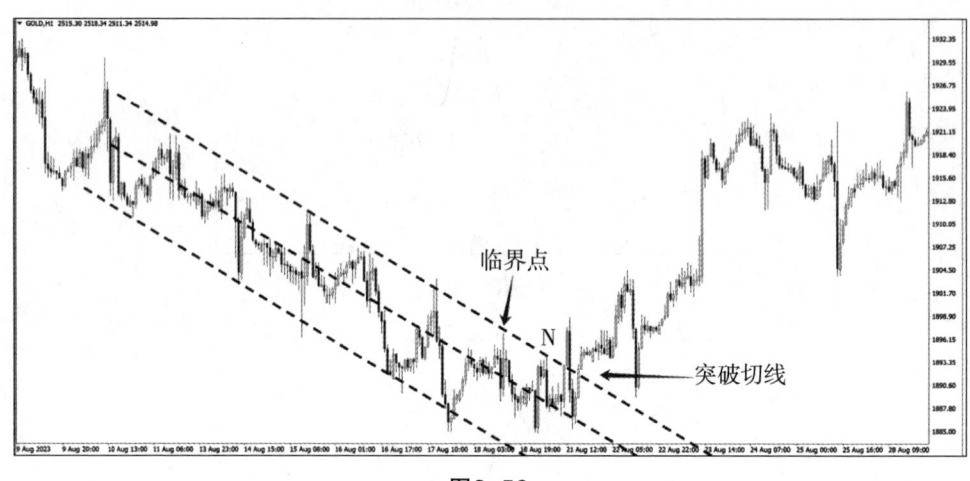

图3-59

3.9.2 临界点的作用

根据趋势交易原理,当切线被突破后,表明原先的趋势暂时结束。但此时还不能确定行情已经发生反转。此后走势可以分为以下三种情况。

(1)行情突破切线,且继续突破临界点后,可以确认行情真正发生逆转。

图3-60为黄金1小时级别K线图,时间跨度为2024年6月4日到2024年6月

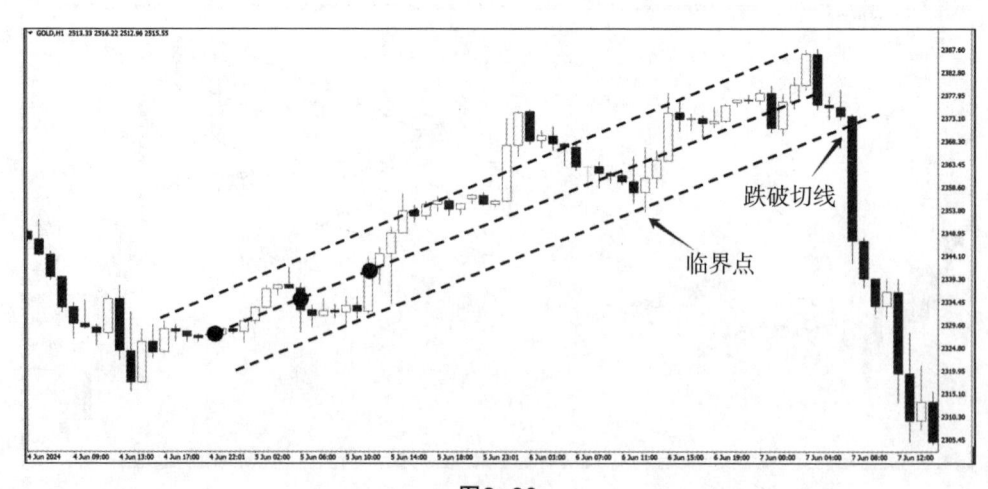

图3-60

7日。在上涨趋势中,当价格跌破切线,且跌破临界点,随后行情就开启了直线暴跌的模式。

图3-61为黄金1小时级别K线图,时间跨度为2023年8月9日到2023年8月28日。在下跌趋势中,当价格突破切线,随后进一步突破临界点,行情就发生了逆转,开启了上涨趋势。

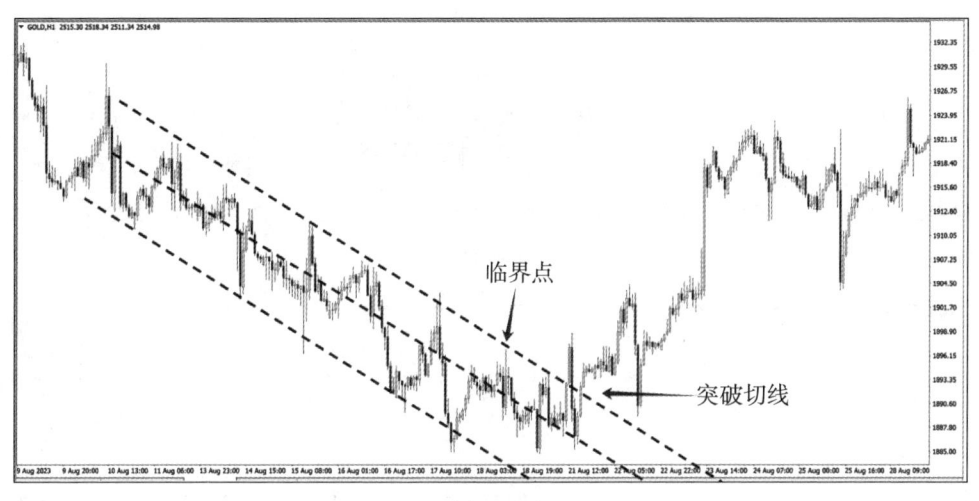

图3-61

(2)行情突破切线,但是没有突破临界点,那么价格就会陷入振荡。如果原先是上涨趋势,那么价格就会在临界点和最高点之间振荡;如果原先是下跌趋势,那么价格就会在临界点和最低点之间振荡。

图3-62为黄金1小时级别K线图,时间跨度为2023年8月9日到2023年8月28日。在下跌趋势中,价格突破切线,但还没有突破临界点之前,一直在低位振荡。

图3-63为黄金1小时级别K线图,时间跨度为2024年4月4日到2024年4月12日。在上涨趋势中,价格跌破切线,但还没有跌破临界点,随后一直在高位振荡。

(3)行情突破切线,但是没有突破临界点。如果原先是上涨趋势,且随后价格继续创出新高,那么行情会进入新的上涨趋势;如果原先是下跌趋势,而且随后价格再向下创出新低,那么行情会进入新的下跌趋势。

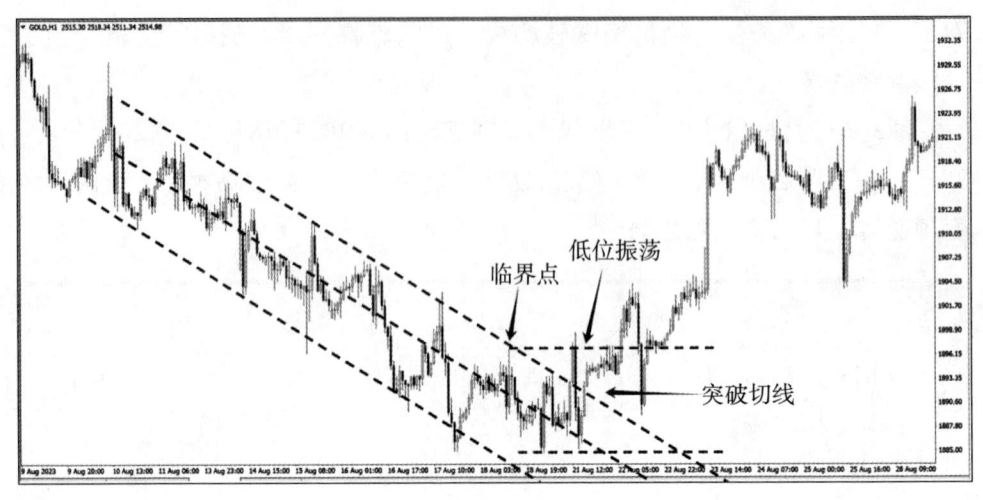

图3-62

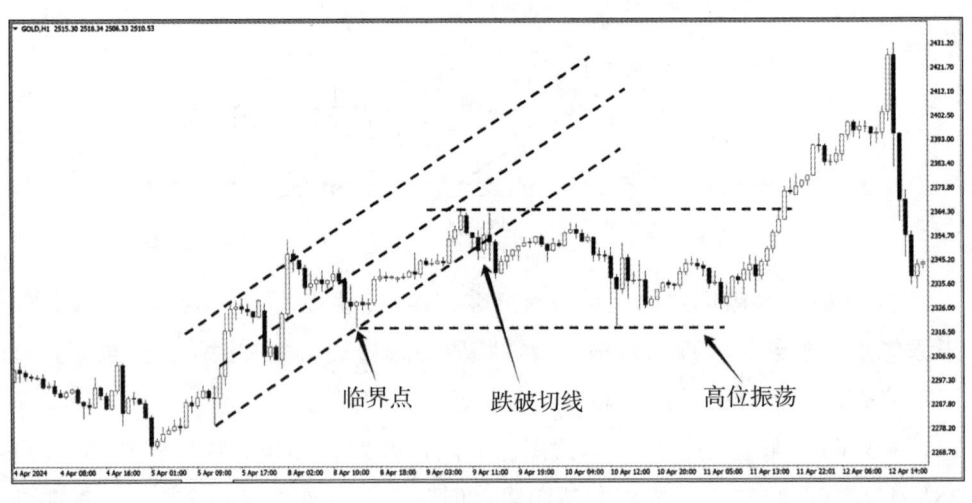

图3-63

图3-64为黄金1小时级别K线图，时间为2023年8月30日到2023年9月18日。价格虽然突破了切线，但是没有突破临界点，随后行情振荡并继续下跌，创出新低，进入新的下跌趋势。

图3-65为黄金1小时级别K线图，时间跨度为2024年4月4日到2024年4月12日。价格虽然跌破了切线，但是没有跌破临界点，振荡后价格继续上涨，创出新高，进入新的上涨趋势。

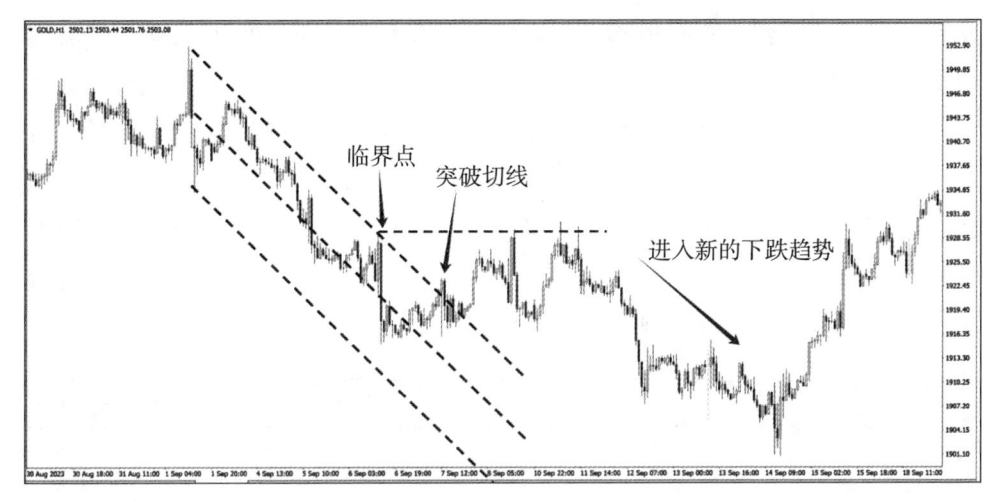

图3-64

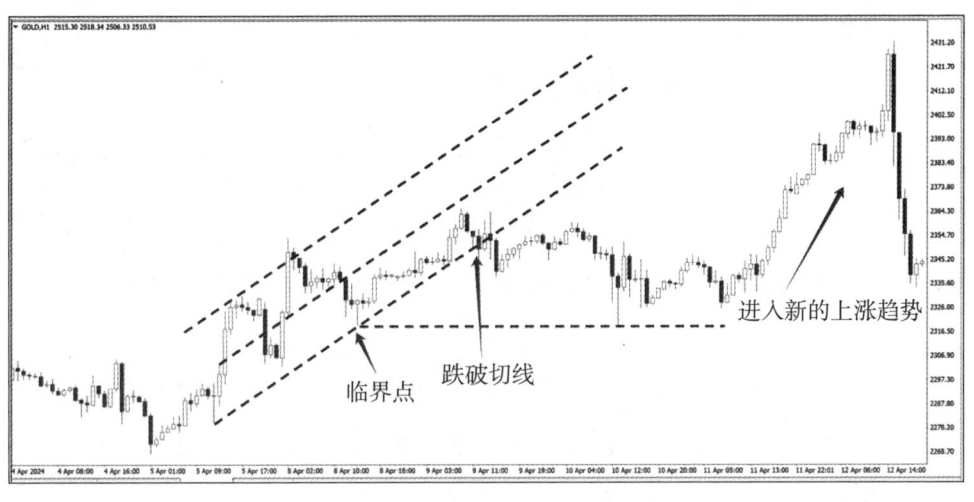

图3-65

3.9.3 临界点三大核心战法

临界点共有三大核心战法，分别是临界点趋势反转战法、临界点测试战法和临界点趋势延续战法。

1. 临界点趋势反转战法

在下跌趋势中，当切线被突破，临界点也被突破，投资者可以顺势做多，止损设为最低点，止盈目标设为下跌趋势的起点位置（此时行情预示会反转，根据道氏理论对趋势的定义，涨幅至少超越下降行情的跌幅，才能称得上是反转行情）。

图3-66为黄金1小时级别K线图，时间跨度为2023年8月9日到2023年8月28日。在下跌趋势中，当价格突破切线，且继续突破临界点后，等下一根K线开盘开在临界点之上时，进场做多，止损设置在最低点，止盈目标设为下跌趋势的起点。从图中可见，多单进场后，价格向下快速回落，但是没有跌破止损，随后大幅上涨，接近止盈目标位。

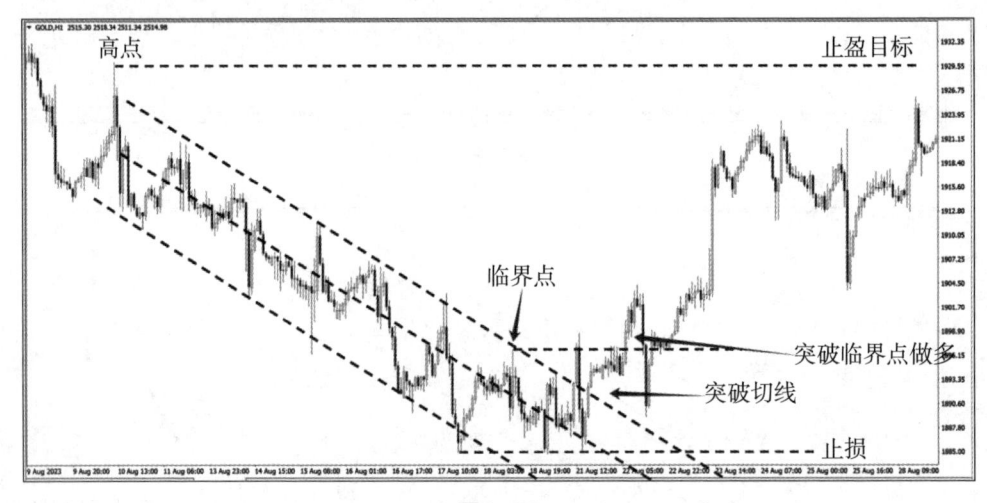

图3-66

在上涨趋势中，当切线被突破，并且临界点也被突破，投资者就顺势做空，止损设为最高点，止盈目标设为上涨趋势的起点位置（此时行情预示会反转，根据道氏理论对趋势的定义，跌幅至少超越前上涨行情的涨幅，才能称得上是反转行情）。

图3-67为黄金1小时级别K线图，时间跨度为2024年6月4日到2024年6月7日。在上涨趋势中，当价格跌破切线，且继续跌破临界点后，等下一根K线开盘开在临界点之下时，进场做空，止损设置在最高点，止盈目标设为上涨趋势的起点。从图中可见，空单进场后，行情立即暴跌，完美抵达止盈目标位。

2. 临界点测试战法

在下跌趋势中，当切线被突破，但在临界点受阻时，投资者可以进场做

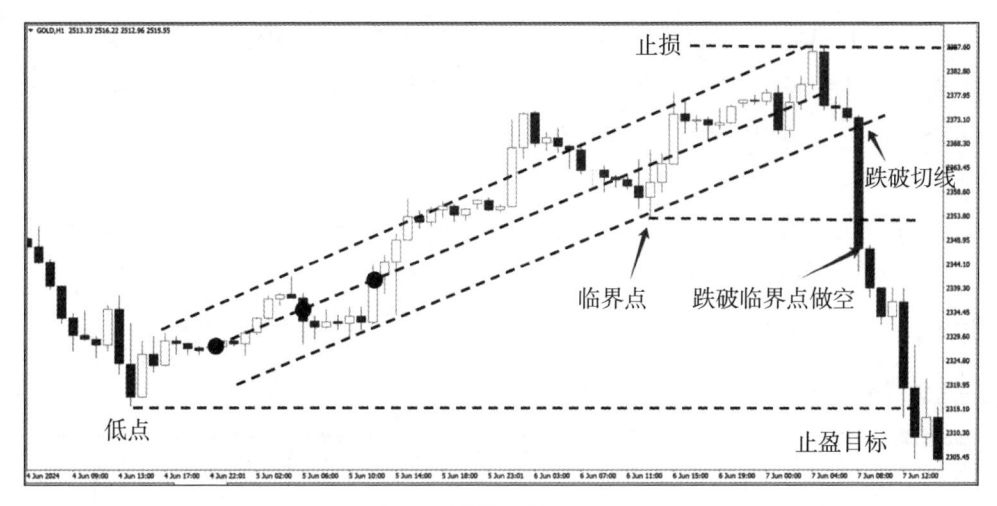

图3-67

空,止损设在前期高点上方,第一止盈目标设为最低点。当行情强势跌破最低点时,也可以顺势放大获利目标(采用市场更下方的低点或者用追踪止盈的方式出场)。

图3-68为黄金1小时级别K线图,时间为2023年8月30日到2023年9月18日。价格虽然突破切线,但是没有突破临界点,可以在临界点受阻时进场做空,止损设置在前期高点上方,随后价格轻松跌至第一止盈目标位。行情继续直线向下贯穿,投资者可以用放大获利的方法让利润奔跑。

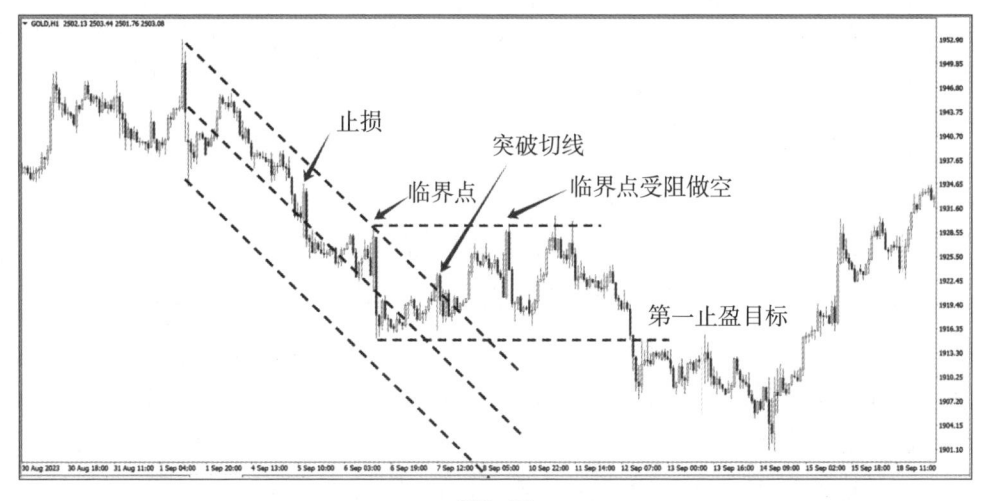

图3-68

在上涨趋势中，当切线被跌破，但在临界点受到支撑时，投资者可以进场做多。止损设为前期低点下方，第一止盈目标设为最高点。当行情强势突破最高点时，可以顺势放大获利目标（采用市场更上方的高点或者追踪止损的方式出场）。

图3-69为黄金1小时级别K线图，时间跨度为2024年4月4日到2024年4月12日。价格虽然跌破切线，但没有跌破临界点，可以在临界点受到支撑时进场做多，止损设置在前期低点下方。随后价格振荡上涨，抵达第一止盈目标位。之后行情直接向上拉升，可以用放大获利的方法让利润奔跑。

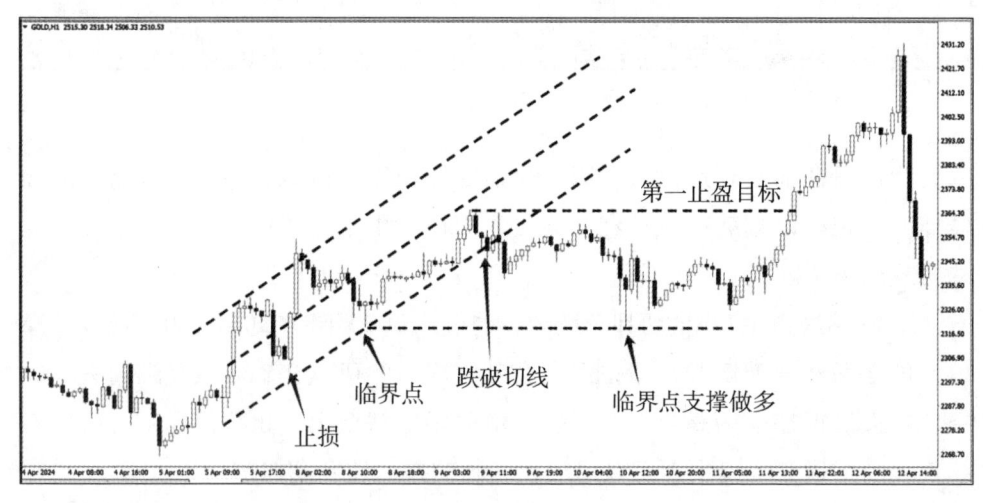

图3-69

3. 临界点趋势延续战法

在下跌趋势中，当切线被突破，但在临界点受阻回落，此后继续下跌创新低时，可以在下一根K线开盘开在最低点之下时，顺势加仓做空。止损设置在临界点上方，采用市场更下方的低点或者追踪止盈的方式出场。

图3-70为黄金1小时级别K线图，时间为2023年8月30日到2023年9月18日。价格突破切线，但没能突破临界点，然后重新下跌并跌破最低点，可以在下一根K线开盘开在最低点之下时，顺势加仓做空。行情继续振荡下跌，短线轻松获利。

在上涨趋势中，当切线被跌破后，在临界点受到支撑而反弹，此后继续上涨创出新高，投资者可以在下一根K线开盘开在最高点之上时，顺势加仓

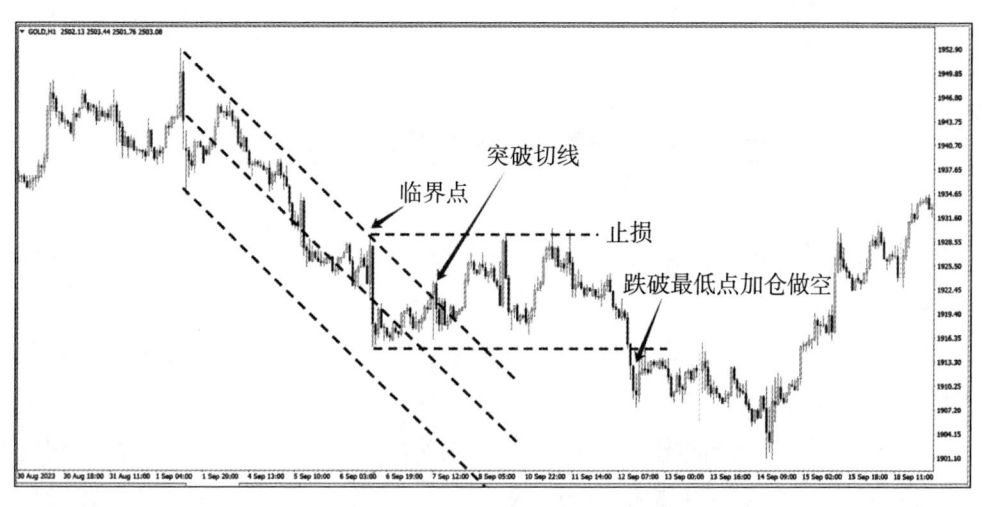

图3-70

做多。止损设置在临界点下方，采用市场更上方的高点或者追踪止损的方式出场。

图3-71为黄金1小时级别K线图，时间跨度为2024年4月4日到2024年4月12日。价格跌破切线，但没能跌破临界点，然后反弹上涨并突破最高点，可以在下一根K线开盘开在最高点之上时，顺势加仓做多。行情随后也是继续拉升，一买就赚。

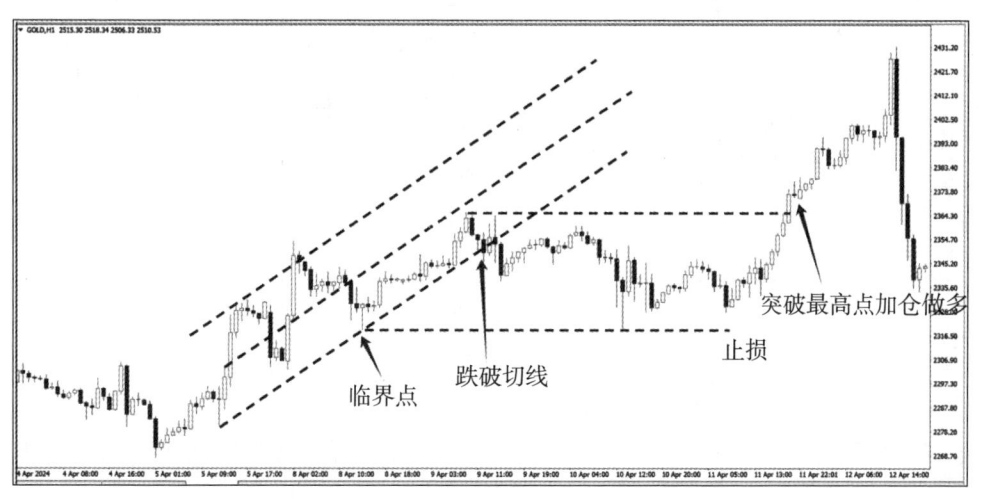

图3-71

3.10 行情转势之高级判断法

抄底和摸顶永远是最有吸引力的交易模式，如果买对了，带来的收益非常丰厚。那么如何抄底、摸顶才是顺势呢？这是投资者要解决的关键问题。否则抄在半山腰，那就是逆势交易了，这种交易往往会是灾难性的，不是连续亏损，就是爆仓。

行情没走完和行情到顶的状态，肯定是不一样的，可以用"行情转势之高级判断法"来识别行情走完时的状态。"行情转势之高级判断法"需要用到三个技术工具：切线、ABC模式和2B法则。

下面以判断行情见顶为例，进行详细讲解。

1. 用切线判断

切线判断行情反转的条件是，价格必须跌破临界点。如图3-72所示，当价格跌破切线，且进一步跌破临界点时，说明行情见顶。

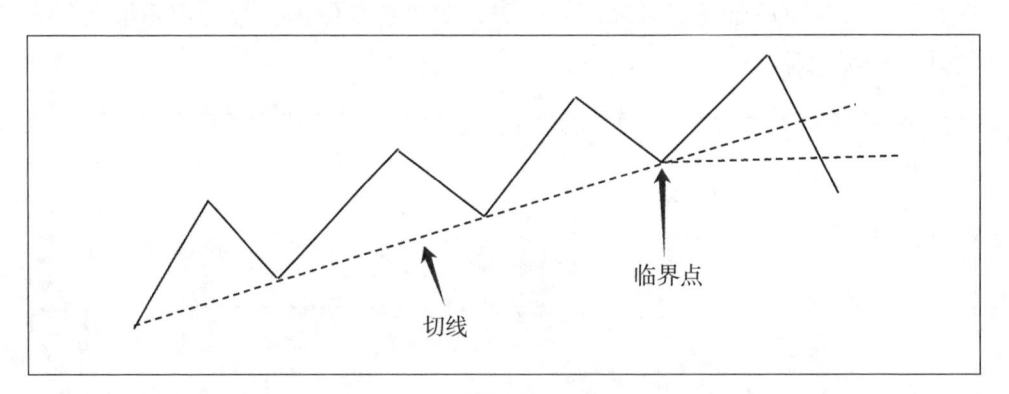

图3-72

2. 用ABC模式判断

ABC模式的原理源于道氏理论。道氏理论认为下跌趋势就是高点和低点不断降低。

如图3-73所示，当C浪跌破B浪的最低点时，表明行情可能进入下跌趋势。

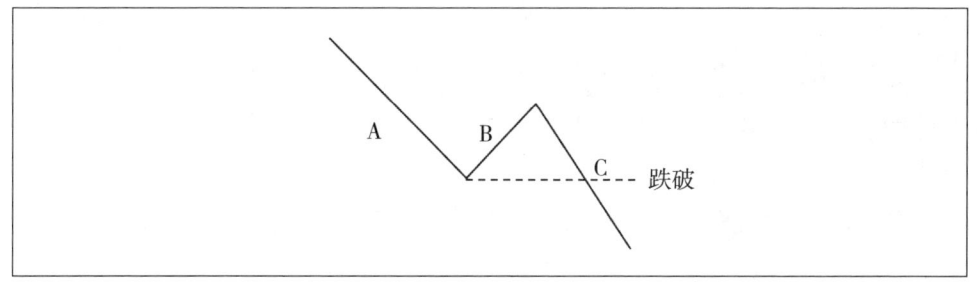

图3-73

3. 用2B法则判断

单一使用趋势线或ABC模式判断行情转势，往往错误率较高。把两种方法结合起来使用，也就是把ABC模式看作调整浪，即可得到123法则，如图3-74所示。

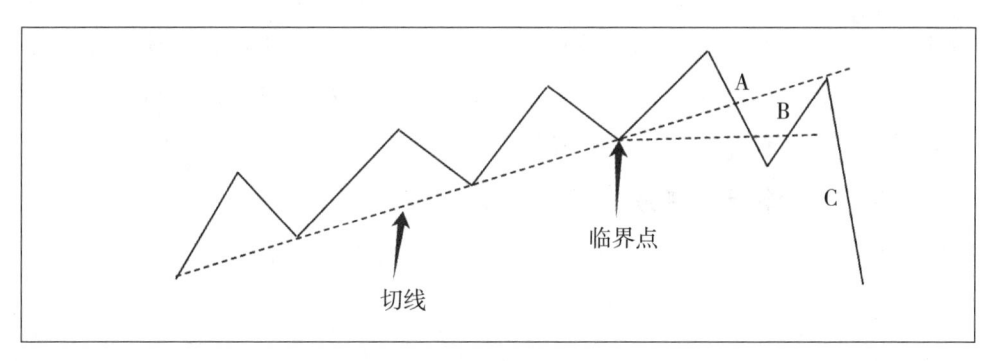

图3-74

123法则需要满足以下四个条件。

（1）跌破切线。
（2）跌破临界点。
（3）B浪不破前期最高点。
（4）C浪跌破B浪最低点。

123法则能大大提高判断转势的胜率，是因为它符合双重转势确立条件。

第一重是使用趋势理论，当价格跌破临界点，表示行情的单调性发生改变，那么价格就有可能开始转势了。但是在实战过程中，很多时候价格跌破临界点后，行情却立即拉回继续上涨。第二重是根据道氏理论对趋势的定义，即在行情下跌过程中，如果价格跌破前期低点，那么行情会进入下跌趋势。

把二者结合起来，即在上升趋势中，当A浪跌破临界点，并且随后C浪下跌再创新低，那么经过双重确认，可以极大地提高行情由上涨转为下跌的概率。

但是在振荡行情中，123法则依然会出现虚假信号。此时，继续引入2B法则，可以进一步提升判断转势的概率。

2B法则是指在上升趋势中，如果价格已经创出新高而未能延续，随后又跌破先前的高点，那么趋势很可能会发生反转。这是道氏理论的逆使用，即上涨趋势是指一个波谷高于前一个波谷且创新高的情况，一旦不符合上述条件，趋势就会结束或发生反转。2B法则的应用就是专门针对这种趋势发生改变的情况。

2B即两个突破（breakout），当行情处于上升趋势时，如果价格突破了前期高位（第一个突破）但未能持续下去，甚至掉头跌破前期高位（第二个突破），则意味着趋势可能会转为下跌。第一个突破是常说的"假突破"，交易者往往很容易掉进这个诱多陷阱。

4. 用"行情转势之高级判断法"判断

结合切线、ABC模式和2B法则所形成的判断转势的模型，就是"行情转势之高级判断法"，如图3-75所示。

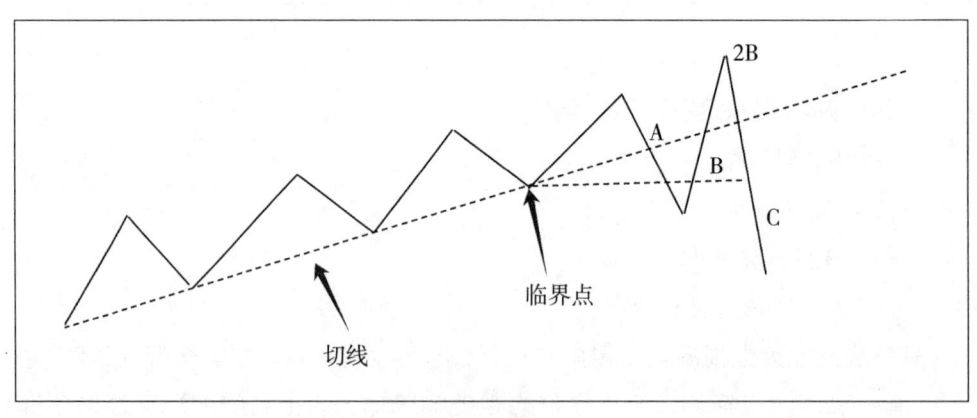

图3-75

其中，2B虚破，也可以看作破顶翻。如果价格在B浪最低点附近反复密集成交，则成功率更高。因为价格在此处密集成交，就证实该价位的确是重要的支撑位，如图3-76所示。

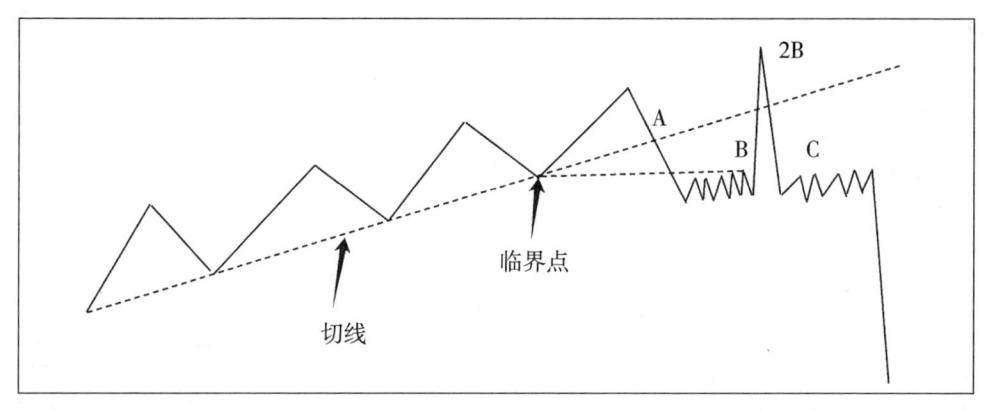

图3-76

用"行情转势之高级判断法"判断上升趋势是否转势，需要满足以下五个条件。

（1）跌破切线。

（2）跌破临界点。

（3）B浪破前期最高点，但很快回落，没有持续上涨。

（4）C浪跌破B浪的最低点。

（5）价格在B浪最低点附近密集成交（加分项）。

这种模式判断行情转势胜率非常高，堪称顺势摸顶法。结合趋势交易法，可以在上涨趋势未走完前顺势做多，等行情顶部形态出现后，再顺势做空，可以做到左右开弓，多空皆获利。

图3-77为黄金1小时级别K线图，时间跨度为2024年1月15日到2024年2月20日。价格先跌破切线，又跌破临界点，但迅速拉升创新高，随后再次跌破B浪最低点。此时基本可以确定行情已经转势，等真正进入下跌趋势，就可以顺势摸顶做空。行情随后继续大跌，轻松获利。

用"行情转势之高级判断法"判断下跌趋势是否转势，同理需要满足以下五个条件。

（1）突破切线。

（2）突破临界点。

（3）B浪破前期最低点，但很快拉回，没有持续下跌。

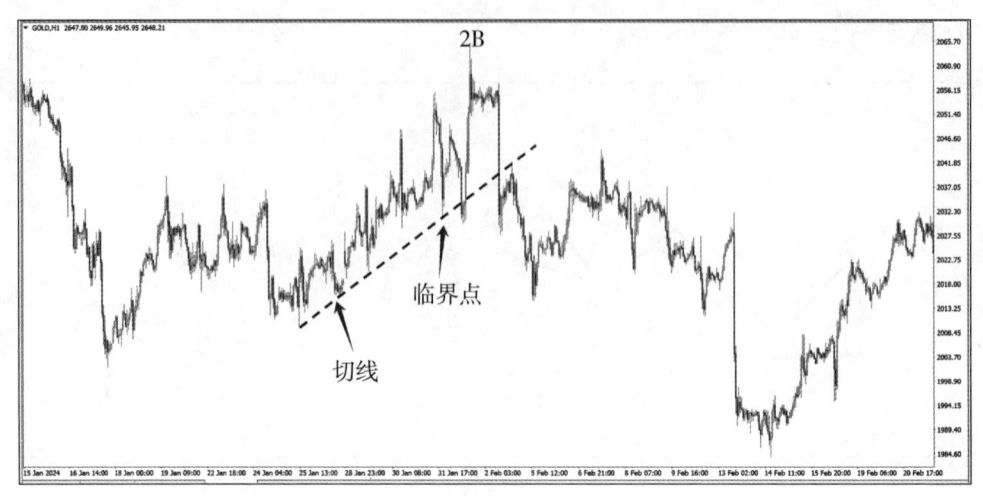

图3-77

（4）C浪突破B浪的最高点。

（5）价格在B浪最高点附近密集成交（加分项）。

在下跌趋势中，用"行情转势之高级判断法"判断如图3-78所示。

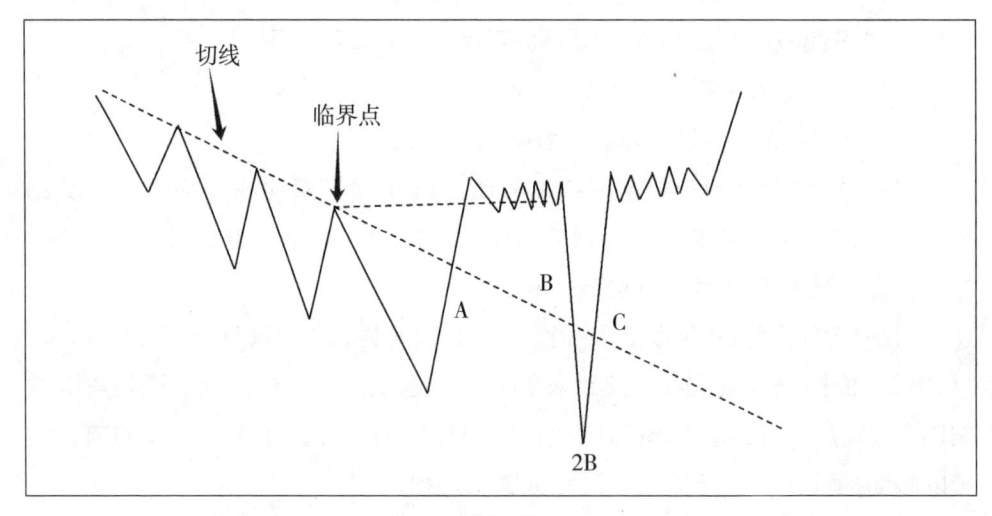

图3-78

图3-79为黄金1小时级别K线图，时间跨度为2023年2月6日到2023年3月15日。价格先上穿切线，并继续突破临界点，随后振荡下跌创出新低。但价格没有继续下跌，而是快速拉回，强势突破B浪最高点。此时基本可以确定行情已经转势。等真正进入上涨趋势，可以顺势抄底做多。行情随后继续大

涨，一买就大赚。

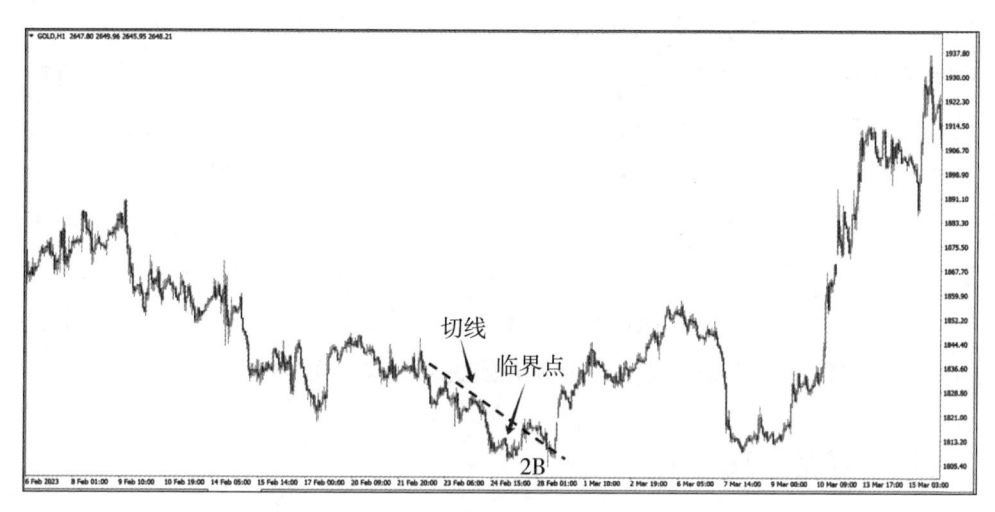

图3-79

3.11 行情转势之高级判断法实战应用

很多投资者在交易过程中，经常会出现刚止损行情就立即折返，并朝着先前预测的方向大幅运行的情况。每次遇到这种情况，投资者都会仰天长叹，抱怨运气不好，其实这是机构诱骗散户惯用的伎俩。散户一般会锚定最高点和最低点进行交易，通常把空单的止损设置在最高点上方，把多单的止损设置在最低点下方。机构故意虚破这些位置，虚晃一枪，把散户的止损统统打掉。在价格创新高或创新低时，还会吸引散户追涨杀跌，从而将散户深度套牢。

价格虚破创新高，还可以有效阻止原本想做空的散户进场交易，因为从技术分析的角度讲，价格如果创了新高，就预示着上涨趋势还要继续。价格虚破创新低的时候，也可以阻止原本想抄底做多的散户进场交易，因为从技术分析的角度讲，行情创了新低，预示下跌趋势还会继续。这些走势，都会让散户自我怀疑，犹豫不决，从而错失交易良机。

虚破会将大量散户赶下车，没有了散户的干扰，随后行情反转起来也会非常迅猛，不是暴涨就是暴跌。如果能抓住这样的交易机会，获利往往是非常丰厚的。但是一般的交易方法对于这种虚破是很难应付的，不管怎么做都会亏损。

这里介绍一种较为有效的方法——F3T法则。由于"行情转势之高级判断法"先有一次虚破信号（flase），然后有三次真突破信号（true），因此称为F3T法则。在真突破之前，先进行一次假突破，能够提高突破的有效性。就像破底翻比W底更有反转意义，破顶翻比M顶更有反转意义，头肩形也比W形反转的概率更大，因为头肩形的头部可以看作一次假突破。

用F3T法则进行交易，虽然是抄底和摸顶，却不是逆势交易，而是属于右侧交易，是行情真正出现明显反转时才进场交易，也就是趋势启动之初进行顺势交易，所以能及时抓住趋势行情的启动点。

下面详细讲解用F3T法则进行顺势抄底和顺势摸顶的战法。

3.11.1 顺势抄底战法

入场：当出现F3T底部信号时，顺势开仓做多。

止损：设在最低点下方。

第一止盈目标：设在下跌趋势的最高点（既然行情要反转，根据道氏理论，可以推断至少也要超越下跌趋势的最高点）。

放大获利：寻找市场中下一个更高的点作为止盈目标，或者用追踪止损方式，让利润奔跑。

1. 入场

图3-80为黄金1小时级别K线图，时间跨度为2023年2月6日到2023年3月15日。当价格突破O点时，就出现了F3T底部信号，可以等下一根K线开盘开在O点上方时，顺势抄底做多。

2. 止损

图3-81为黄金1小时级别K线图，时间跨度为2023年2月6日到2023年3月15日。因为最低点被虚破，这个价位往往也是机构建仓的最低点。如果趋势反转，那么肯定不会再破最低点，所以止损设置在最低点下方是合理的。

3. 第一止盈目标

图3-82为黄金1小时级别K线图，时间跨度为2023年2月6日到2023年3月15日。价格精准抵达前期下跌趋势的最高点，第一止盈目标顺利实现，此次抄底轻松大赚。

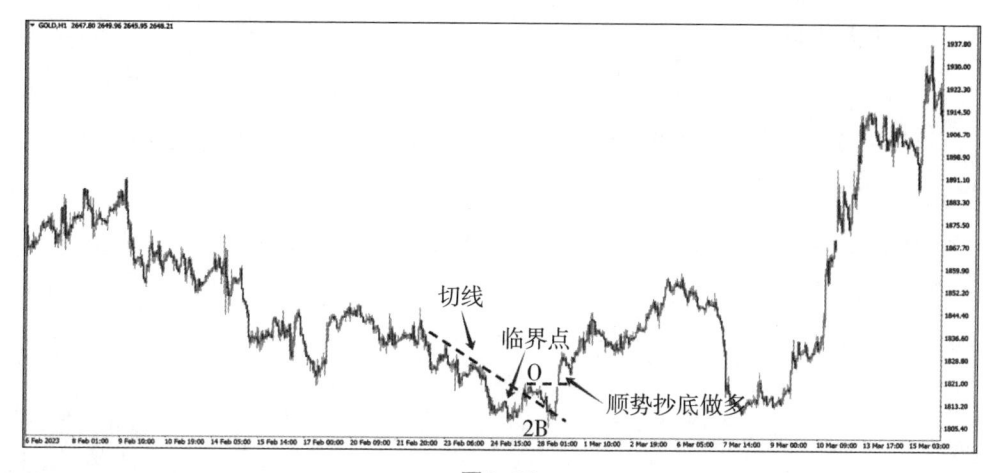

图3-80

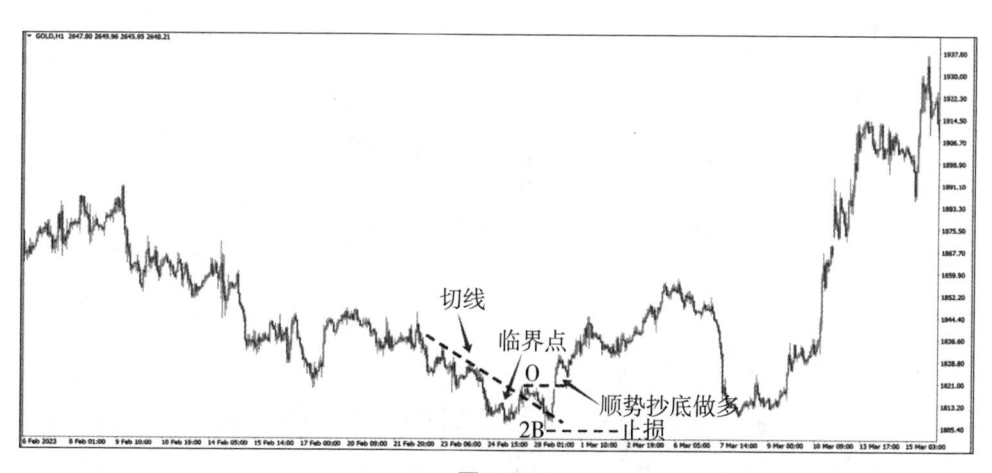

图3-81

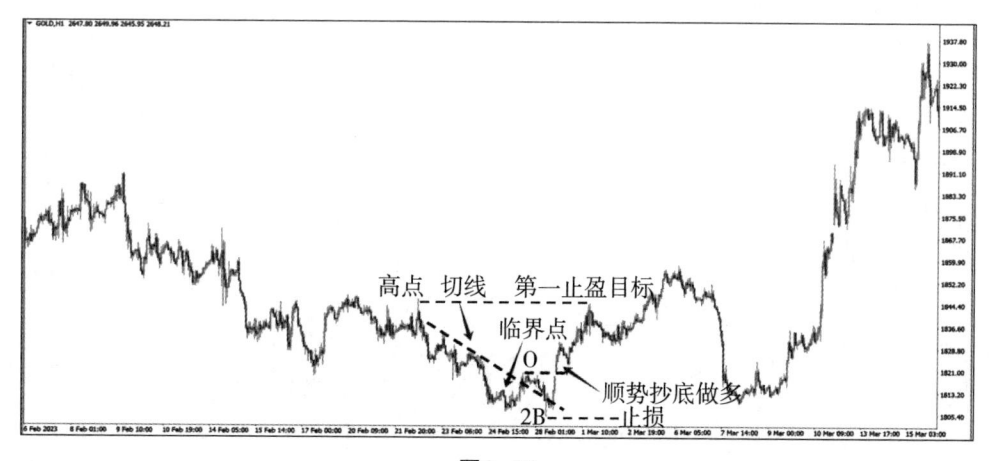

图3-82

4. 放大获利

（1）在下一个更高点止盈。

图3-83为黄金1小时级别K线图，时间跨度为2023年2月6日到2023年3月15日。扩大一下行情范围，可以发现行情小幅涨过第一止盈目标后，价格二次下探，但并未打掉止损。随后行情再度反转，价格直线上涨，抵达市场下一个高点，多单大幅盈利。

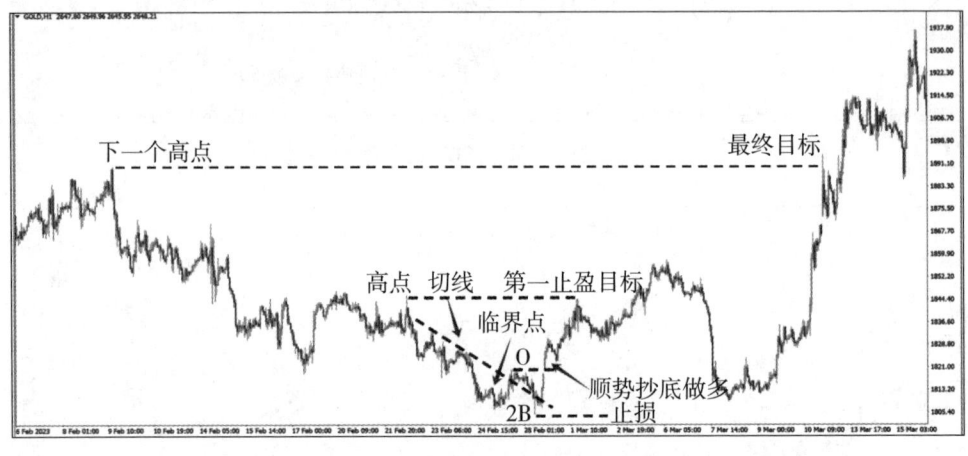

图3-83

（2）追踪止损，让利润奔跑。

图3-84为黄金1小时级别K线图，时间跨度为2023年2月6日到2023年3月15日。价格精准抵达第一止盈目标后，开始追踪低点，移动止损，这样既可

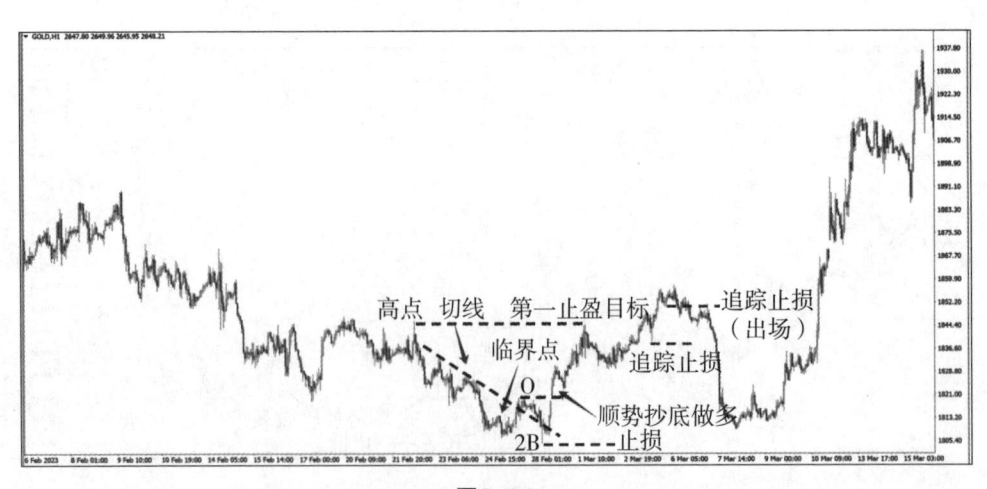

图3-84

以保护既得利润，也可以放大获利。当追逐止损被打掉后，被动获利出场，能够躲开二次下探的行情。

3.11.2 顺势摸顶战法

入场：当出现F3T顶部信号时，顺势开仓做空。

止损：设在最高点上方。

第一止盈目标：设在上涨趋势的最低点（既然行情要反转，根据道氏理论，可以推断至少要跌破上涨趋势的最低点）。

放大获利：寻找市场中下一个更低的点作为止盈目标，或者用追踪止损方式，让利润奔跑。

1. 入场

图3-85为黄金1小时级别K线图，时间跨度为2024年1月15日到2024年2月20日。当价格跌破P点时，出现了F3T顶部信号，可以等下一根K线开盘开在P点下方时，顺势摸顶做空。

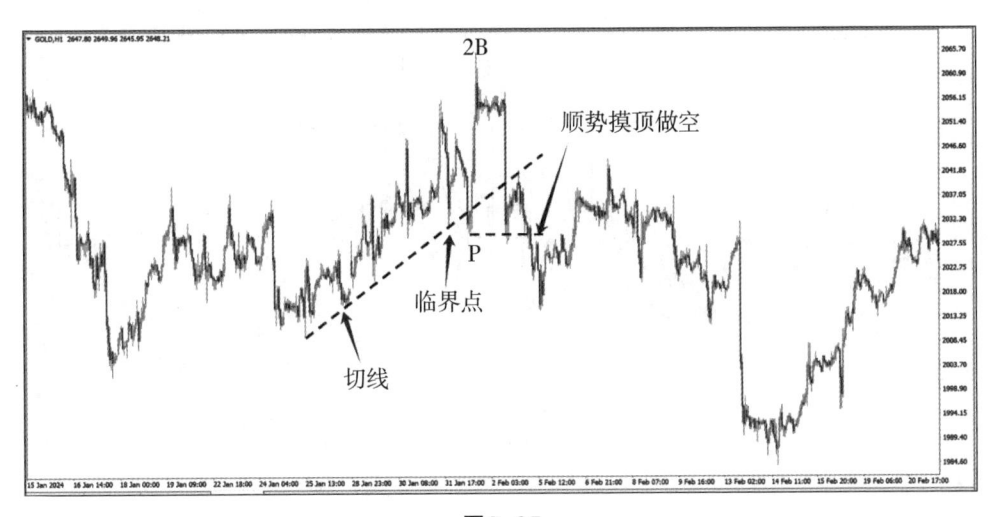

图3-85

2. 止损

图3-86为黄金1小时级别K线图，时间跨度为2024年1月15日到2024年2月20日。因为最高点被虚破，这个价位往往也是机构建仓的最高点。如果趋势反转，那么肯定不会再破最高点，所以止损设置在最高点上方是合理的。

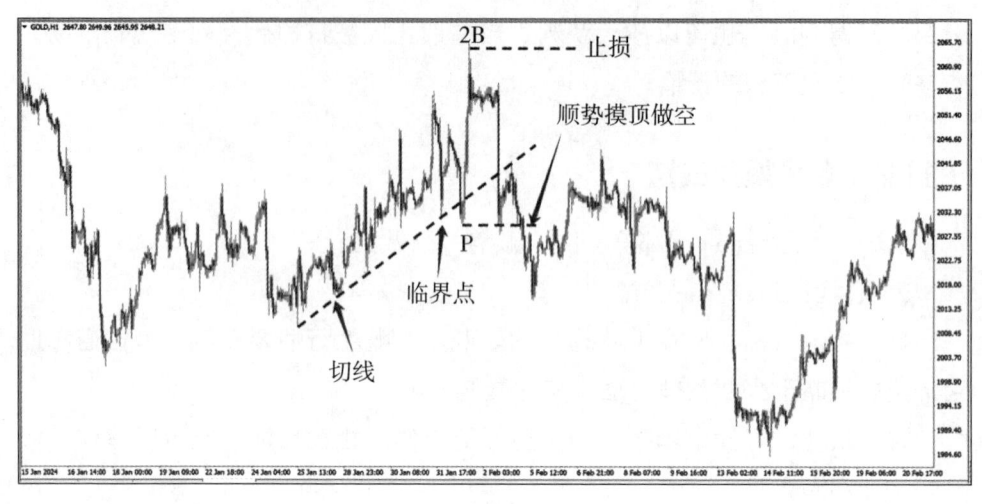

图3-86

3. 第一止盈目标

图3-87为黄金1小时级别K线图,时间跨度为2024年1月15日到2024年2月20日。价格振荡盘整后,突然跳水,到达第一止盈目标时顺利止盈。

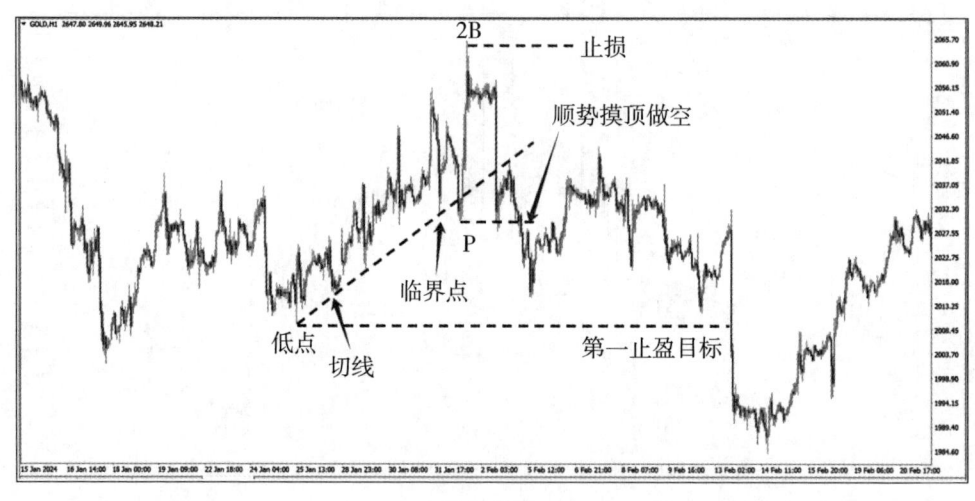

图3-87

4. 放大获利

(1) 在下一个更低点止盈。

图3-88为黄金1小时级别K线图,时间跨度为2024年1月15日到2024年2月20日。扩大一下行情范围可知,价格直线跳水,强势击穿了第一止盈目

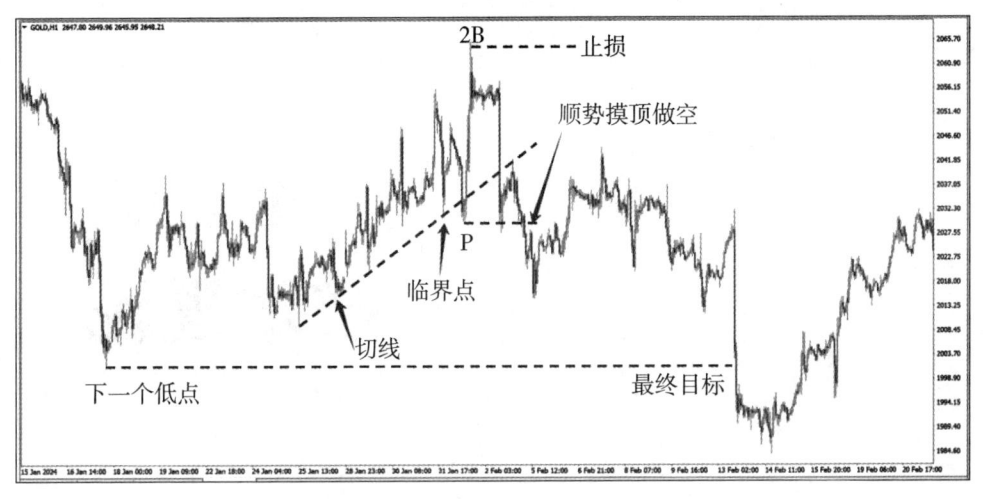

标，所以可以将止盈放到市场中更下方的低点，之后迅速到达新的止盈位。

图3-88

（2）追踪止损，让利润奔跑。

图3-89为黄金1小时级别K线图，时间跨度为2024年1月15日到2024年2月20日。行情跌至第一止盈目标后，还在强势暴跌，此时不必匆忙出局，可以追踪波段高点移动止损，让利润进一步扩大。追踪止损的优势是，当市场走大幅单边行情时，利润会不断奔跑，避免过早卖飞。

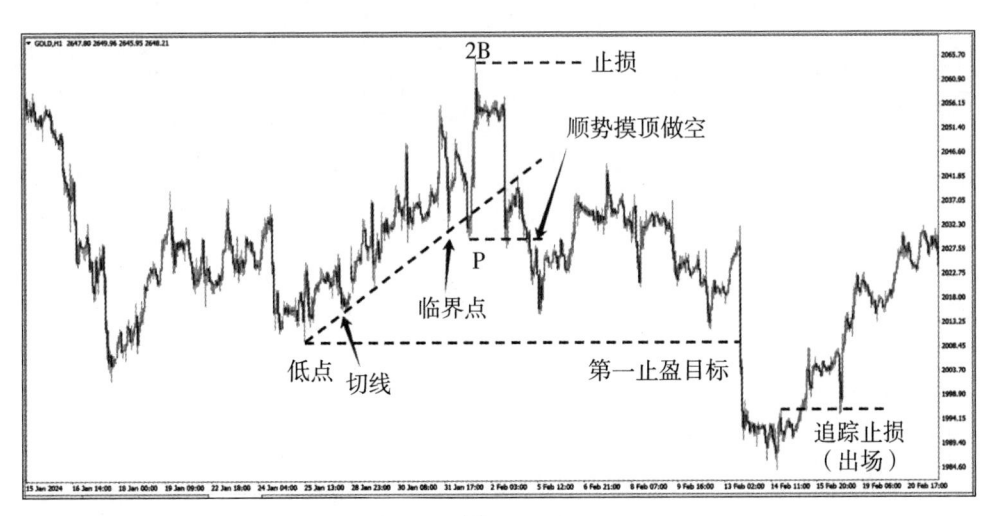

图3-89

第 4 章
技术理论

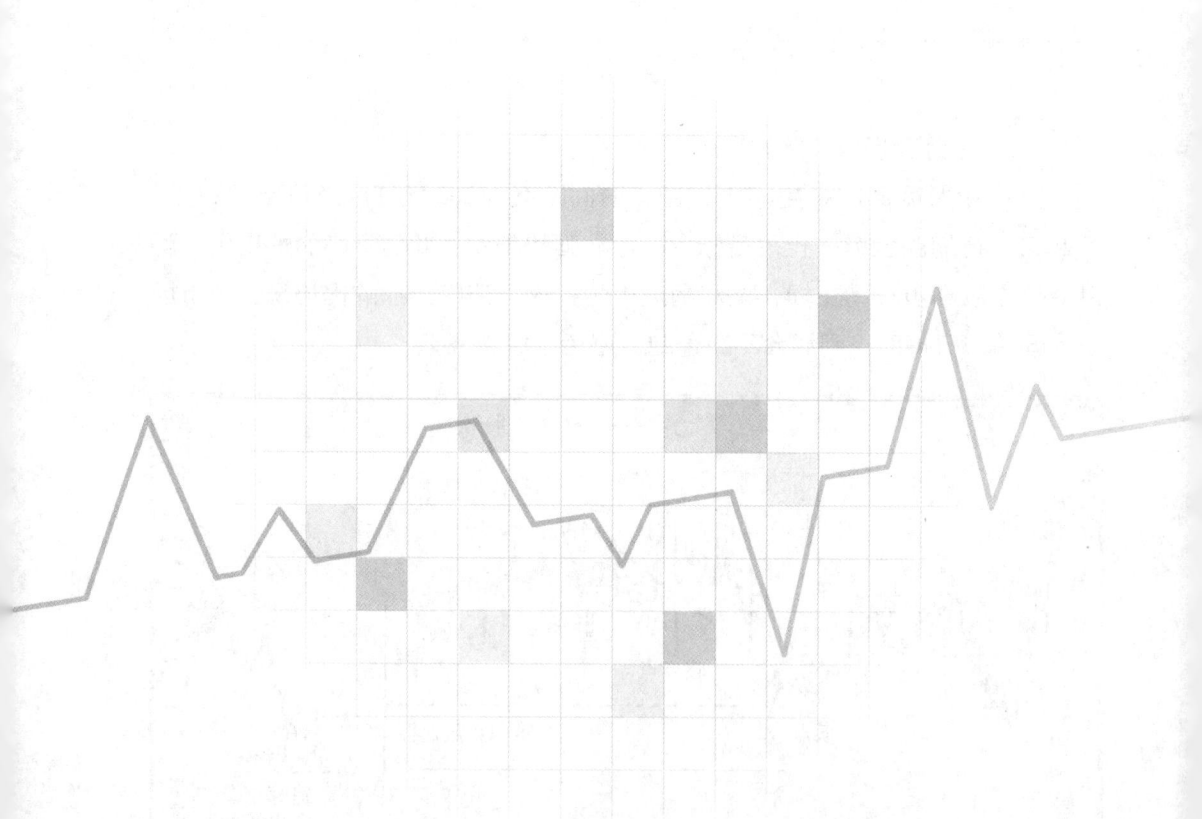

4.1 技术指标概述

当投资者开始交易时,往往会被无数交易指标所淹没,如果不了解各项指标的具体用法,很可能会在交易时迷失方向。但是,投资者也不需要了解所有指标的用法,毕竟没有一种指标适合所有人。投资者需要做的就是找出最适合自己交易风格的指标,并努力掌握其精髓,在交易中客观运用,使其为自己带来稳定的利润。

当然,完整的交易策略不应该仅仅依靠技术指标。技术指标更多的是作为技术分析的辅助。因此,创建明确的交易策略(例如基于价格行为或基本面)并使用技术指标来确认,可以成为交易者成功的密钥。

技术指标简单来说就是一个数学公式。大多数技术指标使用过去的价格数据或其他与交易相关的变量来计算出数值。技术指标产生的数值可以在不同的时间间隔内重复计算,并将结果显示在行情图表上。

例如,移动平均线指标是计算资产在过去各个时间段的平均价格。通过计算当前时间周期、前一个时间周期的平均价格,并依此类推,可以得到一串移动平均值,将这些值连接起来,绘制成一条线,就可以得到移动平均线指标。

技术指标在交易中有多种用途。首先,可以简化复杂的数据。价格数据通常烦冗杂乱,且难以解读,但技术指标提供了一种压缩和可视化数据的替代方法。不同的技术指标提供了不同的窗口,帮助投资者了解资产价格的变动情况。

此外,技术指标可以帮助交易者识别重要的价格点位,例如支撑位或阻力位,还可以识别那些仅凭观察图表不明显的价格点,这些价格点可能在突破后成为新的重要价格水平。

技术指标还可以帮助交易者提前识别潜在的反转信号。一些指标用于找到可能发生反转的阻力区域,而另一些指标则观察价格动量来指示反转是否可能发生。

日内交易者面临着数百种不同的技术指标和大量技术指标组合使用的困

扰，这会让交易者忍不住想在交易中使用尽可能多的指标，以确保不会有所遗漏。然而，不一定所有技术指标都适合自己，而且并不是使用得越多越好。投资者使用的每个技术指标，都应该有助于自己的决策。如果不了解特定指标，或发现它无法帮助你评估交易，那么就不要使用它。要找到那些对你的交易策略最有效，并且能帮助而不是妨碍你交易的技术指标。

一般日内交易较为好用的技术指标主要有五种，分别是K线、均线、MACD指标、布林带指标、随机指标。

4.2 技术分析的理论基石

所谓技术分析，就是应用金融市场最简单的供求关系，摸索出一套预测市场未来趋势的分析方法。

技术分析以预测市场价格未来变化趋势为目的，通过分析历史图表，对市场价格运动进行预测。技术分析和基本面分析不同，基本面分析主要通过对影响供需关系的种种因素进行分析来预测走势，技术分析则是根据金价的历史变化来预测走势，不考虑政治、经济、战争、地震等外部因素。技术分析和基本面分析都认为价格是由供求关系决定的。

技术分析的基本观点是：价格的实际供需量及其背后起引导作用的种种因素，包括市场上每个人对未来的期望、贪婪、恐惧等，都集中反映在了价格上。技术分析之所以有用，是因为人们会本能地从杂乱中寻找规律，所以最终体现在报价上，就是各种有规律的技术形态。

基本面分析方法与技术分析方法，单独使用都存在明显的局限性。辩证地来看，在两者的应用中，如果坚持相互印证分析原则，对提高分析效果非常有效。

哈罗德·加特利（Harold Gartley）认为，技术分析在市场基本面没有发生重大变化时才是最有效的。如果有突发性消息，市场还没有开始消化这些消息，那么市场将会有一波方向性的走势来反映这个消息。拉瑞·威廉姆斯（Larry Williams）也曾表示，单纯的技术分析没有什么价值，单纯的基本面分析也没有什么价值，只有两者结合起来，才能真正发挥强大的作用。

技术分析的理论基石是三大基本假设，如果三大基本假设不存在的话，那么技术分析就没有任何意义。

1. 假设一：市场行为包容消化一切

技术分析者认为，能够影响价格的任何因素——经济的、政治的、心理的或其他方面的因素，不管是利好还是利空，一切都反映在价格之中。市场的力量足够强大，会包容这些消息，消化这些消息。

技术是对显现于价格趋势上的循环周期现象的研究，这种价格趋势由交易中的供求关系决定。本质上，技术面研究的是基本面变化对价格趋势的影响，也就是技术面是基本面体现在价格上的形态表现。因此，研究价格就是间接研究影响价格的经济基础。技术分析通过研究价格图表和大量辅助技术指标，让市场自己揭示其最有可能的走势。

2. 假设二：价格以趋势方式演变

技术分析者通过总结经验，认为价格运动是以趋势方式演变的，这是进行技术分析最根本、最核心的要素。"趋势"概念是技术分析的核心。根据物理学的动力法则，趋势的运行有一定的延续性，直到有反转的现象发生为止。事实上，价格虽然上下波动，但整体是朝一定的方向前进的，这也是牛顿惯性定律的应用。研究价格图表的意义，就是要在一个趋势发展的早期，及时准确地把它揭示出来，达到顺应趋势交易的目的，从而确定买卖时机，交易获利。

3. 假设三：历史会重演

技术分析者认为思维是有惯性的，这是从人的心理因素方面考虑的。黄金投资无非是一个追求利益的行为，不论是昨天、今天还是明天，这个动机都不会改变。并且人对相同的图表、过去的看法，在将来也同样有效，一些交易理念和交易习惯很难改变。在这种心理状态下，人类的交易趋于一定的模式，导致历史会重演。所以，过去价格的变动方式，在未来可能不断发生。图表表现出了人们对市场的看法，通过对图表的研究，可以找到相似的形态，从而找到未来价格运动的方向。

4.3 技术投资的底层逻辑

技术面采用各种工具对市场现象和结果进行归纳总结，其统计的是大概率会发生的事件。比如，利用MACD、KDJ、布林带、江恩理论、波浪理论等技术指标或技术分析理论，就是从技术面的角度去总结分析市场。

技术投资的底层逻辑是客观博弈，也就是如何把账户的数字运用高超的手段变大，这取决于投资者在"赔率"和"胜率"之间的运作。如何提高赔率和胜率，是技术分析重点要解决的问题。在技术投资中，任何事情都是不确定的，技术交易者并不是去猜趋势，而是采用一套固定的模式去客观博弈，最终获得正期望的收益。

通过技术投资赚钱可以分为以下三步。

第一步：建立一个正期望的交易系统。

第二步：不预测涨跌，不刻意抓行情，只做交易系统之内的行情，交易系统之外是认知圈以外的利润，不属于自己。

第三步：不断修正交易系统，去掉其中的缺陷，提升盈利能力，最后只需重复做简单的事即可。

技术分析初学者总喜欢比拼谁厉害，谁对市场预测得更准，总认为抓到的行情越多就越厉害。其实对于投资者来说，交易的本质只是在做一件自己能力范围内简单重复的事情而已，没有那么高深，也没有那么厉害。技术投资结果的好坏，只取决于是否一贯执行自己的交易系统。亏钱往往都是企图跳出自己的能力范围，企图去做胜过市场、胜过他人的事情。

不过，想要执行好自己的交易系统，前提是要有一套被充分验证过且属于正期望的交易系统，而不是随便找的买卖技巧。买卖技巧和交易系统最大的区别在于是否具有全面性。

交易系统具有全面性，所以它能应付不同领域、不同时空、不同状况、不同风格的操作者，无论是短线还是长线，无论是左侧交易还是右侧交易，无论是顺势还是逆势。也就是说，在交易系统中，无论采取何种交易方式，都没有对错之分，因为对错本身不取决于交易方向或风格，正期望的交易系统本身就是对的。

而买卖技巧往往非常片面，比如，左侧买卖技巧、右侧买卖技巧，只要是对行情方向存在主观臆测的方法，就一定只是一个技巧。因为交易中夹杂了主观意愿，而行情往往不会听从任何人的意见，所以技术投资必须时刻保持客观。

第 5 章
K 线理论

5.1　K线的定义

K线由日本人发明，又称蜡烛图、日本线、阴阳线。K线的基本用途是寻找买卖点，它是预测未来走势的基本指标。K线是交易运动最基本的表现符号，承载着资金的流动轨迹，记录着资金的得失过程，展示了人们的期望、贪婪、恐惧等，蕴涵着丰富的哲学思想、运动学思想以及自然法则。

K线是技术指标之本，一切技术分析都是围绕K线展开的。想在市场中获利，可以不懂高深的经济学，也可以不懂政策对市场的影响，甚至可以不懂任何技术指标，但是必须透彻理解K线的意义。在市场中，没有比价格更为重要的指标了，K线正是用图表的方式来表达价格的波动，并揭示多空交手的结果、市场情绪以及未来可能的运行方向等。

根据周期不同，可以将K线分为分钟K线、日K线、周K线、月K线、年K线。比如，日K线根据价格指数一天的走势所形成的四个价位（开盘价、收盘价、最高价、最低价）绘制而成，如图5-1所示。

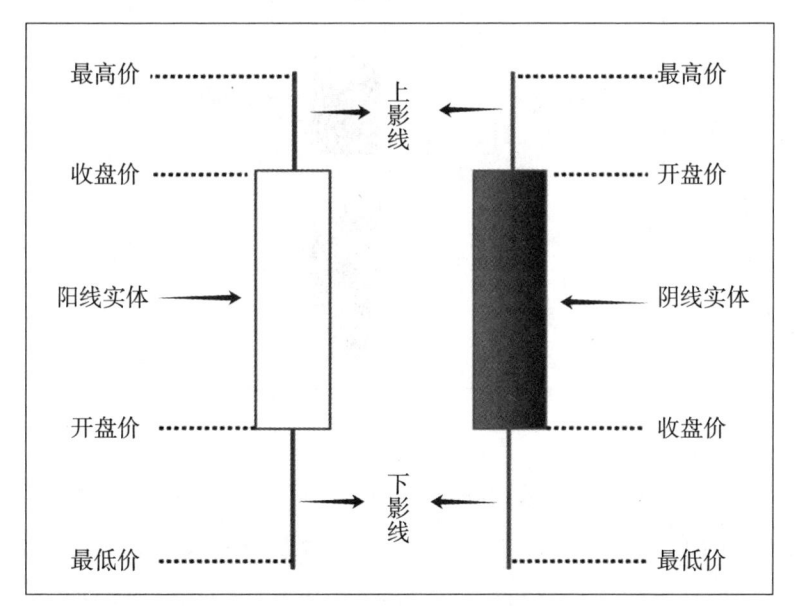

图5-1

收盘价高于开盘价时，开盘价在下，收盘价在上，二者之间的柱体用红色块或空心绘出，称为阳线，其上影线的最高点为最高价，下影线的最低点为最低价；收盘价低于开盘价时，开盘价在上，收盘价在下，二者之间的柱体用绿色或实心绘出，称为阴线，其上影线的最高点为最高价，下影线的最低点为最低价。

周K线是以周一的开盘价，周五的收盘价，全周最高价和全周最低价画出的K线图。月K线则是以一个月的第一个交易日的开盘价，最后一个交易日的收盘价，全月最高价与全月最低价画出的K线图。同理可知年K线的定义。

周K线、月K线常用来研判中期行情。对于短线操作者来说，众多分析软件提供的5分钟K线、15分钟K线、30分钟K线和60分钟K线具有重要的参考意义。

根据开盘价与收盘价的波动范围，可将K线分为如下类型，如图5-2所示。

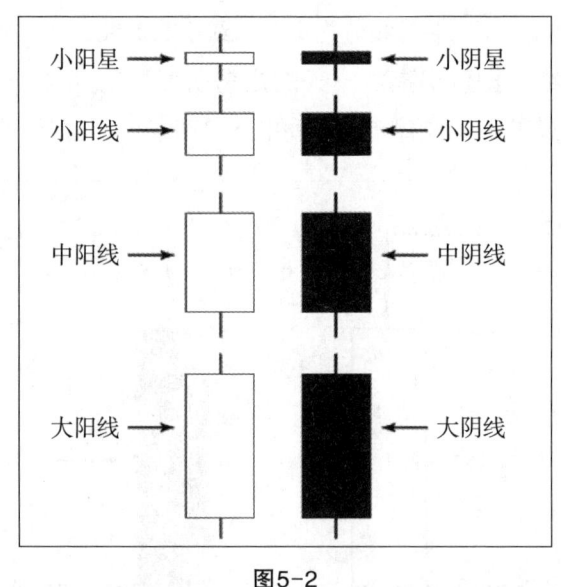

图5-2

● 小阳星、小阴星：表明价格正处于多空纠结、混乱不明的阶段，后市的涨跌无法预测，此时要根据前期的K线组合形态以及当时所处的价位区域综合判断。前期一路大跌或者一路大涨之后出现小星线，往往预示着转势。

● 小阳线、小阴线：其波动范围较小星线增大，多头或者空头稍占上

风，但上攻或者打压乏力，行情发展扑朔迷离

- 中阳线、中阴线：代表价格选择了方向，多头或者空头占据优势，后继有力，后市行情会继续走高或走低。
- 大阳线、大阴线：大阳线指开盘后价格一路上扬至最高价收盘，表示市场买方踊跃，涨势强烈，买方始终占据优势；大阴线指空方占尽优势，多方无力抵抗，价格被逐步打低，后市看淡。但是前期一路上涨或者一路下跌，价格出现大阳、大阴放量下跌后，也可能预示着转势。

5.2 K线的作用

K线以阴阳之变表现出多空双方"势"的相互转换，运动会朝着势的方向发展。下面重点阐述K线在行情分析中的重要作用。为了更好地帮助读者理解，将结合运动学规律对价格的趋势进行更形象的说明。

5.2.1 指示行情趋势

阴阳代表趋势方向，阳线表示继续上涨，阴线表示继续下跌。以阳线为例，经过一段时间的多空拼搏，收盘高于开盘，表明多头占据上风，在没有外力作用下，价格仍将按原有方向与速度运行。根据牛顿力学定理（参照两球碰撞实验，如图5-3所示），阳线预示下一阶段仍将继续上涨，最起码保证下一阶段初期能惯性上冲，故阳线往往预示着继续上涨。这一点也极符合技术分析三大假设中价格沿趋势波动的理论，顺势而为也是技术分析的核心思想。同理可知，阴线后下一阶段将继续下跌。

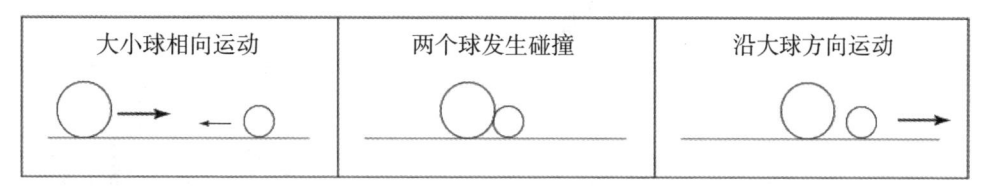

图5-3

运用概率学和运动学可以引申得到，在一波行情中，阳线数量多，表明

整体趋势是上涨的，阴线数量多，表明整体趋势是下跌的。

在一波上涨趋势中，阳线数量往往多于阴线数量。图5-4为黄金日线级别K线图，时间跨度为2024年1月18日到2024年4月17日。图中阳线数量明显多于阴线数量，表明行情处于上涨趋势。

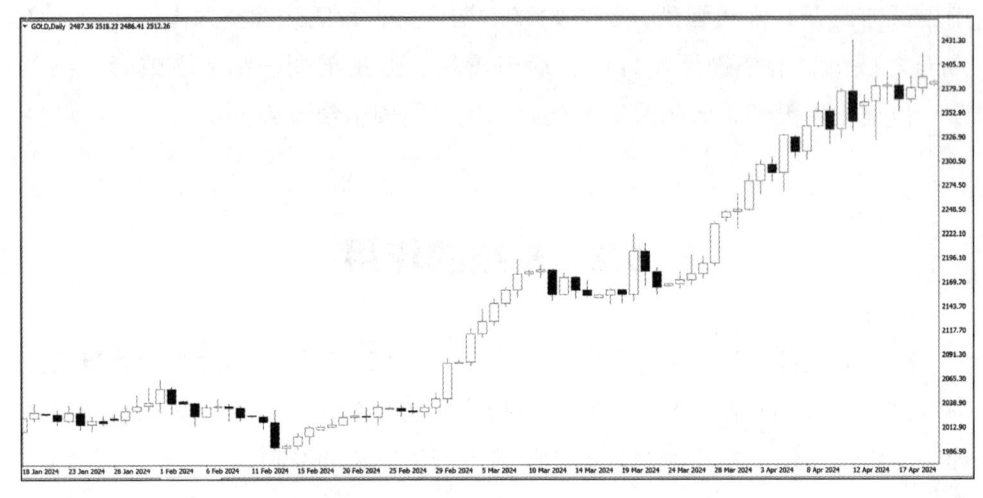

图5-4

在一波下跌趋势中，阴线数量往往多于阳线数量。图5-5为黄金日线级别K线图，时间跨度为2023年7月7日到2023年10月4日。图中阴线数量明显多于阳线数量，表明行情处于下跌趋势。

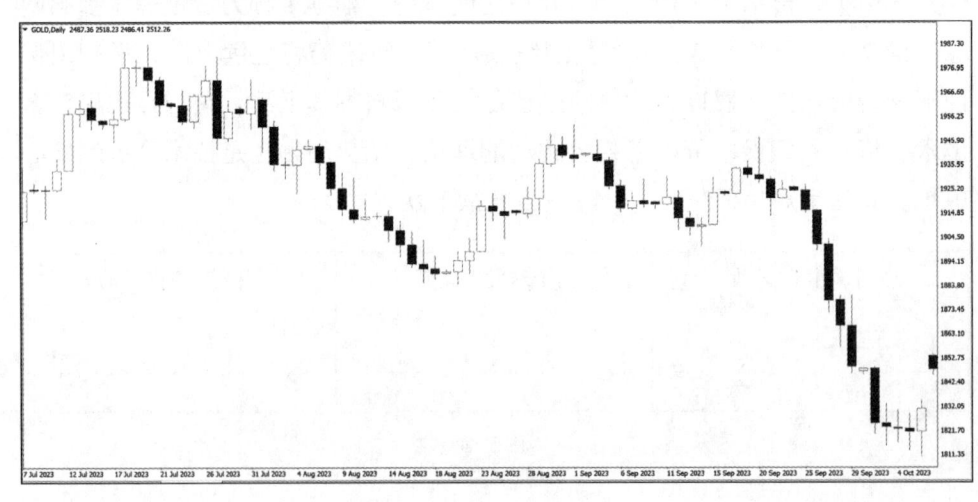

图5-5

5.2.2 显示多空强弱

实体大小代表着内在动力，实体越长，上涨或下跌的趋势越明显，反之趋势则不明显（参照两球从斜坡滚下来的实验，如图5-6所示）。以阳线为例，其实体是收盘高于开盘的部分，阳线实体越大，说明上涨动力越足，后市上涨幅度越大。就如质量越大与速度越快的物体，其惯性冲力也越大的物理学原理一样。同理可知，阴线实体越大，下跌动力越足，后市下跌幅度越大。

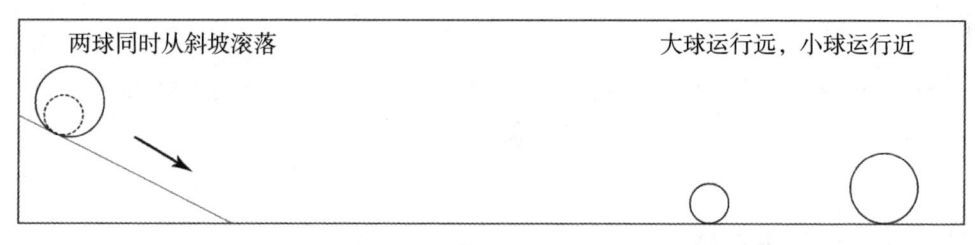

图5-6

图5-7为黄金日线级别K线图，时间跨度为2022年10月6日到2023年1月5日。图中箭头所示，大阳线拉升之后，上涨动能充沛，后市一路大涨。

图5-7

图5-8为黄金日线级别K线图，时间为2022年5月15日到2022年8月11日。图中箭头所示，出现超级大阴线后，下行力度强劲，后市一路暴跌。

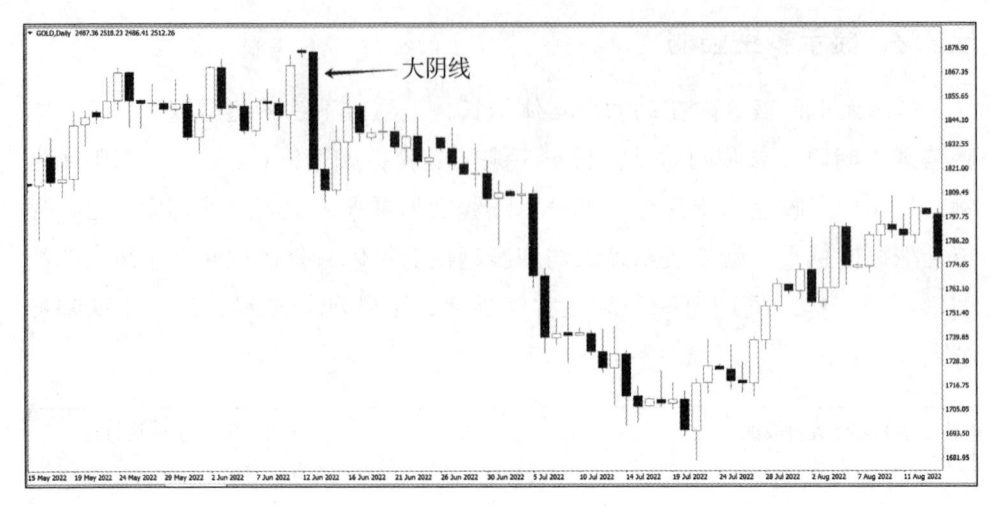

图5-8

5.2.3 预示行情转折

影线代表转折和分歧,但并没有发生实质性的推进,价格与前期的偏离度较小。但是多空资金确实进行了一场还未分出胜负的搏杀,其中一方显示出了破釜沉舟、越战越勇的气势。

在实体K线变化不大的情况下,向一个方向的影线越长,越不利于价格向这个方向变动(参照球体碰撞弹簧的实验,如图5-9所示)。影线越长,市场振幅越大,表明多空双方博弈越激烈。上影线越长,越不利于上涨;下影线越长,越不利于下跌。

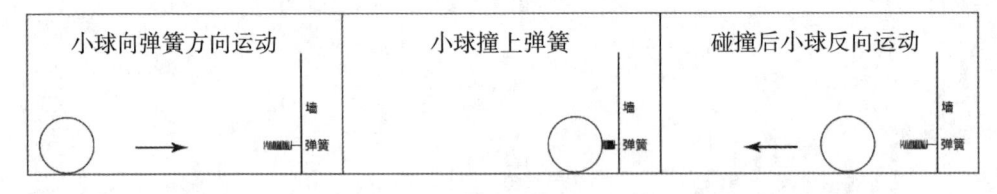

图5-9

以长上影线为例,在经过一段时间的多空斗争之后,多方终于败下阵来,空方取得优势。不论K线是阴还是阳,上影线部分已构成下一阶段的上涨阻力,影线越长,阻力越大,价格向下调整的概率越大。同理可知,长下影线预示着价格向上的概率居大。

图5-10为黄金日线级别K线图，时间为2021年5月26日到2021年8月23日。图中箭头所示，行情出现一根长上影线后，预示空方取得绝对优势，价格随后掉头，一路大跌。

图5-10

图5-11为黄金日线级别K线图，时间为2023年5月15日到2023年8月11日。图中箭头所示，行情收出一根长下影线后，立即反转大涨。

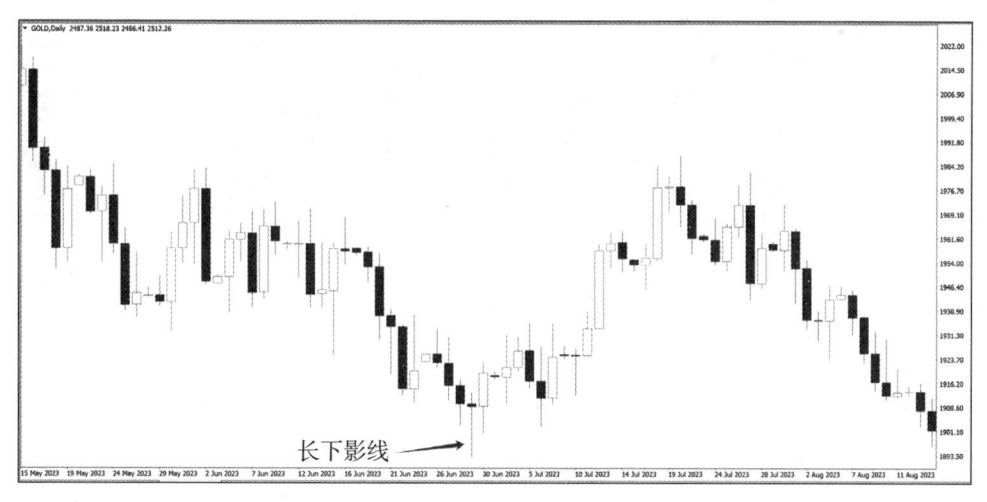

图5-11

5.3　高波动率 K 线

不同的K线，分析价值也不一样。一般实体和影线较大的K线才有较强的分析意义，表明市场波动剧烈，有大量资金流入和流出，市场分歧很大。高波动率也预示着行情出现高潮，能量耗尽，一旦哪方获胜，将会酝酿出趋势性大行情。低波动率K线则应该忽略，因为其表示市场处于相对平衡的状态，多空双方胶着，市场处于意见统一状态，都认为当前价格比较合理，价格呈现为区间运动，走势随机性强，难以把握。

高波动率K线的分析价值，有以下几个方面。

5.3.1　有效阻力支撑

长下影线的二分之一处是支撑，长上影线的二分之一处是压力。

图5-12为黄金日线级别K线图，时间为2017年11月24日到2018年5月28日。长上影线二分之一处精准压制黄金价格，长下影线二分之一处精准支撑黄金价格。

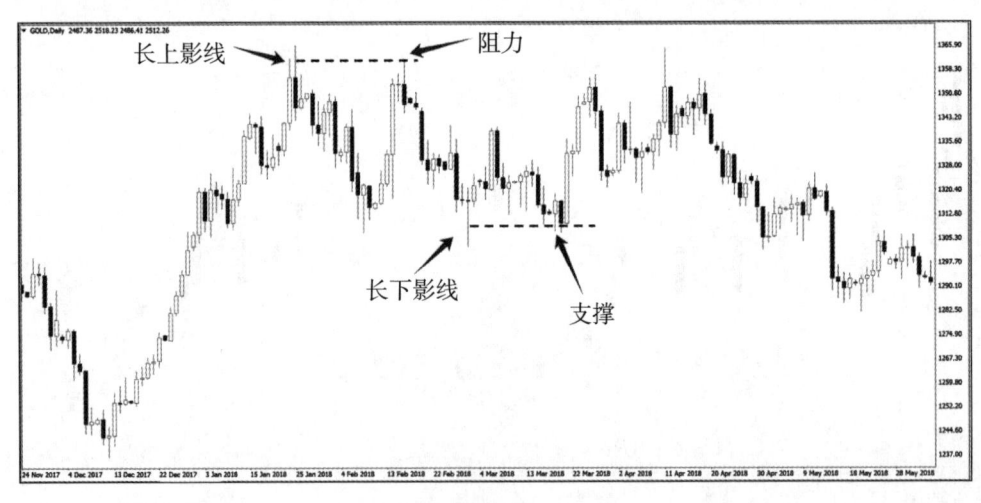

图5-12

长下影线的最低点是支撑，长上影线的最高点是压力。

图5-13为黄金日线级别K线图，时间为2024年2月22日到2024年8月19

日。长上影线最高点形成了有效的阻力，黄金价格冲到该位置后大幅下跌。长下影线最低点更是连续三次精准地支撑黄金价格，随后反弹上涨。

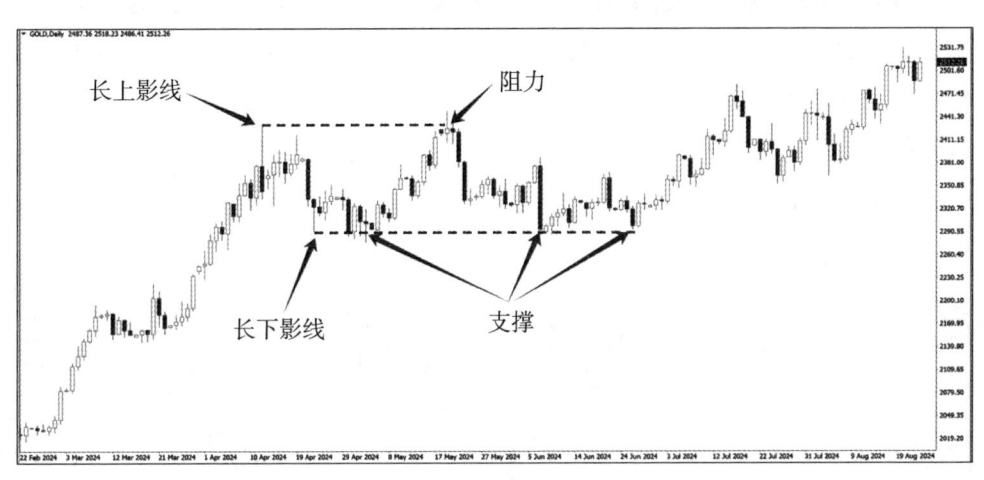

图5-13

5.3.2　形成有效突破

K线波动率越大，说明突破越坚决。小波动率K线发生虚破的概率较高，而高波动率K线需要大量资金维持，机构以高波动率K线形成虚破的代价较高。

图5-14为黄金4小时级别K线图，时间为2024年2月18日到2024年3月22日。行情每次突破都以高波动率K线完成，说明价格突破时，K线波动率越大，越有可能是真突破。

图5-14

5.3.3 构成阶段顶底

高波动率K线容易引发高潮衰竭,导致出现利弗莫尔所青睐的一日反转形态。

图5-15为黄金日线级别K线图,时间为2021年5月7日到2021年11月1日。行情底部出现一根超级大的K线,随后行情直接V形反弹,形成一日反转形态。

图5-15

5.3.4 趋势发起信号

图5-16为黄金4小时级别K线图,时间为2023年9月15日到2023年10月19日。行情以带下影线的大阳线击穿窄幅振荡区间,随后启动上涨趋势。

图5-16

5.4 影线分析

研究影线的时候，主要分析高波动率影线，即对长上影线和长下影线进行分析，因为低波动率K线无意义。单根K线有很大的局限性，必须将影线放入趋势中，才能分析出其真实意义。

注意：本节出现的几种形态，其实体部分可以是阴线，也可以是阳线。

5.4.1 上影线

1. 射击之星

高位出现的长上影线，叫射击之星（见图5-17），表示买方上攻的能量开始衰竭，卖方能量不断增强，是明显的反转信号。上影线越长，表明空方的优势越大，后市下跌的可能性和空间也越大。

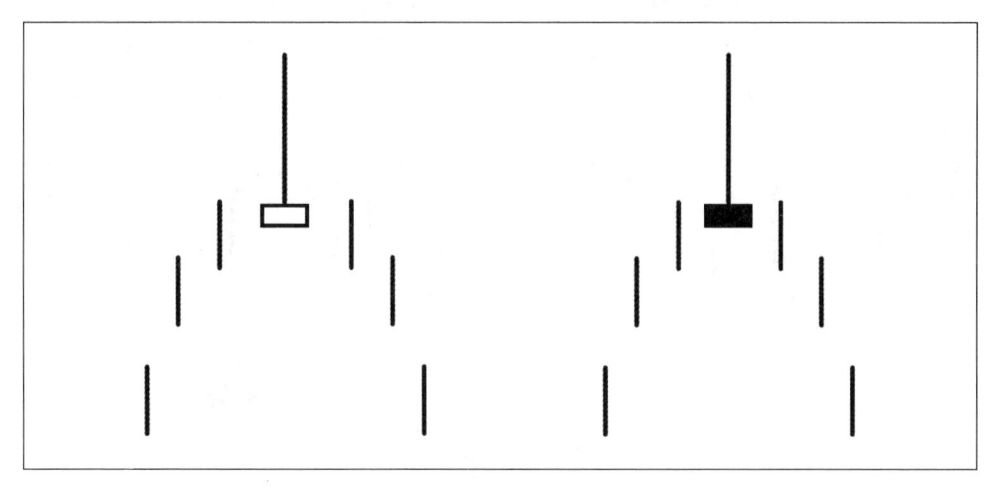

图5-17

图5-18为黄金1小时级别K线图，时间跨度为2024年1月9日到2024年1月18日。高位出现了一根带长上影线的K线，这就是射击之星看跌形态，后市价格也是见顶暴跌。

射击之星 →

图5-18

2. 倒转锤头

低位出现的长上影线，称为倒转锤头（见图5-19）。机构在底部吸筹，但为了防止价格过快上涨，导致持仓成本增加，会打出一根长上影线，以达到恐吓散户的目的。如果后市突破长上影线的最高点，表明主力坚决做多，是价格发生反转的重要信号。上影线越长，后市上涨力度越大。

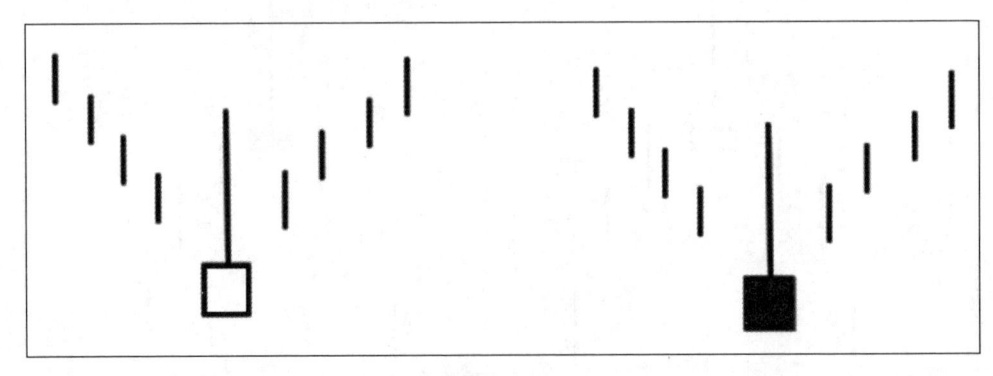

图5-19

图5-20是黄金日线级别K线图，时间为2022年8月15日到2022年11月11日。低位出现倒转锤头形态，之后价格突破上影线最高点，继续飙升。

图5-20

3. 仙人指路

行情在相对高位出现长上影线,但是后面的K线快速升穿上影线高点,称为仙人指路(见图5-21)。仙人指路是机构在拉升之前的试盘,一旦验证上方抛压较小,轻松突破上影线最高点后,行情不是转势下跌,而是加速上涨。而且上影线越长,上涨中继越明显。

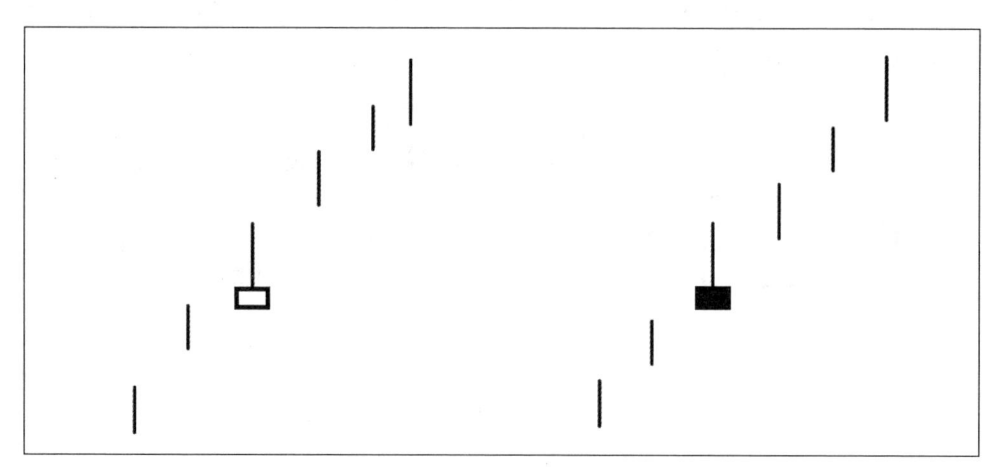

图5-21

图5-22为黄金日线级别K线图,时间为2019年3月5日到2019年8月30日。上涨途中出现一根长上影线,但很快有大阳线拉升,突破上影线高点,形成仙人指路形态,预示新一轮上涨即将来临。

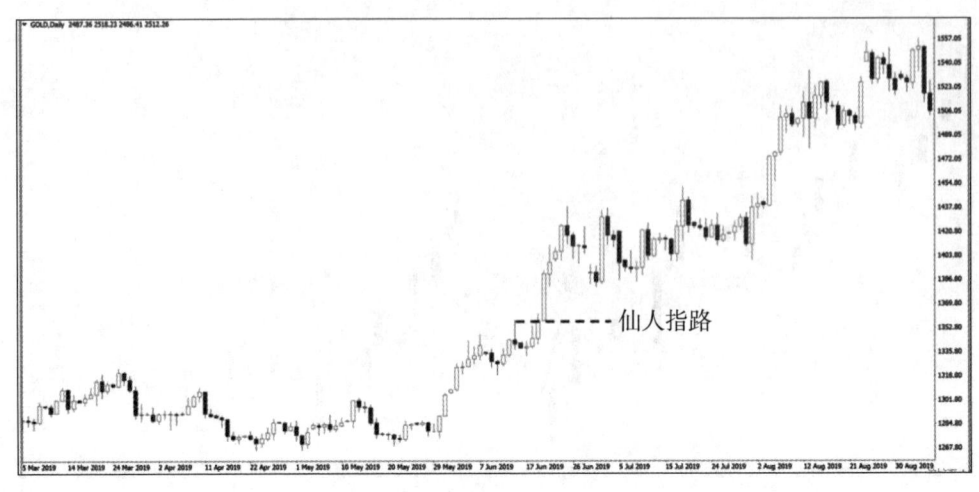

图5-22

5.4.2 下影线

1. 锤头线

在行情底部出现长下影线，称为锤头线（见图5-23）。下影线越长，表明多空决战的过程中，双方力量消耗越大，最终多方胜利，等于把空方力量消灭了，后市上涨自然畅通无阻。

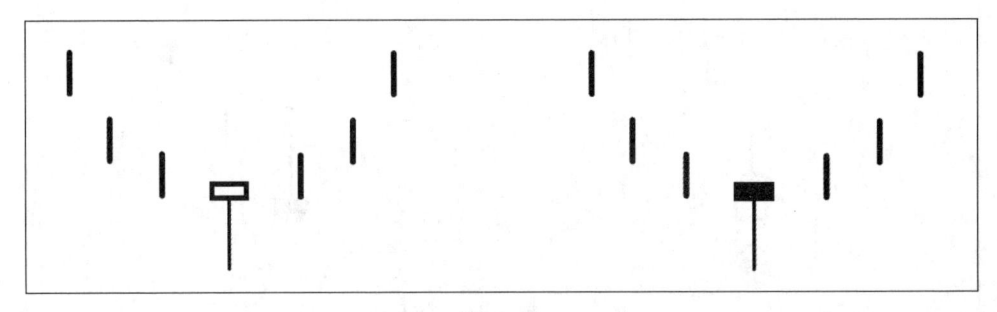

图5-23

图5-24为黄金1小时级别K线图，时间跨度为2024年4月10日到2024年4月19日。低位出现了一根带长下影线的K线，这是锤头线看涨形态，后市价格持续振荡上升。

图5-24

2. 吊颈线

在行情高位出现的长下影线,称为吊颈线(见图5-25)。吊颈线是主力故意释放的干扰信号,不明所以的散户会误认为行情还会上涨,其实是行情暴跌的最后通牒。

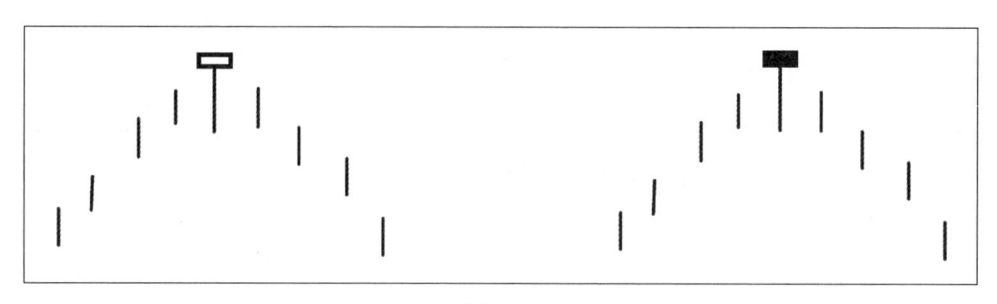

图5-25

图5-26为黄金1小时级别K线图,时间为2024年7月31日到2024年8月5日。高位收出一根带长下影线的K线,后市金价不但没有上涨,反而持续下跌。

3. 下山线

行情在相对低位出现长下影线,但是接下来的K线快速跌破下影线最低点,称为下山线(见图5-27)。此时行情不是转势上涨,而是加速下跌。

图5-28为黄金1小时级别K线图,时间为2022年4月14日到2022年4月26日。相对低位出现长下影线,但是下影线最低点被跌破,随后价格进一步加速下跌。

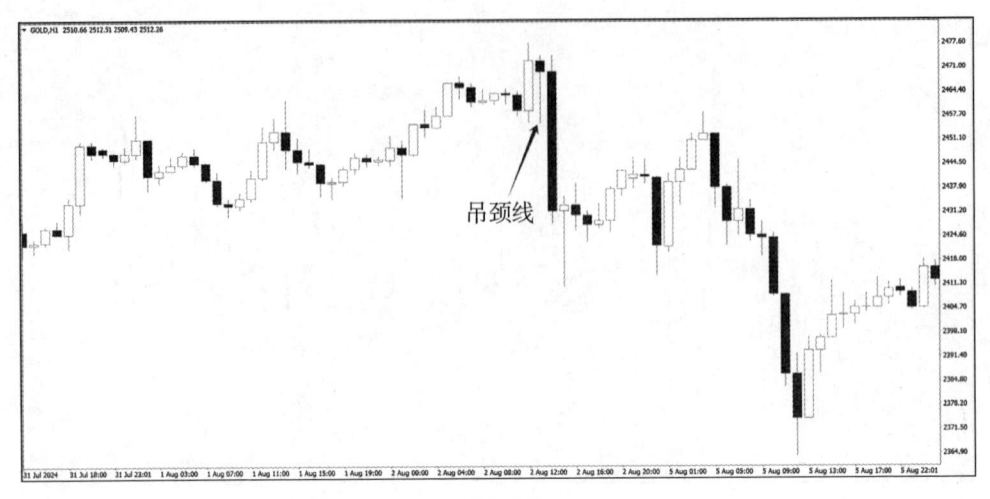

图5-26

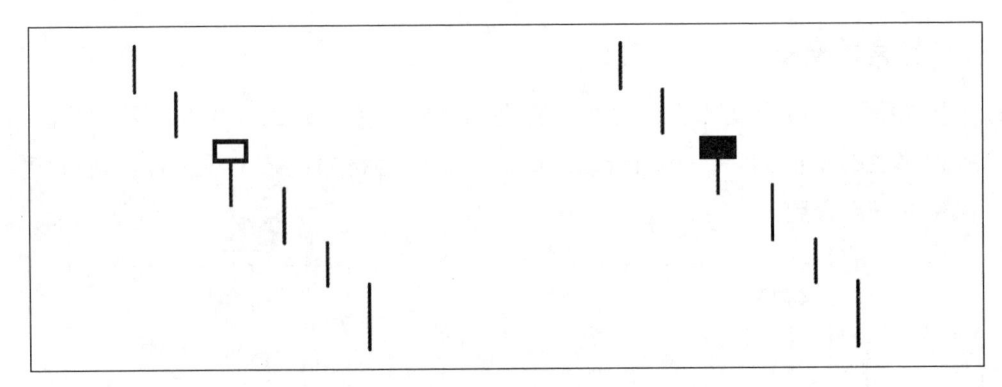

图5-27

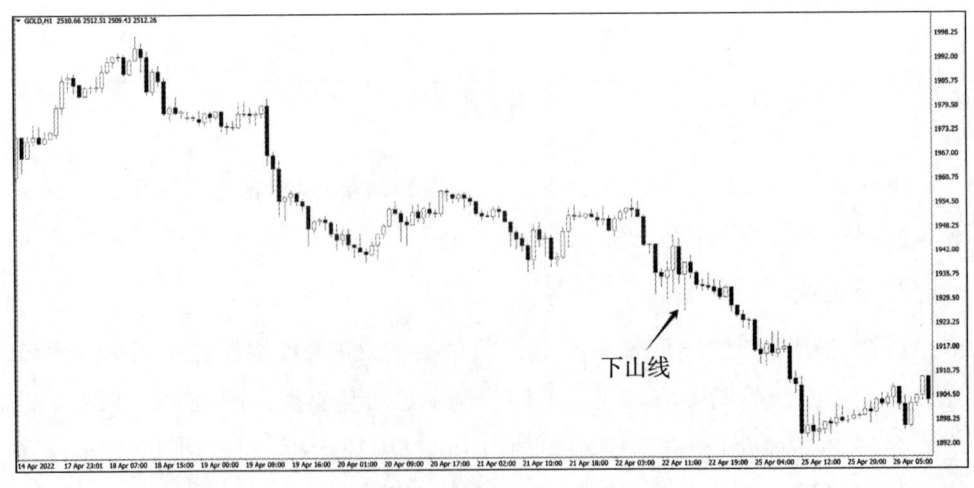

图5-28

5.5 蜻蜓战法

蜻蜓战法，顾名思义，好比蜻蜓点水一样，表明多头姿态轻盈，轻松腾空，说明市场卖压微弱，多头力量十足，预示行情将会升空暴涨。蜻蜓点水形态往往出现在行情低位，容易催生出大级别的行情起涨点。

5.5.1 蜻蜓点水形态

蜻蜓点水形态由湖面和蜻蜓线两部分构成。价格大幅下跌，然后在底部振荡形成湖面，之后行情小幅反弹，但并没有持续上涨，而是直接跳水跌至湖面。行情极速拉回至开盘价，形成一个带长下影线的十字星K线，如图5-29所示。

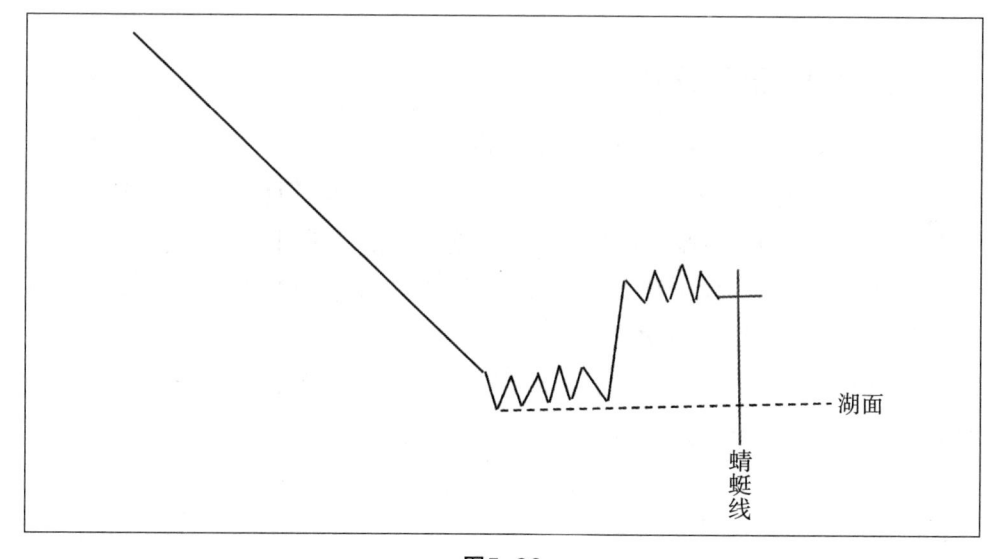

图5-29

整个形态犹如蜻蜓点水一般，显示价格在一日反转的过程中快速俯冲，又快速腾空，动作轻盈，来去自由，预示后市行情将和蜻蜓一样振翅高飞，往往会形成大级别行情的起涨点。

5.5.2 蜻蜓战法的要点

蜻蜓战法有以下五个要点。

（1）行情已经历过大幅暴跌。

（2）价格在低位反复横盘振荡收敛，由多重底形成湖面，这是标准的蜻蜓点水形态，获胜把握最高。蜻蜓点水形态是一个大型结构，即便湖面是由尖底形成的，往往获利概率也比较高。

（3）第一轮拉升后，行情不是直接下跌，而是经过一段时间的振荡整理后，才突然跳水。

（4）价格快速跳水的过程中，如果向下略微刺穿湖面，这是标准的蜻蜓点水形态，获胜把握最高，因为虚破能有效地洗盘。但多数时候价格不能刺穿湖面，甚至不能触及湖面，这类情况获利概率也比较高。

（5）蜻蜓尾巴的长度要远远大于蜻蜓头部，即十字星的下影线长度要远远大于上影线。可以带有小K线实体，阴阳都可以，同时下影线的长度要大于第一轮拉升上涨高度的1/2，而且越长越好。

5.5.3 蜻蜓战法的意义

从价格行为学上解释，行情经历暴跌之后，在底部振荡筑底。振荡时间越长，区间越收敛，越会让多头丧失信心，因为人性都是急于获利的。多头长期被套牢，行情又在底部横盘，时间一长，不少多头都会割肉离场。

这时机构会试探性拉升，但发现卖压依然很重，行情再次陷入多空争夺之中。最终机构会选择再次向下洗盘，大单砸盘，导致价格直线跳水。这会让散户的恐慌情绪进一步升级，担心行情会进一步下跌，于是纷纷割肉。当价格直接跌破最低点，会扫掉大部分多头的止损。

一次性将散户清理干净后，机构会快速拉升，此时往往是行情反转的标志，后市可能会大幅暴涨。

5.5.4 蜻蜓战法的交易原则

当价格升穿蜻蜓头部，即行情有效越过蜻蜓线最高点时，可以进场做多。止损设在蜻蜓线的最低点下方，止盈目标位至少设在前期下跌趋势的起点位置。

进场理由：蜻蜓线的最高点是机构最后一波砸盘前的上限价位，一旦被突破，表明机构彻底转变思路，由砸盘变成做多。需要注意的是，价格必须有效升穿蜻蜓线的最高点，即K线收盘后实体站在蜻蜓线的最高点之上，这是行情确认的条件之一。

止损理由：蜻蜓向下快速俯冲的时候，会触发大量止损卖盘，这些卖盘都会被机构接手。蜻蜓线的最低点是机构持仓单的最低成本线，因此将蜻蜓线的最低点作为止损参考是很合理的。

止盈目标理由：因为蜻蜓点水形态是大型K线结构，伴随着机构的建仓布局动作，所以往往会发生牛熊反转，是新一轮行情的起涨点。反转后，价格大概率会涨至前一轮单边下跌趋势的起点位置。

5.5.5 蜻蜓战法实战案例

【案例一】图5-30为黄金1小时级别K线图，时间跨度为2023年2月22日到2023年3月2日。

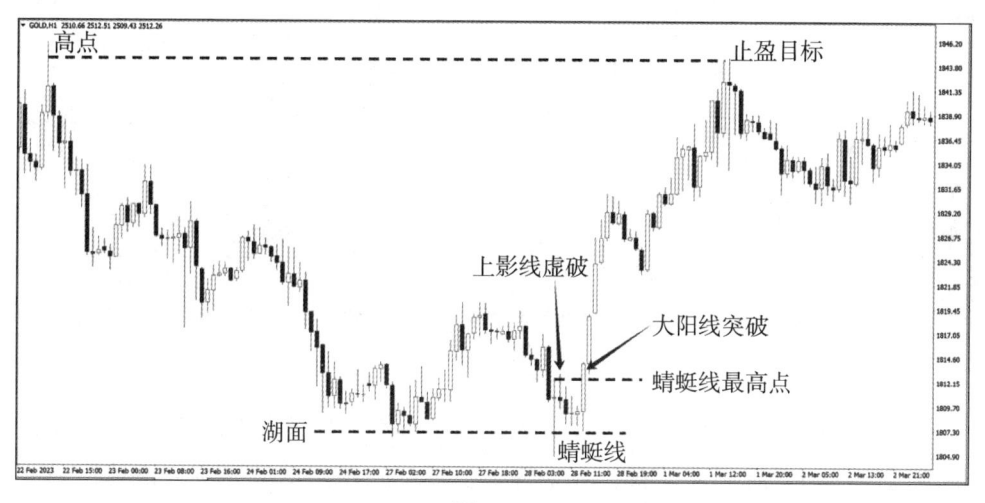

图5-30

行情在底部形成一个蜻蜓点水形态，蜻蜓线的下影线长度大概和第一轮行情上涨的高度相当。蜻蜓头部略带一点小阳线实体，蜻蜓尾部刺穿了湖面，这种虚破信号对价格见底有积极的作用。

第二根K线继续上涨，盘中一度涨破蜻蜓线的最高点，但随后冲高回落，收出一根上影线，形成假突破，此时不能急于进场做多。

行情再度回撤至湖面，受到支撑后，价格二度起飞，大阳线拉升，直接击穿蜻蜓线的最高点，并收盘在蜻蜓线最高点上方。此时可以在下一根K线开盘（1813美元/盎司）时直接进场做多，将止损设置在蜻蜓线的最低点（1804美元/盎司）下方即可。

前面的内容中讲到，长上影线的一半价位具有阻力作用，止盈目标位可以设在前一轮下跌趋势最高点所对应的那根长上影线的一半价位（1844美元/盎司）附近。从图5-30中可以看到，价格直接精准涨至止盈目标位。

这笔交易抓到了行情起涨点，轻松获利31个点。

【案例二】图5-31为黄金1小时级别K线图，时间跨度为2023年12月26日到2024年1月5日。

图5-31

行情暴跌之后，在底部形成了蜻蜓点水形态，蜻蜓的尾巴刺穿了湖面，形成虚破。蜻蜓尾巴非常长，几乎等于行情第一轮上涨的高度，说明行情反转的信号非常强烈。

第二根大阳K线突破蜻蜓线的最高点，并且收盘远高于蜻蜓线的最高点，可以在第三根K线开盘（2047美元/盎司）时，果断进场做多，将止损设置在蜻蜓线的最低点（2024美元/盎司）下方即可，止盈目标位设到前一轮下跌趋势最高点（2065美元/盎司）附近。从图5-31中可以看到，价格直接猛冲至2064附近，非常逼近目标价位。

这笔交易立买立赚，最高可以快速获利19个点。

【案例三】图5-32为黄金4小时级别K线图，时间跨度为2022年1月21日到2022年2月24日。

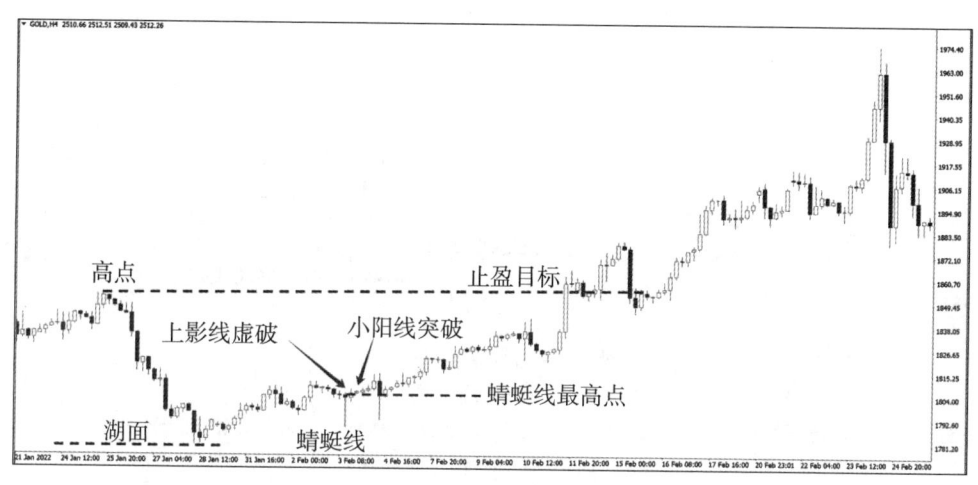

图5-32

行情单边下跌之后，在底部形成非标准的蜻蜓点水形态，湖面由V字形构成。蜻蜓的尾巴没有触碰湖面，不过蜻蜓尾巴的长度远远大于头部，并且蜻蜓尾巴的长度与第一轮行情上涨高度的一半相当。因此，即便是非标准的蜻蜓点水形态，上涨的概率也很大。

第二根K线小幅冲高回落，收盘与蜻蜓线最高点持平，形成虚破。第三根K线小幅上涨，收盘在蜻蜓线最高点的上方，并且第四根K线开盘也开在蜻蜓线最高点上方，可以确认是真突破。

此时可以直接在第四根K线开盘（1806美元/盎司）时进场做多，将止损设置在蜻蜓线的最低点（1788美元/盎司）下方即可，止盈目标位可以设到前一轮下跌趋势最高点（1853美元/盎司）附近。从图5-32中可以看到，行情持续上涨，并大幅越过目标价。

这笔交易可以大幅获利47个点。

5.5.6　放大利润

前一轮下跌趋势的最高点，只是蜻蜓战法的最低止盈目标。当行情上涨势头猛烈时，可以采用追踪止损的方式放大获利。

继续以上一节案例三为例进行讲解。图5-33为黄金4小时级别K线图，时间跨度为2022年1月21日到2022年2月24日。

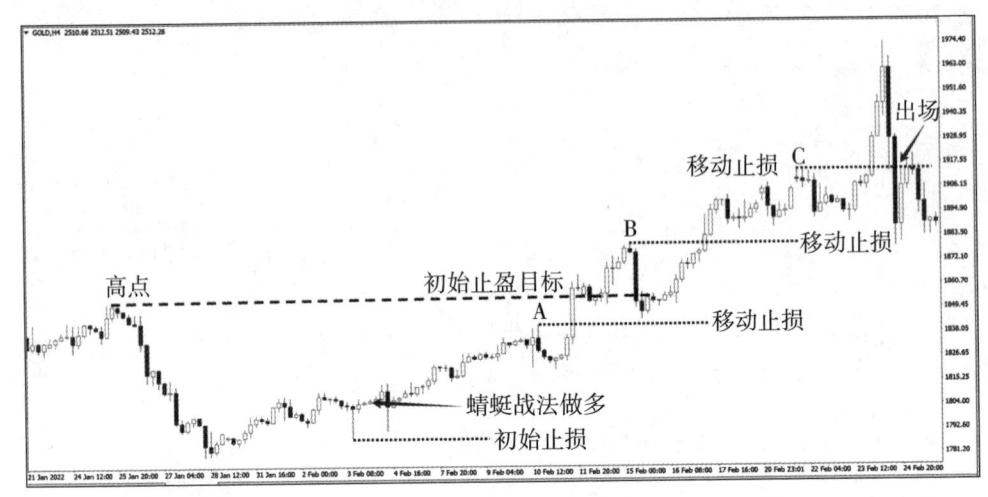

图5-33

当价格涨破初始止盈目标位后，将止损移动至波段高点A下方即可。后续按此操作，价格突破波段高点B和C后，不断向上移动止损，直到价格跌破C点（1914美元/盎司）后被动出场，最终赚取108个点。

5.6　鲸落战法

鲸落战法和蜻蜓战法相反，蜻蜓战法做的是轻松腾空的行情，而鲸落战法做的是笨重暴跌的行情。该战法中鲸落形态表明市场卖压沉重，多头无力抵抗，预示行情将大幅暴跌。鲸落形态往往出现在行情高位，容易催生出大级别行情的起跌点。

5.6.1　鲸落形态

鲸落形态由海面和鲸鱼线两部分构成。前期价格大幅上涨，在顶部振荡，多重顶结构往往都是宽幅振荡，像波澜壮阔的海面，因此可以把多重顶看成海平面。之后行情小幅回落，但没有持续下跌，而是再次强劲上涨，并升穿海平面。但很快价格被砸回至开盘价，形成一个带长上影线的十字星K线，如图5-34所示。

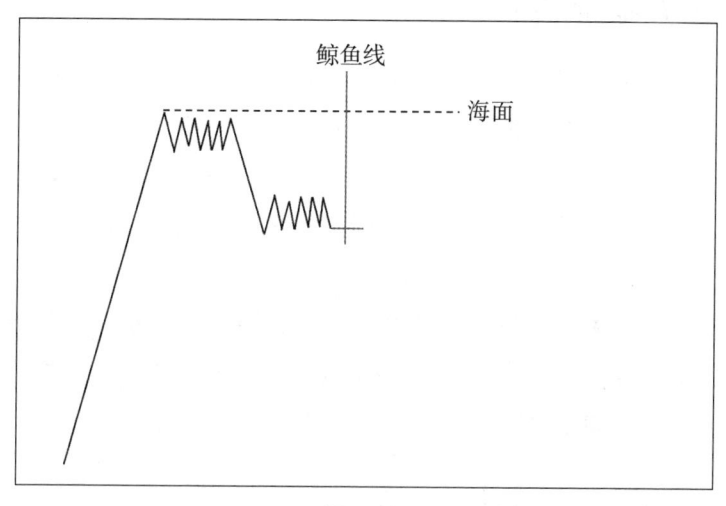

图5-34

该形态如同鲸鱼临死前在海面上一跃，只是挣扎一下而已，预示后市行情将向深渊跌去，往往会形成大级别行情的起跌点。

5.6.2 鲸落战法的要点

鲸落战法有以下五个要点。

（1）行情已经历过大幅暴涨。

（2）价格在高位反复横盘振荡，由多重顶形成湖面，这是标准的鲸落形态，获胜把握最高。鲸落形态是一个大型结构，即便少数湖面由尖顶形成，往往获利概率也比较高。

（3）第一轮回落之后，行情不是直接反转上涨，而是经过一段时间的振荡整理后，才突然暴涨。

（4）价格快速拉升的过程中，如果跃出海面，则是标准的鲸落形态，获胜把握最高，因为虚破能有效地洗盘。不过即便不能刺穿海面，甚至不能触及海面，这类情况获利概率也比较高。

（5）鲸鱼尾巴的长度要远远大于鲸鱼头部，即十字星的上影线长度要远远大于下影线长度。可以带有小K线实体，阴阳都可以，同时上影线的长度要大于第一轮下跌高度的1/2，而且越长越好。

5.6.3 鲸落战法的意义

从价格行为学上解释，行情经历暴涨之后，机构都会获利出局。因为机构离场往往是大单砸盘，很难一次性出清，所以必须借助高位宽幅振荡，才能有效出清。机构往往会采取边拉边卖的手法，一方面可以抬高卖出成本，增加利润，另一方面，还可以让不明所以的散户认为上涨趋势未结束，从而进场追多。

在宽幅振荡的末端，机构强势拉升突破最高点，让散户跟风看多。其实这是给散户下的套，很快行情就开始砸盘，一次性将散户全部套在最高点。这种走势往往是行情反转的标志，表明后市可能会大幅暴跌。

5.6.4 鲸落战法的交易原则

当价格跌穿鲸鱼头部，即行情有效跌破鲸鱼线最低点时，可以进场做空，止损设在鲸鱼线的最高点上方，止盈目标位至少设到前期上涨趋势的起点处。

进场理由：因为鲸鱼线的最低点是机构最后一波拉升前的最低价位，一旦被跌破，表明机构彻底转变思路，开始大肆做空。需要注意的是，价格必须有效跌破鲸鱼线的最低点，即K线收盘后实体收于鲸鱼线的最低点之下，这是行情确认的条件之一。

止损理由：鲸鱼线上跃，会触发大量止损盘，这个价位也是机构空单布局的最高成本线，因此将鲸鱼线最高点作为止损参考是很合理的。

止盈目标位理由：鲸落形态是大型K线结构，伴随有机构建仓布局动作，所以往往会发生牛熊反转，是新一轮行情的起跌点，大概率会跌至前一轮单边上涨趋势的起点位置。

5.6.5 鲸落战法实战案例

【案例一】图5-35为黄金1小时级别K线图，时间跨度为2023年3月29日到2023年4月4日。

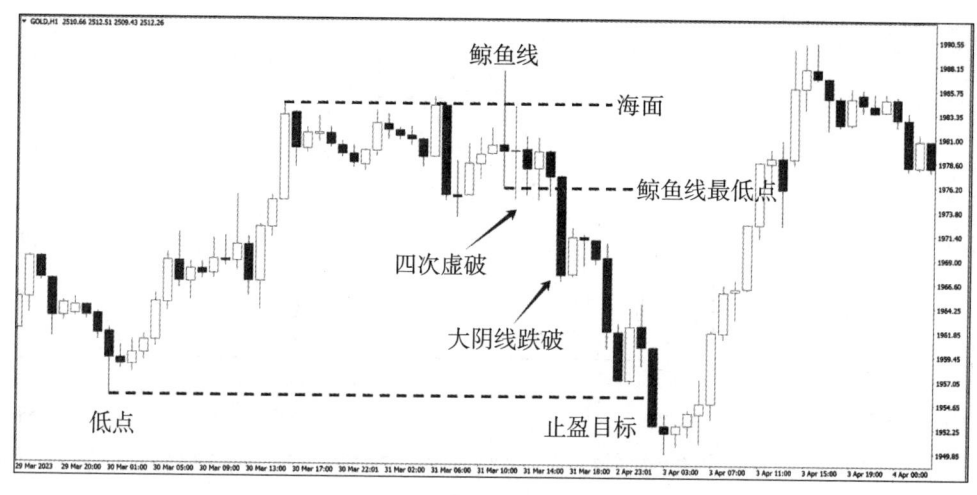

图5-35

行情在顶部形成鲸落形态，鲸鱼线的上影线长度大概和第一轮下跌行情的高度相当。鲸鱼头部略带一点小阴线实体，并且鲸鱼尾巴跃出了海面，这种虚破信号对价格见顶更有积极的作用。随后行情连续四次下影线虚破鲸鱼线的最低点，此时不能急于进场做空，必须要有耐心，等待明确的破位信号出现。

行情终于出现大阴线暴跌，强势跌破鲸鱼线的最低点，并收盘在鲸鱼线最低点下方，此时鲸落形态正式确立。可以在下一根K线开盘（1967美元/盎司）时，直接进场做空，将止损设置在鲸鱼线的最高点（1987美元/盎司）上方即可，止盈目标位可以设到前一轮上涨趋势最低点（1955美元/盎司）附近。从图5-35中可以看到，随后价格继续下跌，短线快速获利12个点。

【案例二】图5-36为黄金1小时级别K线图，时间跨度为2022年12月15日到2022年12月27日。

行情在顶部形成鲸落形态，鲸鱼线的上影线长度大概和第一轮下跌行情高度的一半相当，鲸鱼头部略带一点小阴线实体，鲸鱼尾巴跃出了海面，这种虚破信号对价格见顶有更积极的作用。

随后行情连续两次收出下影线虚破鲸鱼线最低点的K线，接着中阴线跌破鲸鱼线的最低点，并收盘在鲸鱼线最低点下方，此时鲸落形态正式确立。可以在下一根K线开盘（1814美元/盎司）时，直接进场做空，将止损设置在鲸鱼线的最高点（1823美元/盎司）上方即可，止盈目标位设到前一轮上涨

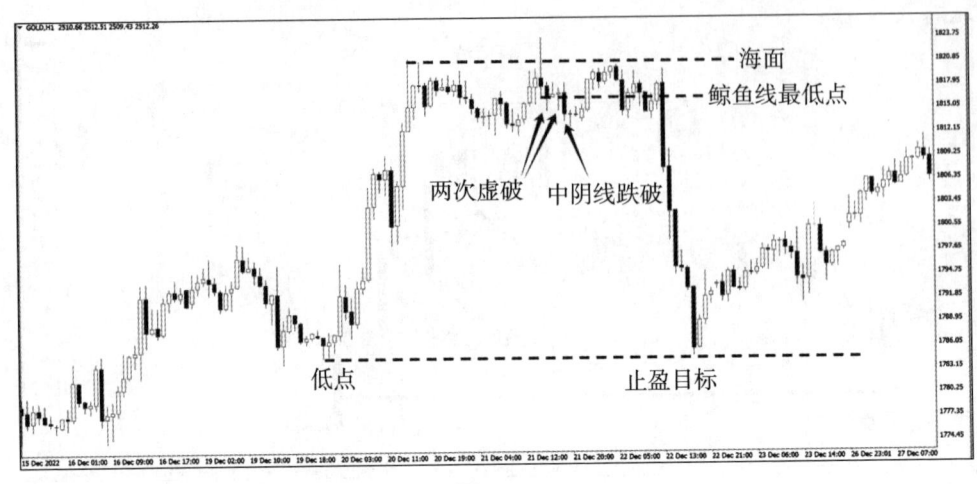

图5-36

趋势最低点（1784美元/盎司）附近。从图5-36中可以看到，随后价格在海面之下反复振荡，最后直线暴跌，轻松获利30个点。

5.6.6 放大利润

在蜻蜓战法中讲过，可以使用追踪止损的方式放大利润。这种方法也可以用在鲸落战法上，即可以将止盈目标延伸到下一个波段低点，以便放大利润。

【案例一】图5-37为黄金1小时级别K线图，时间跨度为2022年10月28日到2022年11月7日。

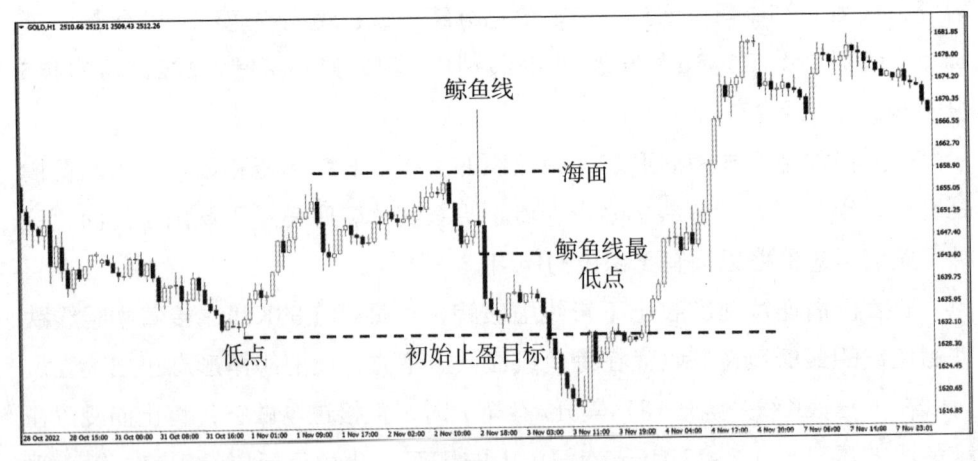

图5-37

行情在顶部形成鲸落形态，鲸鱼线的上影线长度比第一轮下跌行情的高度还要长，说明空头力度强大，该鲸落形态下跌概率非常大。鲸鱼头部略带一点小阴线实体，并且鲸鱼尾巴跃出海面很大一部分，这种较大的虚破更有助于价格见顶。

随后价格继续暴跌，以大阴线强势跌破鲸鱼线的最低点，并收盘在鲸鱼线最低点下方，此时鲸落形态正式确立。可以在下一根K线开盘（1637美元/盎司）时，直接进场做空，将止损设在鲸鱼线的最高点（1669美元/盎司）上方即可。然而进场位置与前一轮上涨趋势最低点（1630美元/盎司）距离太近，获利空间太小。该鲸落形态下跌概率很高，而且跌势非常凶猛，因此大概率会跌破1630美元/盎司，所以可以将止盈目标位设到前面波段更低的点，以便扩大利润。

如图5-38所示，价格抵达初始止盈目标位后，市场小幅反弹，随后继续暴跌，轻松跌穿1630美元/盎司，精准抵达下一个波段低点（1617美元/盎司）。空单刚好可以在最低点完美止盈，短线获利20个点。

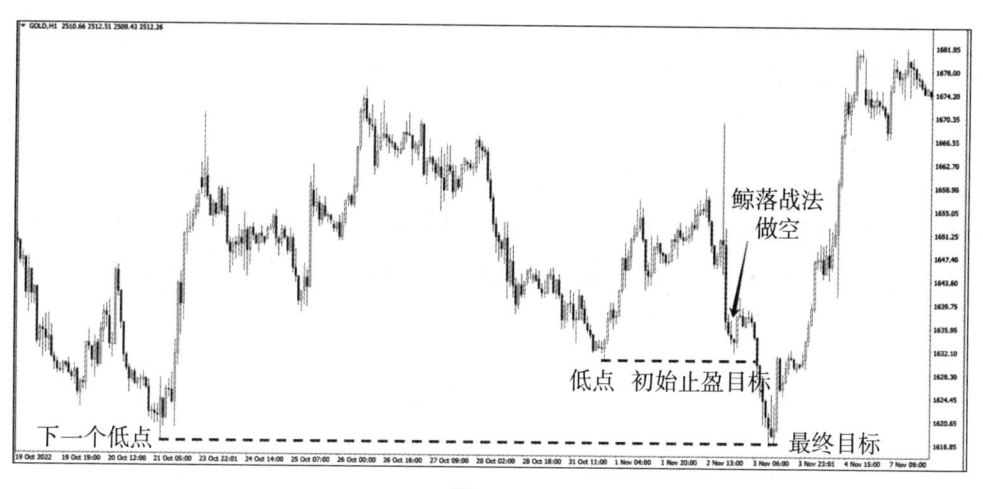

图5-38

【案例二】图5-39为黄金日线级别K线图，时间跨度为2021年6月20日到2021年12月14日。

行情在顶部形成鲸落形态，鲸鱼线的上影线长度与第一轮下跌行情高度的一半相当，鲸鱼头部略带一点阳线实体。不过鲸鱼线没能触及海面，但这对鲸落形态获利的可能性影响不大。次日价格继续下跌，以小阴线跌破鲸鱼线的最低点，并收盘在鲸鱼线最低点下方，此时鲸落形态正式确立，预示行情即将下跌。

图5-39

可以在第三根K线开盘（1803美元/盎司）时，果断进场做空，将止损设在鲸鱼线的最高点（1831美元/盎司）上方即可。初始止盈目标位可以设到前一轮上涨趋势的最低点（1750美元/盎司）附近，但盘中行情急速下跌，没有任何犹豫，直接击穿了1750美元/盎司，所以可以将止盈目标位推进到下一个波段低点，以便扩大利润。

如图5-40所示，价格抵达初始止盈目标后继续跳水，精准抵达下一个波段低点（1677美元/盎司）附近。空单刚好在最低点完美止盈，短线暴赚126个点。

图5-40

第 6 章
均线理论

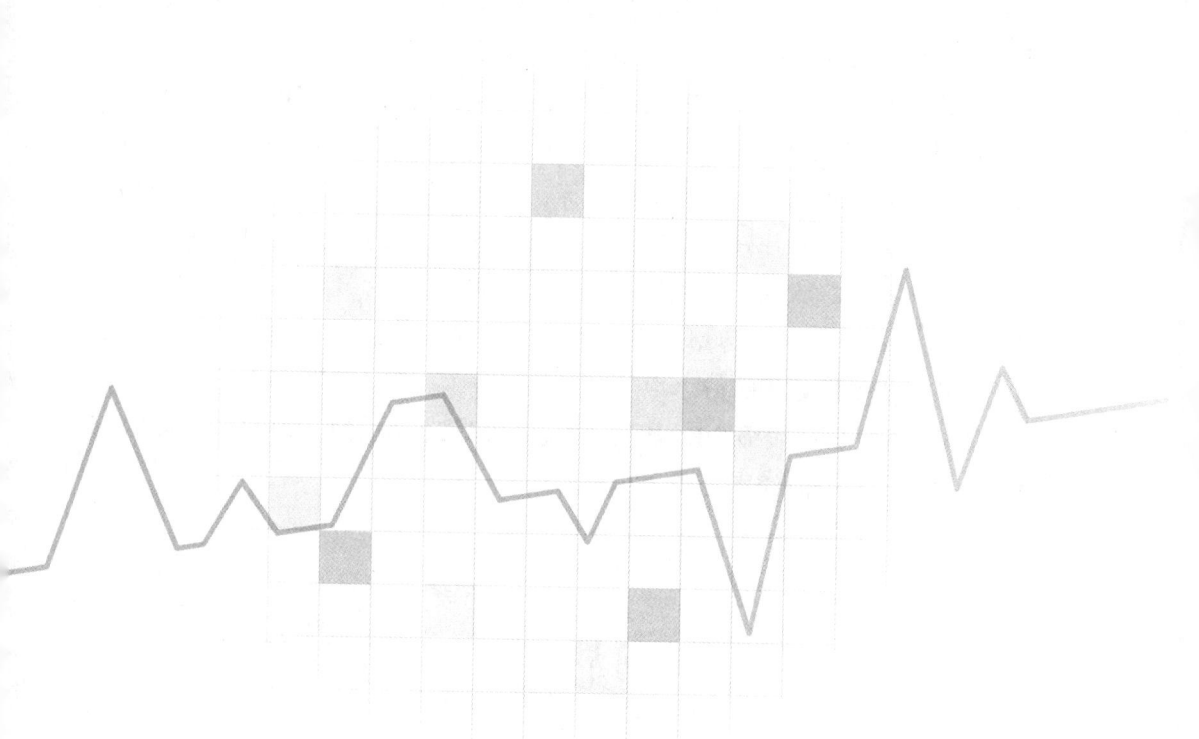

6.1 均线的定义

移动平均线（Moving Average，MA）简称均线，是某一时间段的收盘价之和除以该周期（如日线MA5指5日内的收盘价除以5）得到的连线。

均线代表一定时期内的市场平均成本变化。在技术分析中，市场成本非常重要，它是趋势产生的基础。市场中的趋势之所以能够维持，是因为市场成本的推动。例如，在上升趋势中，市场成本是逐渐上升的，下降趋势中，市场成本是逐渐下降的，成本变化导致了趋势的延续。均线理论是应用非常普遍的技术指标之一，也是重要的技术分析基础，它能帮助投资者确认现有趋势，判断将出现的趋势，发现过度衍生即将反转的趋势。

在黄金市场技术分析中，常用的均线有5日、10日、20日、30日、60日、120日和240日指标。其中5日、10日、20日是短期均线指标，称作日移动平均线；30日和60日是中期均线指标，称作季移动平均线；120日、240日是长期均线指标，称作年移动平均线。对于均线，取样太小、线路不规则会增加错误率，取样太大、线路过于平滑、无明显转点，基本没有做单机会。对于黄金投资者来说，尽量以日线作为进出场标准，这样可以减少错误概率，又不至于长期处于等待之中。

图6-1是黄金日线级别K线图，时间跨度为2024年2月22日到2024年8月19日。图中平滑的曲线即为黄金20日均线。

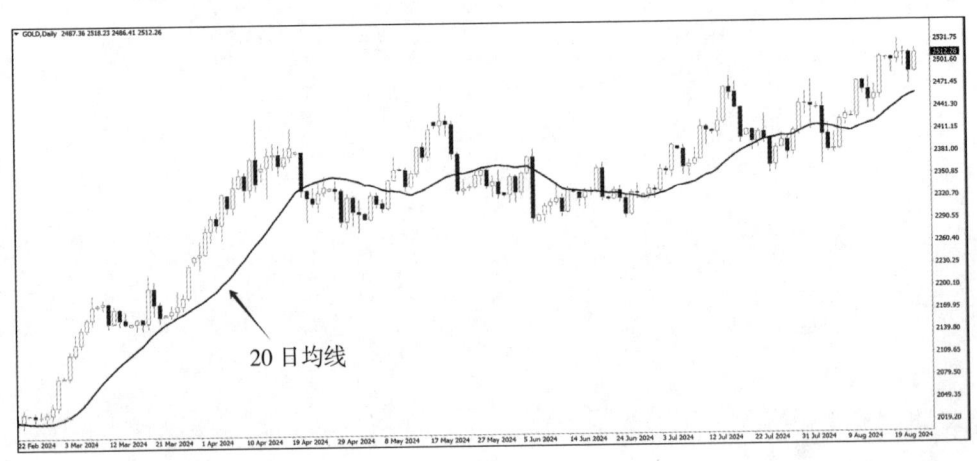

图6-1

6.2 均线的性质

1. 趋势性

均线具有追踪趋势的特性。如果能从价格图表中画出上升或下降切线，那么均线将与切线方向保持一致。均线消除了价格波动过程中出现的起伏，原始数据的价格图表不具备追踪趋势的特性。

图6-2为黄金日线级别K线图，时间跨度为2023年12月12日到2024年6月10日。均线移动的方向基本与切线保持同步，起到了跟踪趋势发展的作用。但是，行情在上涨趋势过程中有涨有跌，很多时候价格运动与趋势反向运行。

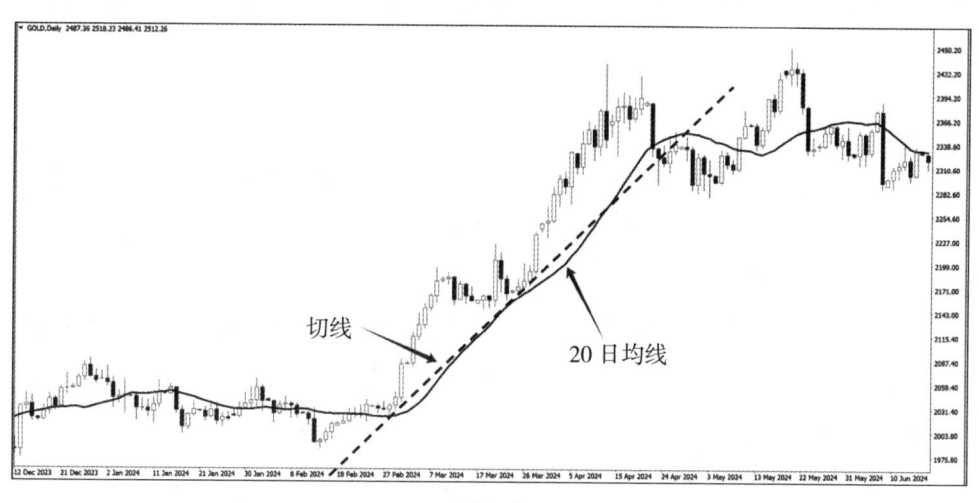

图6-2

2. 稳定性

通常周期越长的均线，越能表现稳定的特性，即均线不轻易向上或向下。价格涨势必须真正明朗，均线才会跟随延伸，而且经常在价格回落之初，均线还是向上的，等到价格下滑显著时，均线才拐头，这是均线最大的特色。周期越短的均线，稳定性越差，周期越长的均线，稳定性越强，因此均线具有延迟反应的特性。

图6-3为黄金日线级别K线图，时间跨度为2023年2月26日到2023年8月23日。图中圆圈所示，价格反复穿越均线，但均线始终保持向下。最后价格依然继续下跌，说明均线表现出了极强的稳定性。

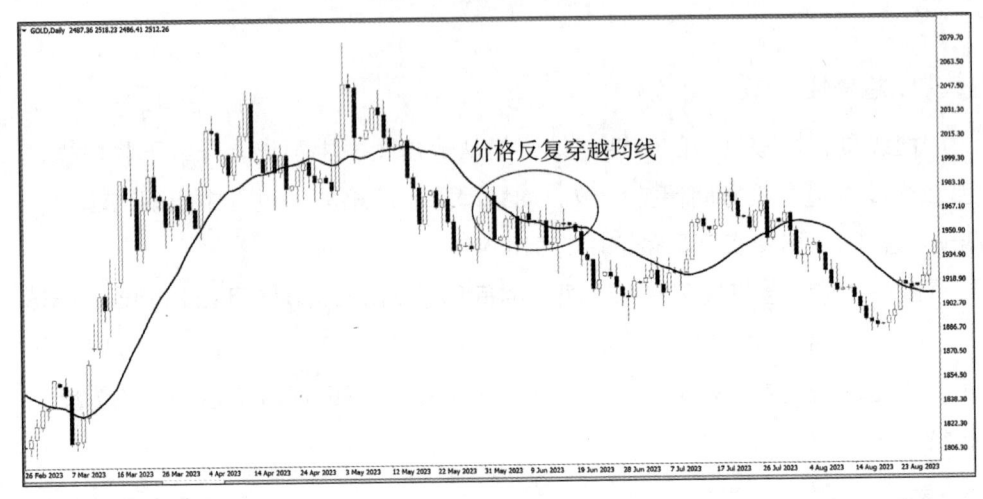

图6-3

3. 滞后性

在价格原有趋势发生反转时，由于均线的追踪趋势特性，行动往往过于迟缓，调头速度落后于趋势，这是均线极大的弱点。等均线发出反转信号时，趋势已经形成。

图6-4为黄金日线级别K线图，时间跨度为2022年9月9日到2023年3月8日。价格自高位大幅暴跌后，均线才刚开始拐头朝下，说明均线具有一定的滞后性，这也是其稳定性带来的弊端。

均线的滞后性虽是缺点，但也有好处。滞后性很好地过滤了不必要的杂波，使得投资者的交易更加稳定，不会频繁出现交易信号，这样能减少投资者的交易成本，降低错误风险和亏损风险。

4. 助涨助跌性

当价格突破了均线时，无论是向上突破还是向下突破，价格有向突破方向继续运行的特点，这就是均线的助涨助跌性。助涨助跌性也是由稳定性导致的。

价格从均线下方向上突破，均线也开始向右上方移动，可以看作多头支

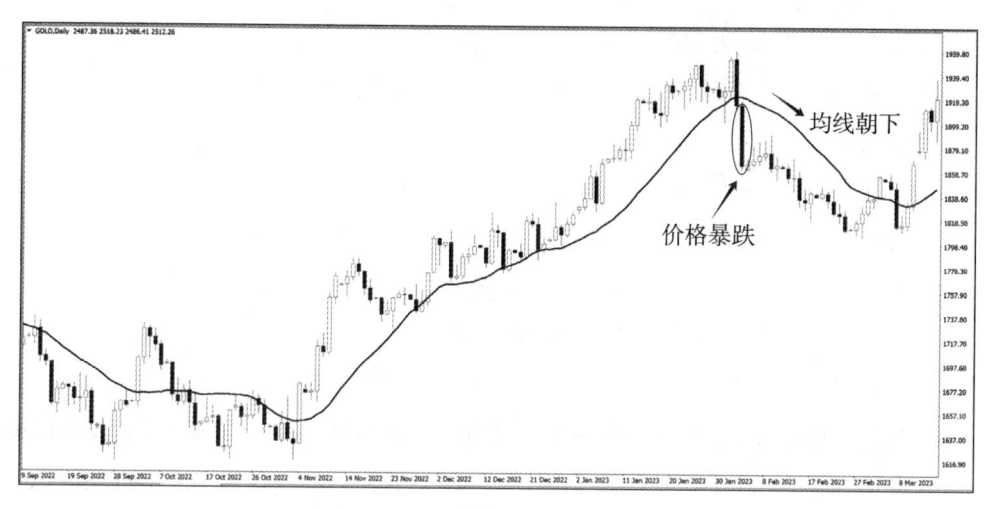

图6-4

撑线，价格回跌至均线附近时，自然会产生支撑力量。短期均线向上移动速度较快，中长期均线向上移动速度较慢，但都表示一定期间平均成本增加。空方力量若稍强于多方，价格回跌到均线附近，是买进时机，这是因为均线具有助涨作用。直到价格上升缓慢或回跌，均线开始减速走平，价格再回至均线附近时，均线就会失去助涨作用，价格有重返均线下方的趋势，此时最好不要贸然做多。

图6-5为黄金日线级别K线图，时间跨度为2023年3月6日到2023年8月31日。价格从均线下方向上突破之后，均线就形成了支撑线。当价格再次回落

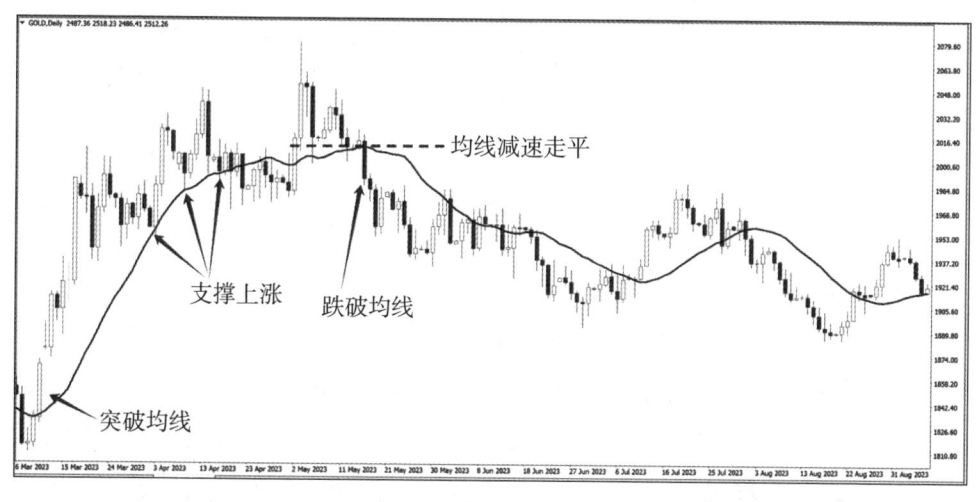

图6-5

到均线附近时均受到支撑，多次精准上涨。但价格经过一轮助涨之后，开始下跌并且均线开始减速走平，此时不应急于做多。从图中可见，金价跌穿均线后掉头向下滑落。

反过来，价格从均线上方向下突破，均线也开始向右下方移动，此时均线就会成为空头阻力线。价格回升至均线附近，自然产生阻力，因此均线往下走时，价格回升至均线附近便是做空时机，均线此时有助跌作用。直到价格下跌缓慢或回升，均线开始减速走平时，价格若再次与均线接近，均线会失去助跌意义，价格有重返均线上方的趋势，此时不要急于做空。

图6-6为黄金1小时级别K线图，时间为2024年5月21日到2024年5月29日。价格从均线上方向下跌破之后，均线就成了阻力线。当价格再次反弹到均线附近时受到阻力，多次精准下跌。但价格经过一轮助跌之后，开始反弹并且均线开始减速走平，此时不要急于做空。从图中可见，金价在突破均线后进入振荡上涨走势。

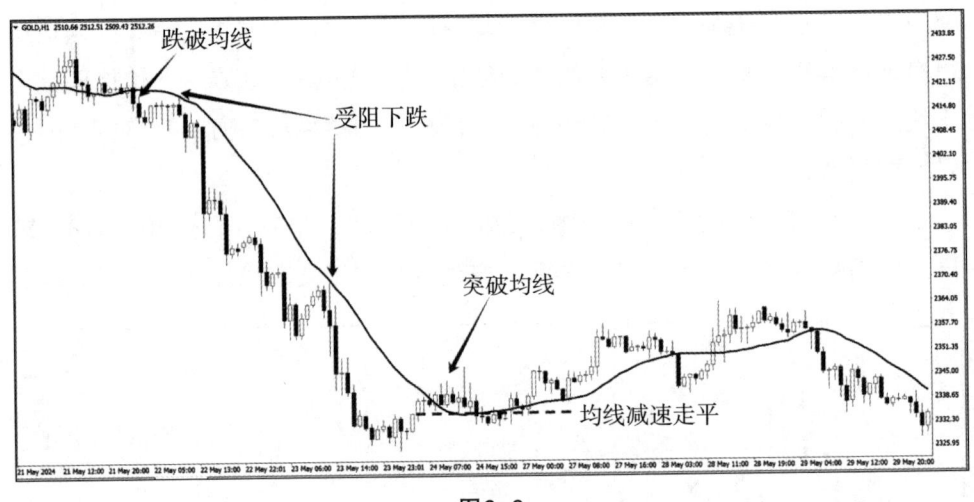

图6-6

5. 支撑阻力性

均线在价格走势中经常会起到精准的支撑线和压力线作用。

在支撑线附近做多，阻力线附近做空，往往能提高交易的胜率。当价格在均线上方时，均线能对价格产生支撑作用，且均线斜率越大，支撑越强；当价格在均线下方时，均线能对价格产生阻力作用，且均线斜率越大，阻力越强。

图6-7为黄金5分钟级别K线图，时间跨度为2024年8月13日到2024年8月15日。价格在均线上方时，向下回落至均线A点受到支撑，虽然此时均线朝上，但斜率较小，所以只是小幅反弹，表明A点对价格只是提供了弱支撑作用。随后价格大幅上涨，均线也被拉起朝上运行，且均线斜率非常大。价格回落至均线B点时，受到了强劲的支撑，使得价格快速反弹，随后大幅走高。

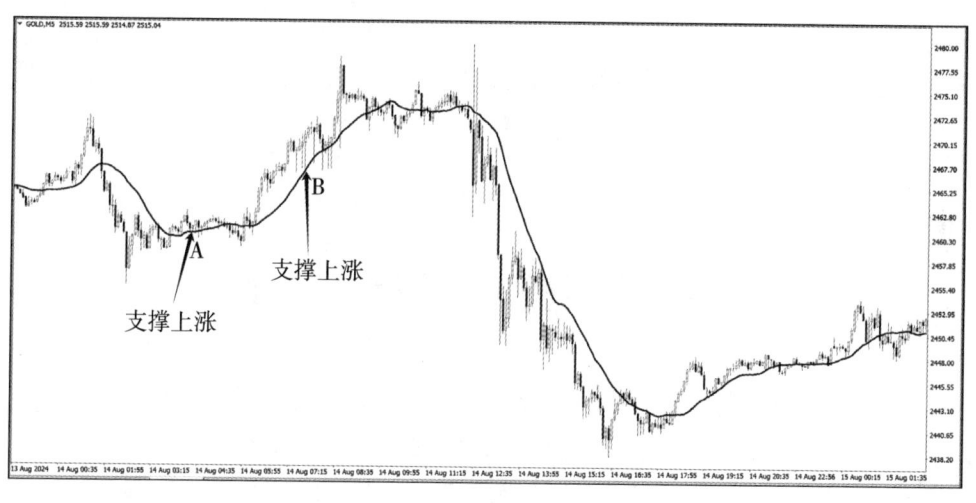

图6-7

在运用均线的支撑作用进行交易时，要注意只有那些朝上运行，且斜率很大的均线，才具有操作指示意义。趋缓走平的均线所指示的多头信号，要么利润太少，要么会带来大量的虚假信号。

图6-8为黄金5分钟级别K线图，时间跨度为2024年8月13日到2024年8月15日。价格在均线下方时，向上反弹触及均线C点，此时均线朝下运行，且斜率非常大，均线对价格产生了强大的阻力作用，导致价格猛烈下跌。当价格反弹至均线D点时，此时均线的斜率比C点时小，价格只是小幅下跌。由此说明，均线朝下的斜率越大，对价格的阻力就越强。

在运用均线的阻力作用进行交易时，要注意只有那些朝下运行，且斜率很大的均线才具有操作指示意义。趋缓走平的均线所指示的空头信号，要么利润太少，要么会带来大量的虚假信号。

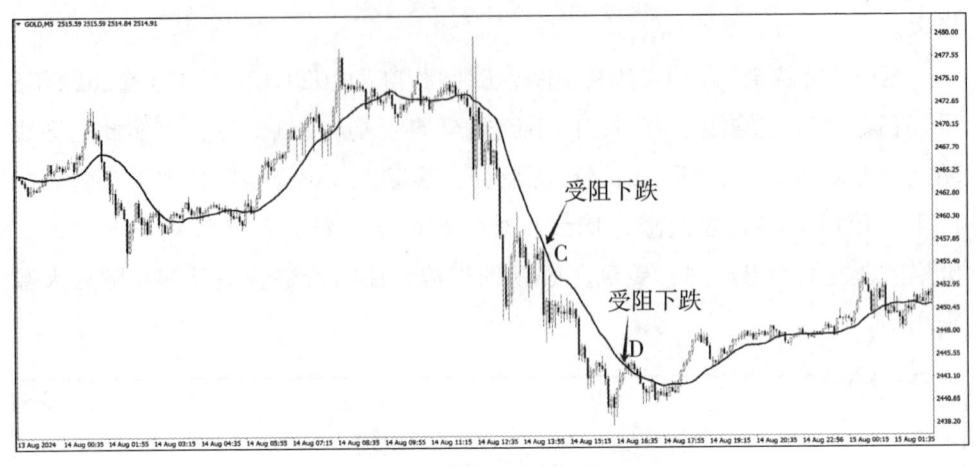

图6-8

6.3 格兰威尔均线八大法则

在均线的应用中，美国投资专家约瑟夫·格兰威尔（Joseph Granville）总结的八大法则，可谓其中的精华，历来的均线用户无不视其为技术分析中的至宝，均线也因此淋漓尽致地发挥出了道氏理论的精髓。格兰威尔均线八大法则中，四条用来研判做多时机，四条用来研判做空时机，下面一一进行分析。

1. 法则一

均线从下降逐渐走平且略向上方抬头，金价从均线下方向上方突破，为做多信号。

图6-9为黄金5分钟级别K线图，时间跨度为2024年8月14日到2024年8月15日。金价经过一轮大跌之后，从下方向上突破均线，均线开始从下降逐渐走平，并且微微向上抬头，此时为做多信号，及时买进可以大幅获利，抓到行情的起涨点。需要注意的是，前面价格突破均线，只是虚破，因为均线当时还处于明显的下降趋势，所以不能急于追多。

2. 法则二

金价位于均线之上运行，回挡时未跌破均线又再度上升时，为做多信号，这是均线支撑性质的应用。

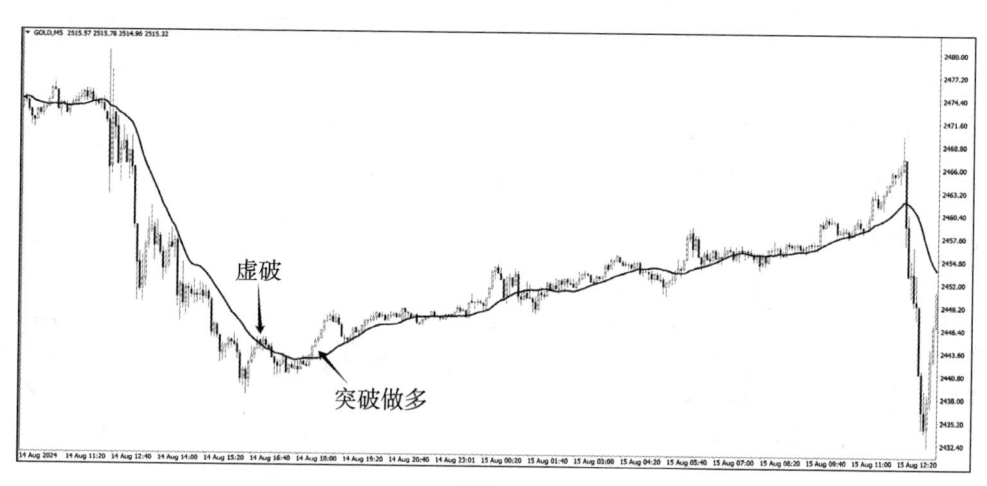

图6-9

图6-10为黄金5分钟级别K线图，时间跨度为2024年8月22日到2024年8月25日。金价在均线上方运行，价格回落并未跌破均线，此时为做多信号。价格只是以下影线虚破均线，随后直线反弹，如果及时做多，可以迅速获利。需要注意的是，均线斜率越大越好，因为均线斜率越小，支撑作用越弱。

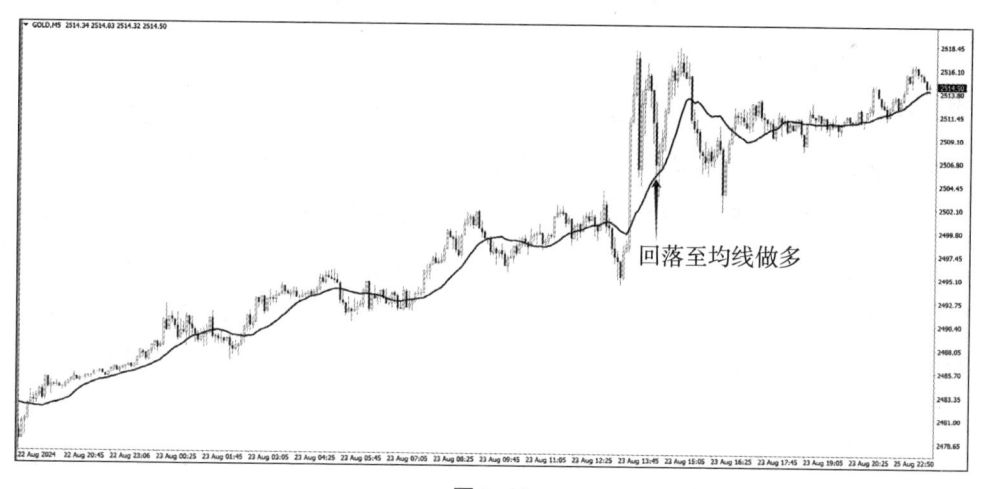

图6-10

3. 法则三

金价在均线上方运行，回调时跌破均线，但短期内均线继续呈上升趋势，此时为做多时机。

图6-11为黄金5分钟级别K线图，时间跨度为2024年8月21日到2024年8月22日。价格在均线之上运行，回调时跌破均线，但均线此时依旧呈上升趋势。按照格兰威尔法则，此时为做多信号。格兰威尔的原意是均线朝上运行，但是价格跌破均线，属于虚破，价格会回归到均线之上。需要注意的是，均线斜率越大越好，因为大斜率均线才更容易将价格拉上去。

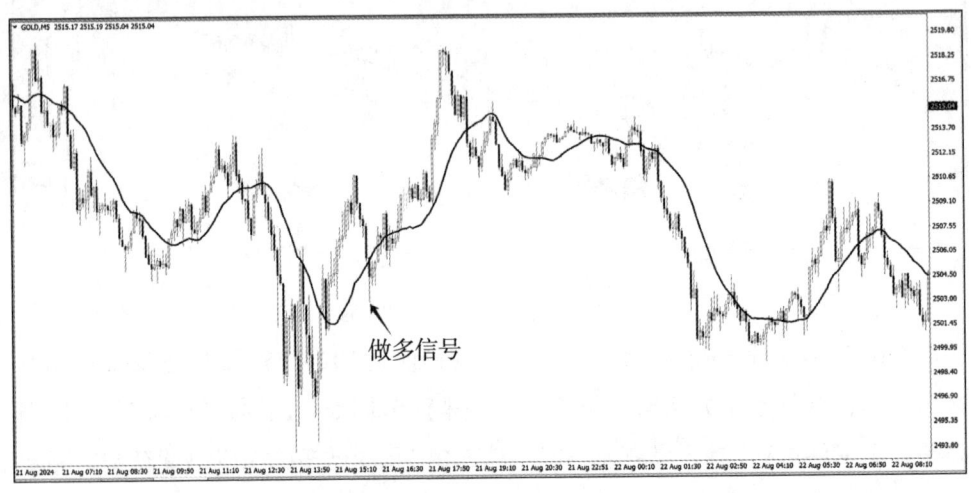

图6-11

4. 法则四

金价在均线以下运行，突然暴跌，距离均线太远，极有可能向均线靠近（物极必反，下跌反弹），此时为买进时机。

图6-12为黄金5分钟级别K线图，时间跨度为2024年8月1日到2024年8月2日。金价在均线下方突然暴跌，大幅远离均线。因为均线代表的是价值区域，因此一旦价格远离均线，就极有可能向均线靠近，出现反弹，所以此时为买进时机。依据该法则交易，必须结合关键支撑点才能抓到精准的买点，否则容易过早买入，导致较大的浮亏。

价格突然暴跌，要耐心等待。在前期低点附近做多，就刚好抓到了行情的最低点，一买就赚，轻松获利。

5. 法则五

金价在均线之上运行，连续数日大涨，离均线越来越远，说明做多者获利丰厚，随时都会产生获利回吐的情况，多头应暂时获利离场。

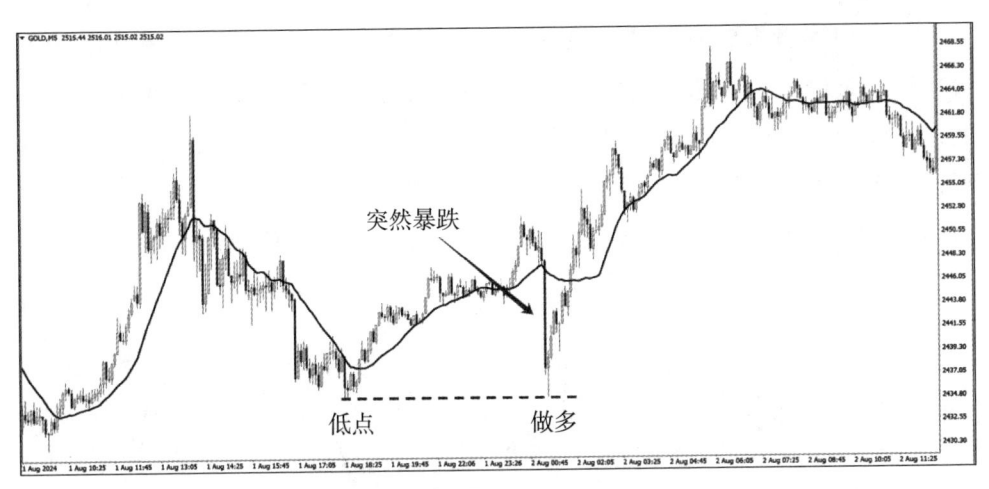

图6-12

图6-13为黄金5分钟级别K线图，时间跨度为2024年7月31日到2024年8月1日。金价在均线之上连续大涨，价格远离均线，极有可能向均线靠近，出现回落，要随时做好平仓多头的准备，及时落袋为安。还可以结合前期高点压力反向做空，一样可以快速获利。要注意的是，均线与价格之间的距离越大，反向做空越安全。

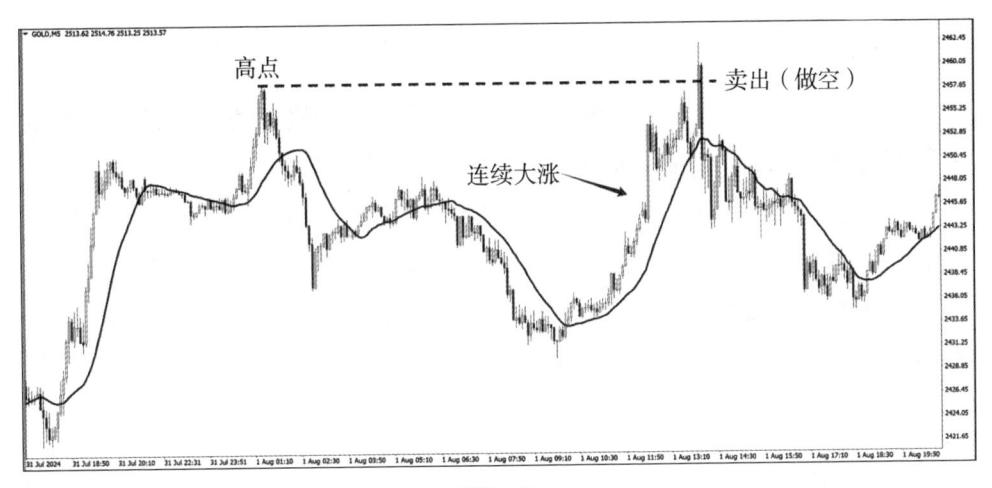

图6-13

6. 法则六

均线从上升逐渐走平且略向下拐，而金价从均线上方向下跌破均线，为做空信号。

图6-14为黄金5分钟级别K线图，时间跨度为2024年8月12日到2024年8月13日。金价经过一轮大涨之后，开始从均线上方向下突破，均线也开始从上升逐渐走平并且微微向下拐，此时为做空信号，及时进场做空可以大幅获利，抓到行情的起跌点。需要注意的是，前面价格跌破均线，只是虚破，因为均线当时还处于明显的上升之中，斜率非常大，所以不能急于做空。

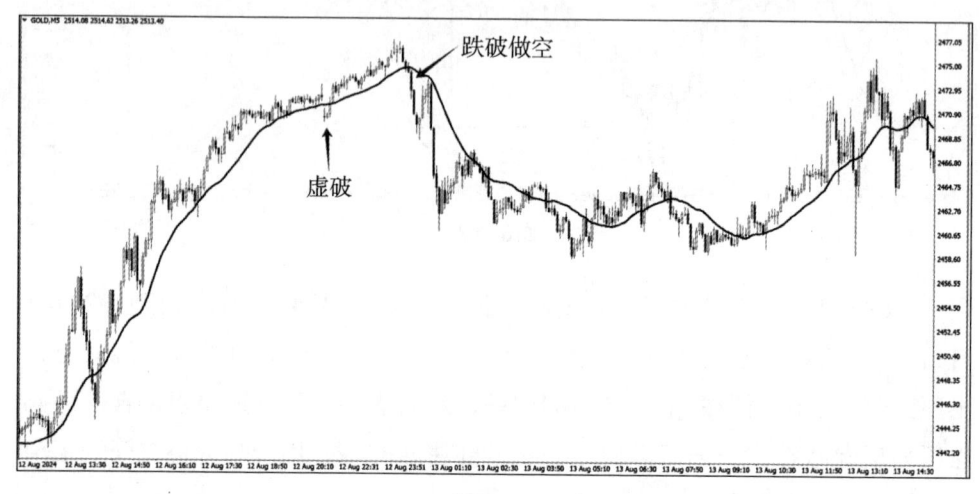

图6-14

7. 法则七

金价在均线下方运行，反弹时未突破均线，且均线跌势减缓，趋于水平后又出现下跌趋势，此时为做空信号。

图6-15为黄金5分钟级别K线图，时间跨度为2024年8月5日到2024年8月6日。如图中圆圈所示，金价在均线之下运行，随后反弹并未有效升穿均线，均线跌势开始减缓，但随着价格继续下跌，均线又开始大斜率朝下运行，此时为做空信号。从图中可见，价格随后加速跳水，如果及时做空，能快速大赚。

8. 法则八

金价在均线之下运行，反弹时升穿均线，但短期内均线继续呈下跌趋势，此时为做空信号。

图6-16为黄金5分钟级别K线图，时间跨度为2024年7月22日到2024年7月23日。金价在均线之下运行，反弹升穿均线，但是均线依旧呈下跌趋势，

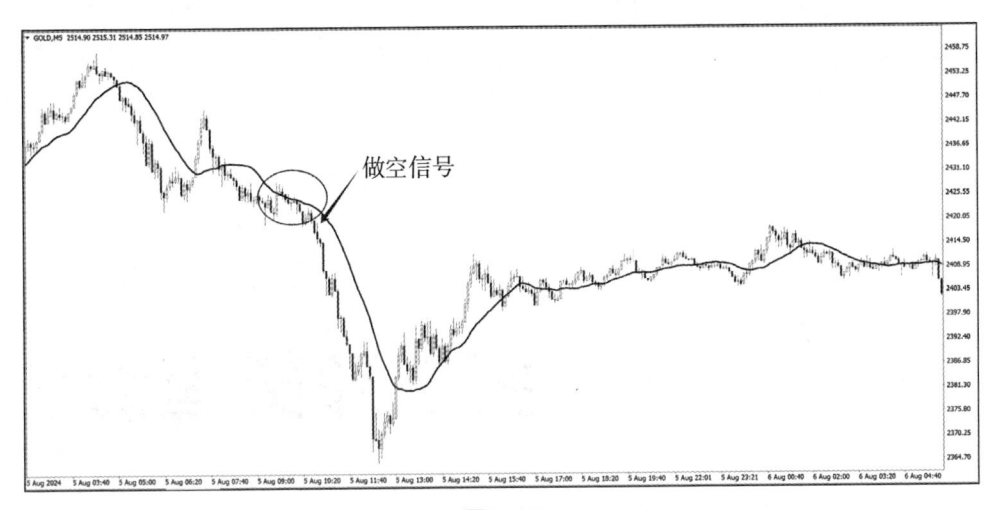

图6-15

此时为做空信号。格兰威尔的原意是均线朝下运行，但是价格上穿均线，属于虚破，价格随后会回归到均线之下。需要注意的是，均线朝下的斜率越大越好，因为大斜率的均线才更容易将价格拉下来。

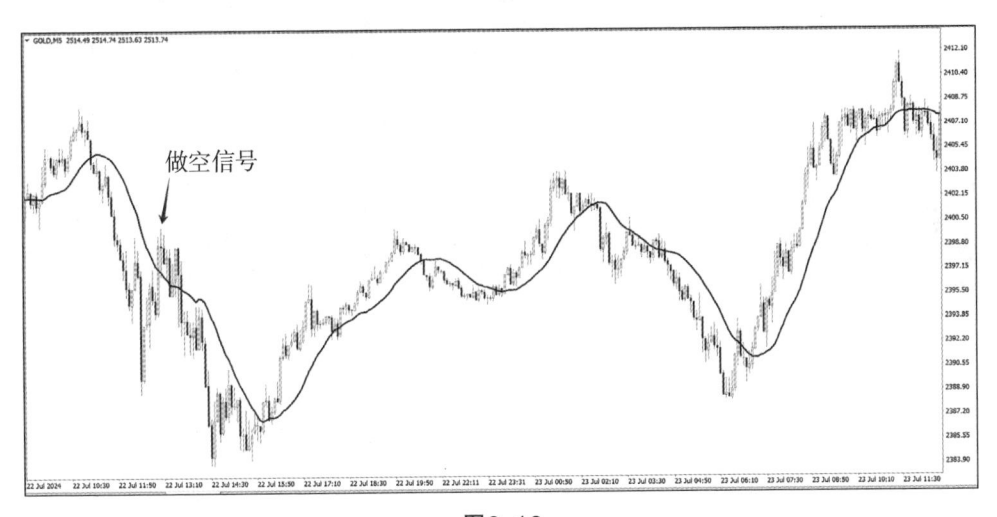

图6-16

第 7 章
斐波那契理论

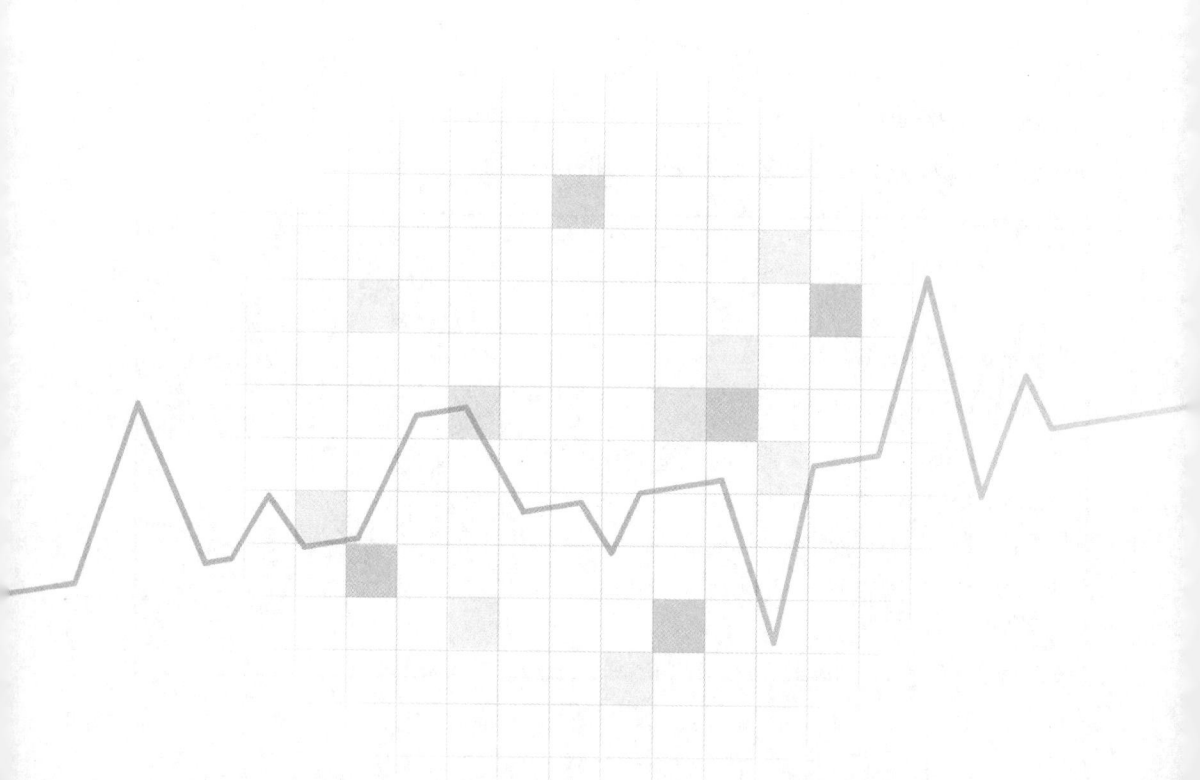

7.1 斐波那契回调线

斐波那契回调是一种研判事物发展趋势的技术分析方法，用于判断支撑位和阻力位，得名于斐波那契数列。

斐波那契回调线也称黄金分割线。黄金分割是一种古老的数学现象，其提出者是古希腊的毕达哥拉斯。他在当时十分有限的科学条件下大胆断言：一条线段的某一部分与另一部分之比，如果正好等于另一部分同整个线段的比，即0.618，这样的比例会给人一种美感。

后来，这一神奇的比例关系被古希腊著名哲学家、美学家柏拉图誉为"黄金分割律"。黄金分割线的神奇和魔力，在数学界还没有明确定论，但它屡屡在实际中发挥着意想不到的作用。斐波那契回调线就是用黄金分割计算回调的工具，斐波那契回调线由0、0.236、0.382、0.5、0.618、1这6条线组成。

图7-1为黄金1小时级别K线图，时间跨度为2024年7月19日到2024年8月7日。图中展示的就是依据一波上涨行情所画出的斐波那契回调线。

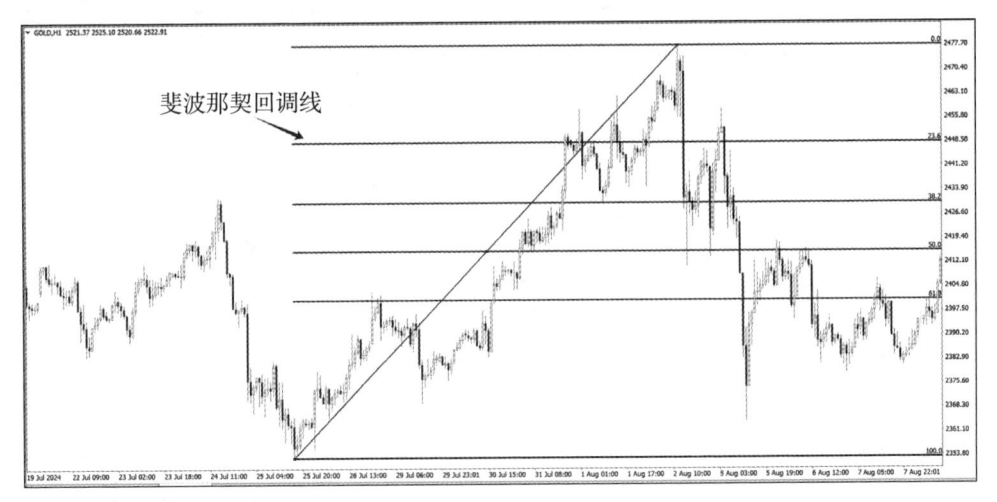

图7-1

7.2 斐波那契回调线的画法

1. 主观画法

大部分投资者画斐波那契回调线的方法是，在行情图表中找到一个高点和一个低点，然后将两点连接，以此得到斐波那契回调线。

图7-2为黄金1小时级别K线图，时间跨度为2024年5月10日到2024年5月29日。连接A、B两点，可以画出斐波那契回调线。需要提醒的是，在行情没有走出来之前，谁也不知道B点就是最高点，有可能会在C点甚至D点就开始画斐波那契回调线了，所以这条斐波那契回调线是非常主观的，是否准确就只能碰运气了。

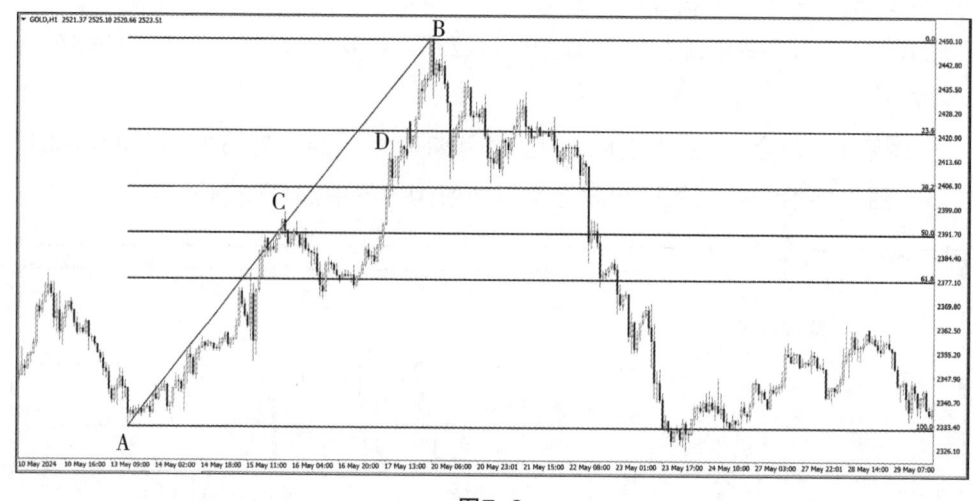

图7-2

按主观画斐波那契回调线，只能在行情走完才能画对。行情走完画出的斐波那契回调线即使再标准，也只能是十足的马后炮。有人说斐波那契回调线就是做回调行情的，必须等行情走完才能分析。但是行情走没走完谁也不知道，而且行情永远都是边走边调整，所以等投资者肉眼可见的高低点出来之后，再来画出斐波那契回调线，就已经滞后了，即便画得再准确，也只能沦为茶余饭后的谈资，根本不能实际临盘指导操作。

2. 客观画法

斐波那契回调线真的无法使用吗？其实不然。如何找对高低点，是画斐波那契回调线的难点所在。

根据道氏理论，想要确定一波行情的高点，必须是上升趋势中高点不再创新高。同理，想要确定一波行情的低点，就必须是下降趋势中低点不再创新低。这个意思就是趋势已经结束了，即只有当趋势结束时，真正的高低点才能被确认出来。在判断高低点前，还必须判断趋势，把行情趋势分析对了，高低点才能找准。

图7-3为黄金1小时级别K线图，时间跨度为2023年12月19日到2024年1月9日。下面以AB这段下降趋势为例，详细讲解斐波那契回调线的正确画法。

图7-3

首先，确定斐波那契回调线的高点A。要想确定A点是有效的高点，必须先画出A点之前行情的切线（因为A点之前行情都出来了，所以这件事能客观办到，并不是马后炮），如图7-4所示。

当价格跌破切线时，表示原有行情已经结束，新的趋势行情已经开始，A点就顺理成章作为新一波行情的起点，也就是斐波那契回调线的起点。

然后，确定斐波那契回调线的低点B。可以确定高点为A点，是因为前面的趋势被破坏了。和判断高点一样，要确定B点是斐波那契回调线的低点，

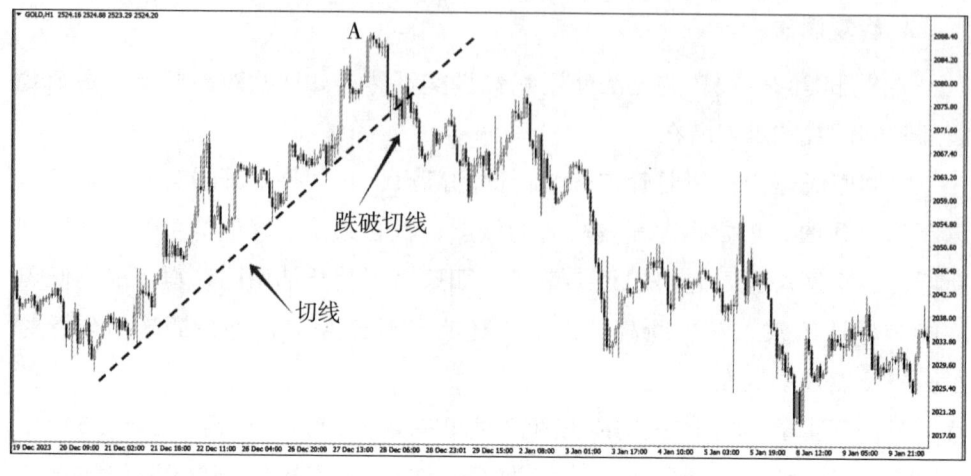

图7-4

就必须判断出B点是AB这段下降趋势被破坏前的最低点。因此，需要画出AB这段行情的切线，如图7-5所示。

图7-5

在行情有效突破切线的时候，可以确认先前的下降趋势暂时结束，B点就是原先下跌趋势的终点，也就是斐波那契回调线的终点。

因为斐波那契回调线的起点和终点都确定下来了，那么连接A、B两点，就可以得到客观、准确、具有前瞻性的斐波那契回调线，如图7-6所示。

总结一下斐波那契回调线客观画法的步骤，以AB这段下降行情中的斐波那契回调线为例（上涨行情同理）。

图7-6

（1）画出前一波行情的切线。

（2）当行情跌破前一波行情的切线，那么前面行情的最高点A，就是斐波那契回调线的起点。

（3）画出AB这段行情的切线。

（4）等价格突破AB这段行情的切线时，那么之前行情的最低点B，就是斐波那契回调线的终点。

（5）连接起点A和终点B，就得到了准确、客观而又具有前瞻性的斐波那契回调线。

斐波那契回调线中，每条线都构成一个控制点。在应用斐波那契回调线的时候，要结合趋势，顺着原先的趋势去做交易。在上升趋势中，价格回调到控制点做多，在下降趋势中，价格反弹到控制点做空。

7.3 斐波那契回调线的应用

当价格向一个方向运行，其向反方向的回调会在可预测的水平受阻，然后价格将会恢复原来的方向。斐波那契回调线中的每一条线都是控制点（支撑或阻力），在上涨行情回调的时候，每条线都是支撑，跌破之后转换成阻力；在下跌行情反弹的时候，每条线都是阻力，升穿之后转换成支撑。

回调止于0.236线时趋势最强势，后市沿原趋势继续运行的概率和空间非常大；回调止于0.382线时趋势比较强势，后市沿原趋势继续运行的概率和空间比较大；回调止于0.5线附近时，维持原趋势继续运行的难度较大，回调超过0.618线时，原本趋势全部回吐风险很大，并且很容易出现转势。

根据斐波那契数列基本原理可知，黄金分割线中最重要的两条线为0.382和0.618。在回调中，0.382线为弱势回调位，0.618线为强势回调位；在反弹中，0.618线为强势反弹位，0.382线为弱势反弹位。

图7-7为黄金1小时级别K线图，时间跨度为2023年12月19日到2024年1月9日。价格向上反弹，精准在0.618线这一强势反弹位受阻，此时是做空的好机会。

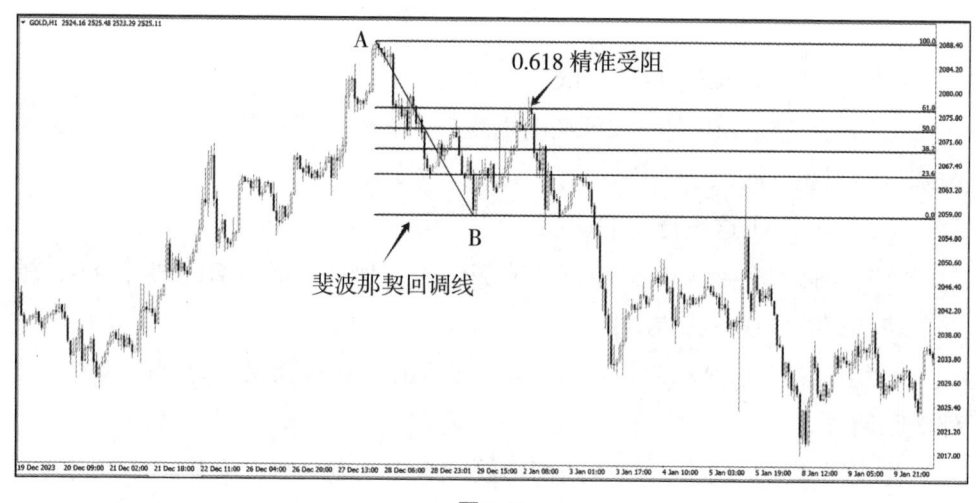

图7-7

图7-8为黄金1小时级别K线图，时间跨度为2023年12月11日到2023年12月29日。行情强势暴涨之后开始调整，精准在0.382线这一弱势回调位受到支撑上涨，此时是做多的好机会。

7.3.1 上升行情中的应用

当金价处于上升趋势时，斐波那契回调线用于寻找支撑位，在金价回调到支撑位附近时做多。斐波那契回调线由0、0.236、0.382、0.5、0.618和1共6条数值线组成，这些数值线中，0和1分别代表终点和始点，不属于回调范

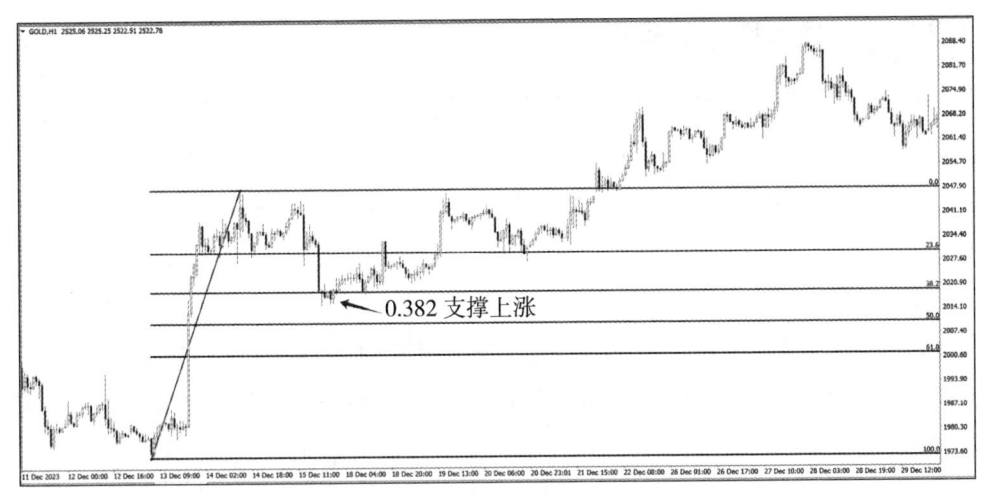

图7-8

围，往往不会使用这两条数值线。0.236、0.382、0.5和0.618数值线都具有支撑作用，当价格触及这4条支撑线的时候，都有向上反弹的倾向。其中触及0.382和0.618两条支撑线时，向上反弹的概率最大，投资者可以主要用这两个位置作为交易入场点。

图7-9为黄金1小时级别K线图，时间跨度为2024年1月11日到2024年1月30日。价格在回调到0.382和0.618位置附近时，均精准受到支撑，随后向上反弹。

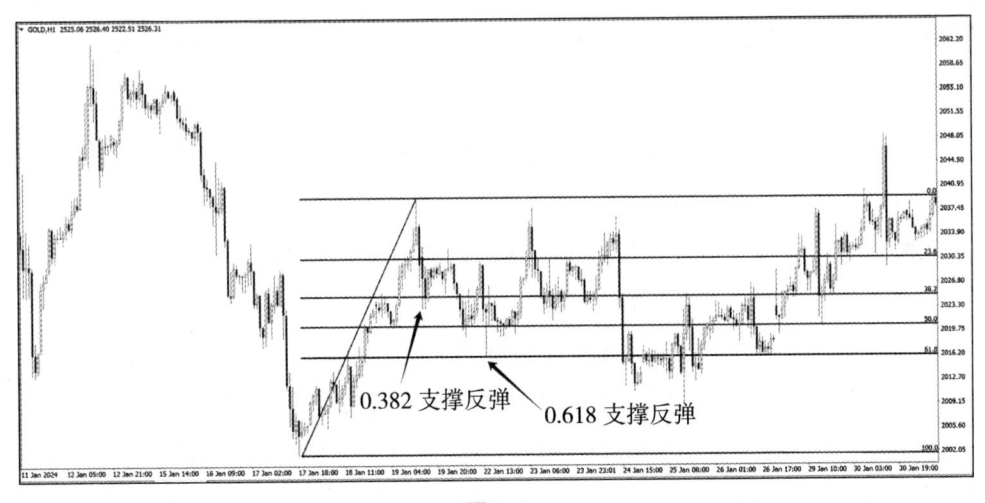

图7-9

7.3.2 下降行情中的应用

当金价处于下降趋势时，斐波那契回调线用于寻找阻力位，在金价反弹到阻力位附近时做空。其中0.236、0.382、0.5和0.618数值线都具有阻力作用，价格触及这4条阻力线时，都有向下回落的倾向。其中触及0.382和0.618两条阻力线，向下回落的概率最大，投资者可以主要用这两个位置作为交易入场点。

图7-10为黄金1小时级别K线图，时间跨度为2024年1月11日到2024年1月30日。价格反弹到0.382和0.618位置附近，均精准受到阻力，随后价格转为下跌。

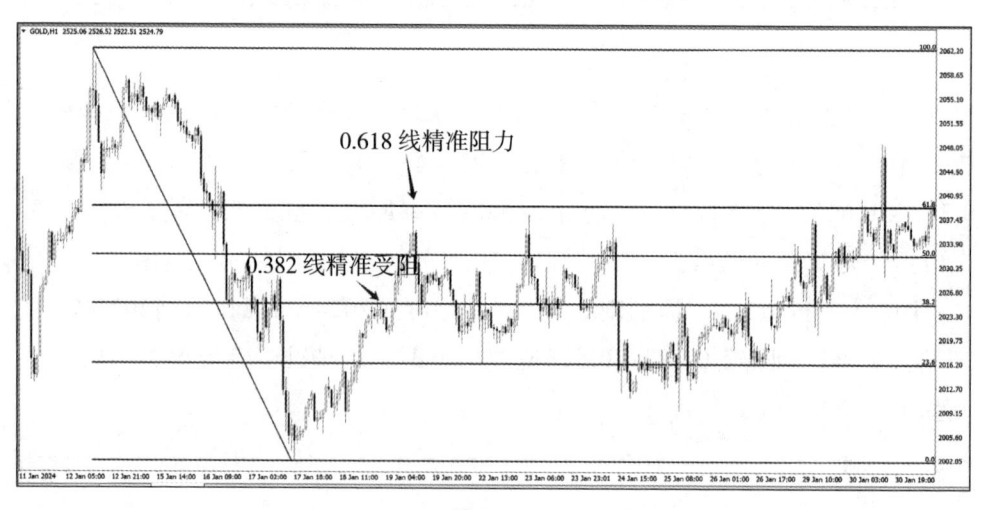

图7-10

总之，斐波那契回调线的0.236、0.382、0.5、0.618线均具有控制点（支撑或阻力）作用，应该予以关注。如果某一数值线被突破，那么就退守到下一个数值线。交易时使用0.328和0.618两个数值线，准确率更高。

此外，投资者还应注意以下几点。

（1）当某一数值线被突破时，短期阻力和支撑可能发生转换，但是根据顺势交易原理，应顺着原先趋势去找下一个数值线做交易，不能反向交易。

（2）当回调过深，跌破0.618数值线的时候，趋势很可能发生反转，多空思路可能需要调整，不能一味凭借数值线沿着原来的趋势交易，但斐波那契回调线仍具有支撑或阻力作用。

（3）在相应的回调数值线附近，如果与其他指标产生共振，准确率更高。

7.4 斐波那契回调线高级战法

斐波那契回调线高级战法是指用斐波那契回调线做主浪。

大多数投资者只知道使用斐波那契回调线做调整浪，即一波趋势行情结束后，做行情的回挡。这种行情往往属于振荡行情，盈利空间有限。其实，还可以用斐波那契回调线做主升浪或主跌浪，依据是借助切线客观画出的斐波那契回调线具有前瞻性。不过，用斐波那契回调线做主升浪或主跌浪，需要建立在能客观准确地画出斐波那契回调线的基础之上。

7.4.1 做主升浪

图7-11为黄金1小时级别K线图，时间跨度为2024年7月19日到2024年8月7日。先画出A点前一轮行情的切线，一旦价格突破切线，就可以确定A点就是斐波那契回调线的起点。从图中可以看到，B点是行情直线拉上去的，所以B点之后的横盘振荡，明显不属于切线行情趋势，因此可以确定B点为斐波那契回调线的终点。

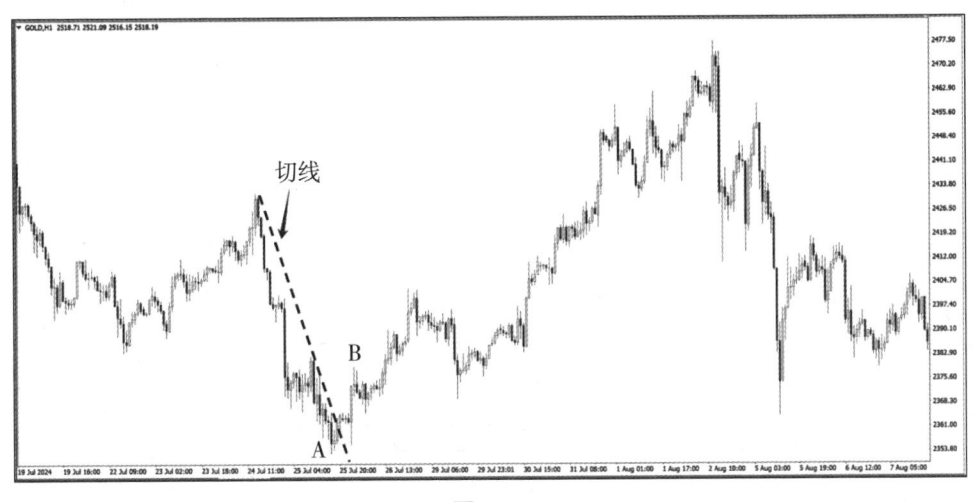

图7-11

连接A、B两点得到一组斐波那契回调线，如图7-12所示。价格最低回落至0.5支撑位（2366美元/盎司），此时可以进场做多，随后行情继续上涨，这样就可以提前在大级别上涨行情中进场做多，抓到主升浪。

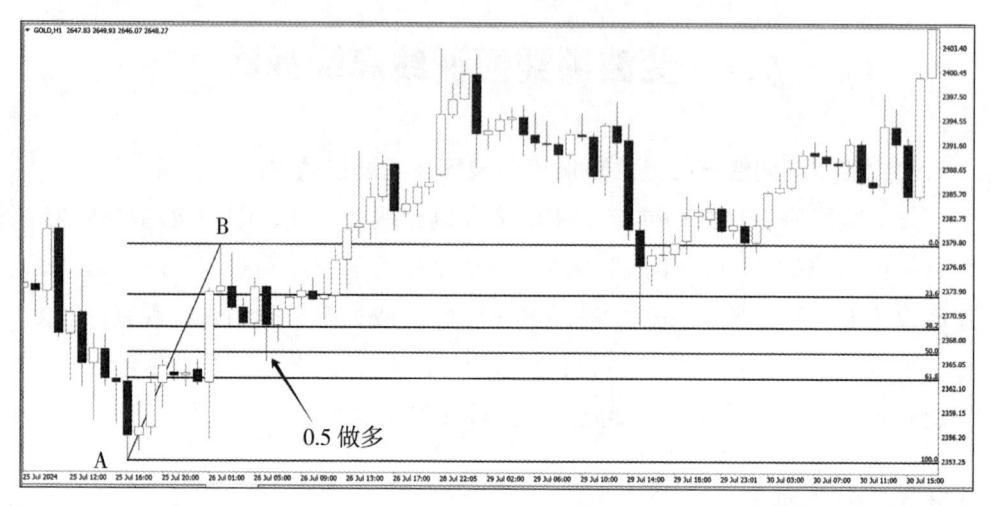

图7-12

价格继续上涨至C点开始调整，用斐波那契回调线的客观画法，可以再次确定C点为斐波那契回调线新的终点。连接A、C两点，可以得到第二组斐波那契回调线，如图7-13所示。价格最低回落至0.618支撑位（2372美元/盎司），此时可以继续进场做多，就抓到了第二轮行情的主升浪。

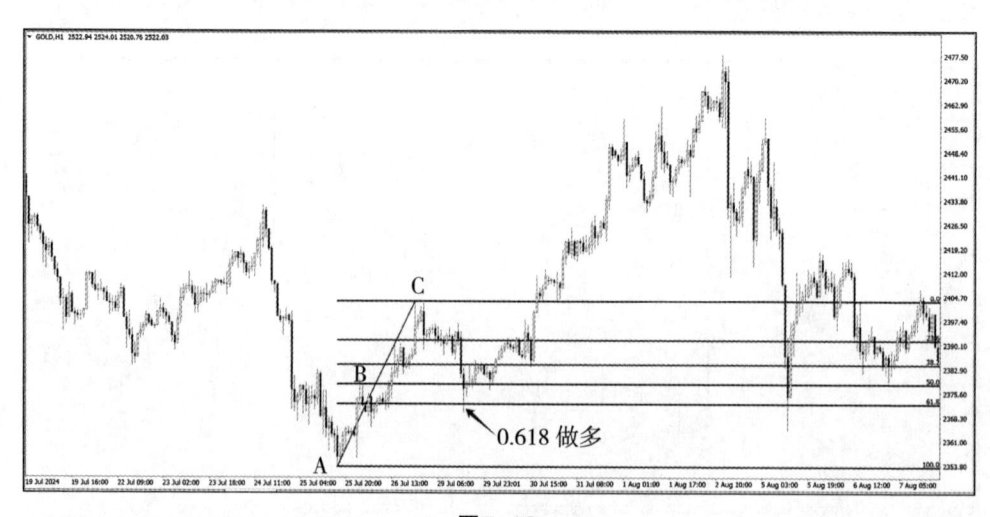

图7-13

价格上涨至D点，再次向下回落，用同样的方法，可以继续确定D点为斐波那契回调线更新的终点。连接A、D两点，可以得到第三组斐波那契回调线，如图7-14所示。价格最低跌至0.236支撑位（2433美元/盎司），此时可以继续进场做多，就抓到了第三轮行情的主升浪。

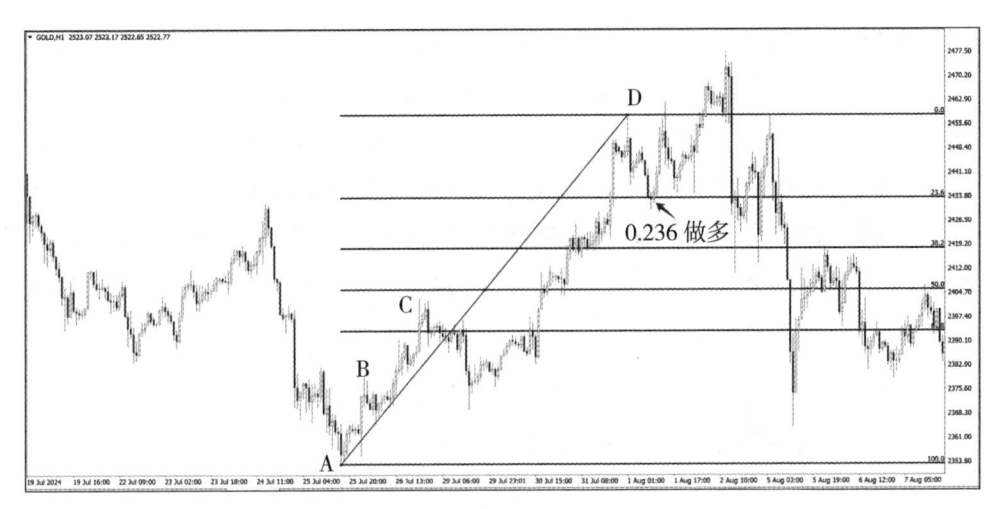

图7-14

最终上涨至E点，至此上升趋势结束。整轮上涨过程的主升浪，基本都可以用斐波那契回调线抓住。此时可以连接A、E两点，得到第四组斐波那契回调线，如图7-15所示。随后可以使用斐波那契回调线继续做调整浪。

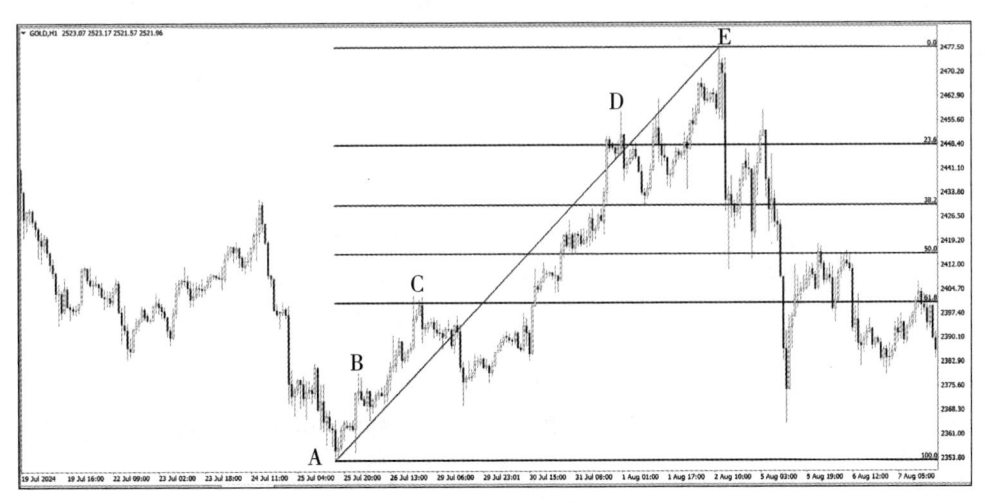

图7-15

对比下来可以发现，斐波那契回调线做升跌浪比做调整浪获利更多，也更轻松。

7.4.2 做主跌浪

图7-16为黄金1小时级别K线图，时间跨度为2024年1月30日到2024年2月16日。OA这段上升行情几乎是直线上涨，其切线也逼近垂线。AB这段下跌行情脱离高位后，一直维持横盘振荡，很显然破坏掉了OA这段强势行情的切线。因此，可以确定A点就是斐波那契回调线的起点。因为行情随后一直横盘运行，显然也破坏掉了AB这段小行情的切线，因此B点可以确定为斐波那契回调线的终点，连接A、B两点，得到一组斐波那契回调线。

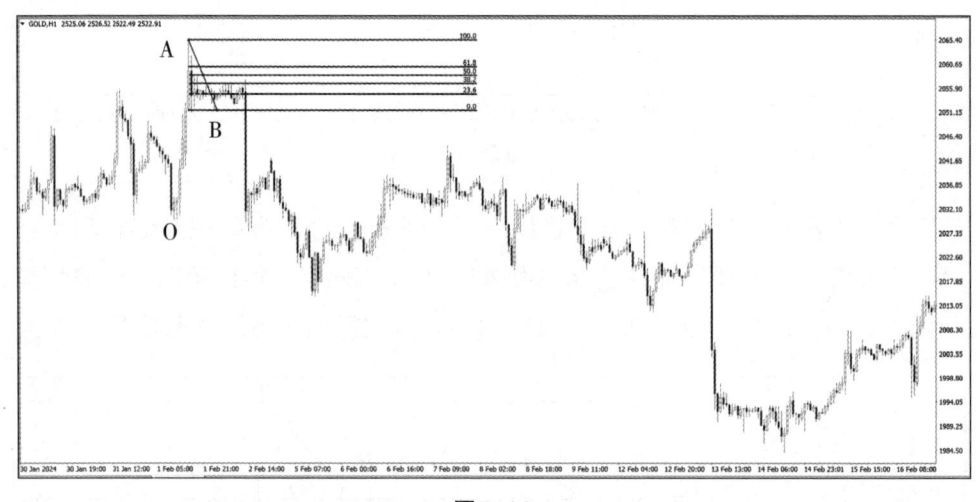

图7-16

当价格反弹至0.382的位置（2056美元/盎司）时，可以进场做空，如图7-17所示。这样就可以在大级别下跌行情还未开始时提前进场做空，随后行情继续下跌，这样就抓到了行情的主跌浪。

价格暴跌直到C点开始反弹，再连接A、C两点，可以得到第二组斐波那契回调线，如图7-18所示。当价格反弹至0.382的位置（2042美元/盎司）时，继续进场做空，就抓到了第二轮行情的主跌浪。

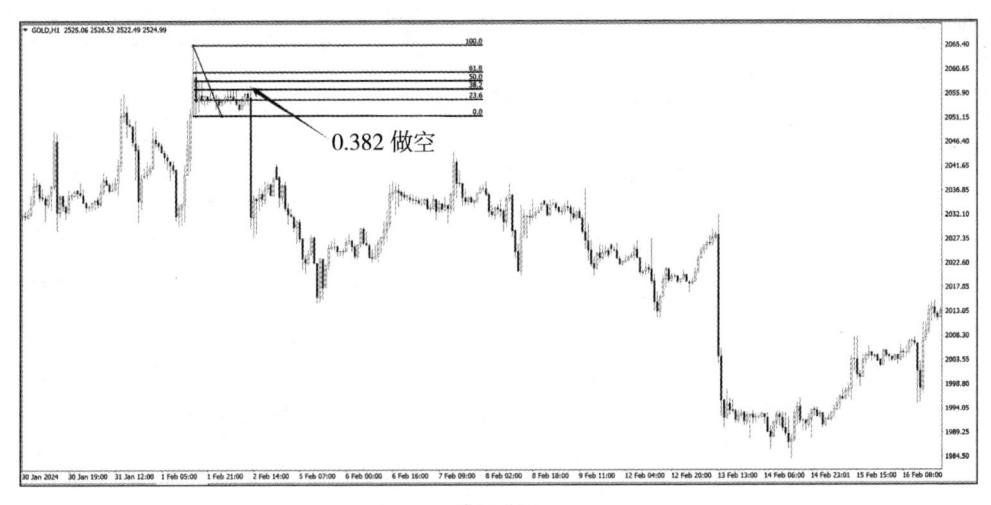

图7-17

图7-18

价格在D点再次反弹,用斐波那契回调线的客观画法,可以确定D点为斐波那契回调线新的终点,连接A、D两点,可以得到第三组斐波那契回调线,如图7-19所示。在价格反弹至0.382的位置(2033美元/盎司)和靠近0.618的位置(2044美元/盎司)时,继续进场做空,就又抓到了第三轮行情的主跌浪。

价格跌至E点反弹,用同样的方法,可以继续确定E点为斐波那契回调线更新的终点。连接A、E两点,可以得到第四组条斐波那契回调线,如图

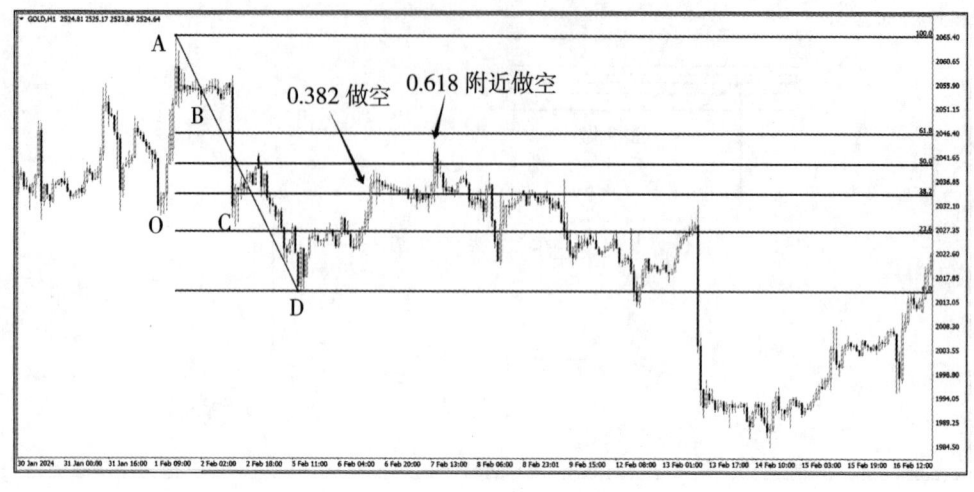

图7-19

7-20所示。当价格反弹至0.382的位置（2032美元/盎司）时，再次进场做空，于是又抓到了第四轮行情的主跌浪。

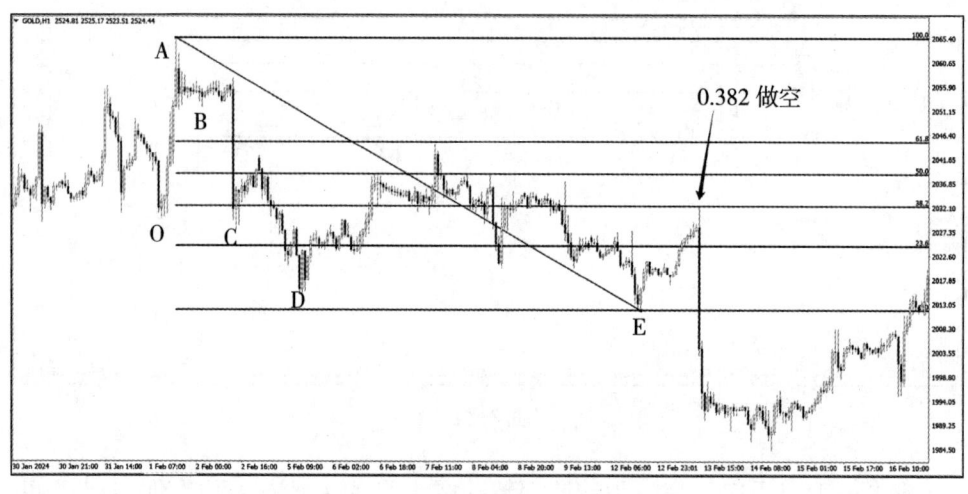

图7-20

最终价格下跌至F点，下跌行情结束。整轮下跌过程的所有主跌浪，基本都抓住了。此时可以连接A、F两点，得到第五组斐波那契回调线，如图7-21所示，随后可以使用斐波那契回调线继续做调整浪。

对比下来可以发现，依据斐波那契回调线做主跌浪比做调整浪获利更多，也更轻松。

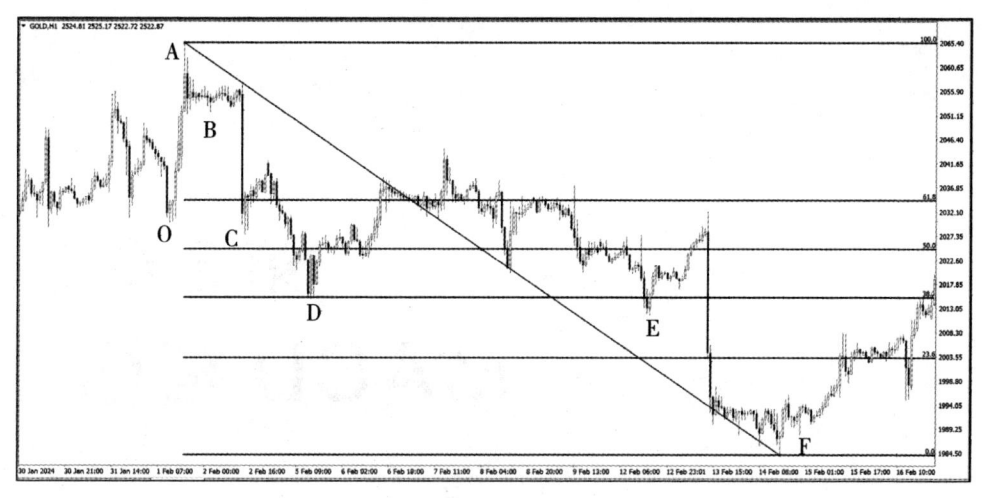

图7-21

第 8 章
MACD 指标

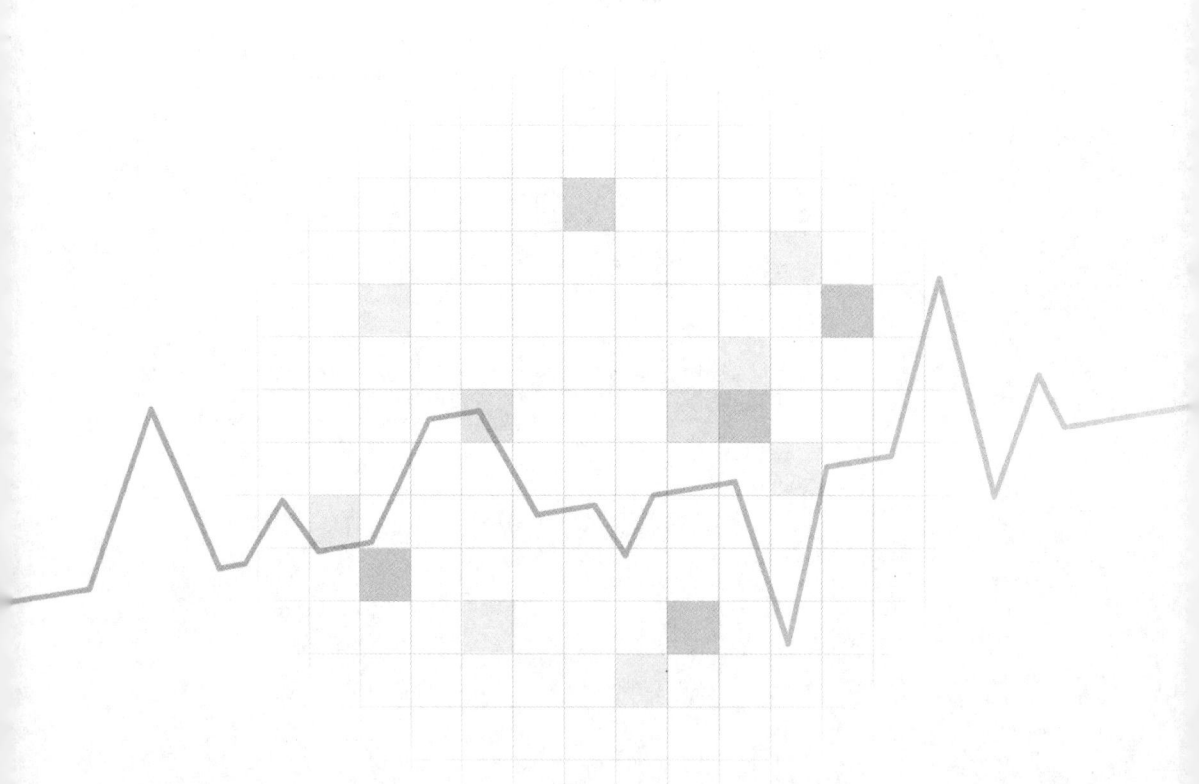

8.1　MACD 的定义

指数平滑异同移动平均线（Moving Average Convergence and Divergence，MACD）是一个经典的趋势性指标，由长期均线DEA、短期均线DIF、红色能量柱（多头）、绿色能量柱（空头）、0轴（多空分界线）五部分组成。

MACD在应用上应先行计算出快速（一般选12日）移动平均值与慢速（一般选26日）移动平均值，以这两个数值作为测量二者（快速线与慢速线）之间"差离值"的依据。所谓差离值（DIF），即12日EMA数值减去26日EMA数值。差离值（DIF）的计算公式为DIF=EMA12-EMA26，然后再根据差离值计算出差离平均值（DEA），差离平均值的计算公式为DEA=（前一日DEA×8/10+今日DIF×2/10）。计算出的DIF与DEA为正值或负值，因而形成在0轴上下移动的两条快速与慢速线。MACD线是DIF线与DEA线的差，即彩色柱状图，在0轴以下是绿色，在0轴以上是红色，前者代表趋势较弱，后者代表趋势较强。

图8-1为黄金1小时级别K线图，时间为2024年8月15日到2024年8月25日。DIF线、DEA线、0轴、上方柱体和下方柱体一起组成了MACD指标图。

图8-1

8.2　MACD 的应用原则

当DIF和DEA位于0轴以上时，属于多头市场。当DIF和DEA位于0轴以下时，属于空头市场。

8.2.1　金叉和死叉用法

DIF线自下而上穿过DEA线，称为金叉；DIF线自上而下穿过DEA线，称为死叉。

（1）在多头市场中，DIF线自下而上穿过DEA线时，是做多信号。DIF线自上而下穿过DEA线时，只能视为一次短暂的回落，不能确定趋势转折，此时是否做空，还需要借助其他指标来综合判断。

图8-2为黄金1小时级别K线图，时间跨度为2024年8月5日到2024年8月14日。在多头市场中，DIF线下穿DEA线，不能确定能否做空。之后金价小幅回落，然后继续上行。随后DIF线上穿DEA线出现做多信号，此时可以做多，行情随后也是继续大涨。

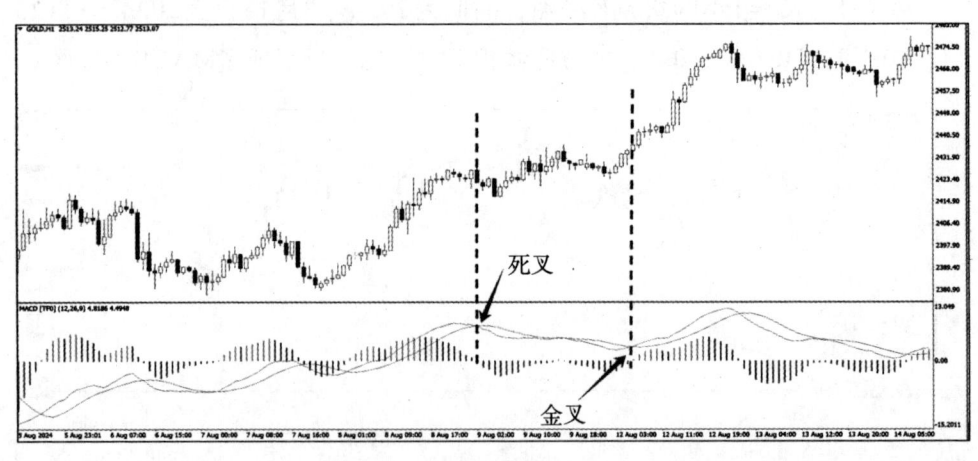

图8-2

（2）在空头市场中，DIF线自上而下穿越DEA线时，是做空信号。DIF线自下而上穿越DEA线时，只能视为一次短暂的反弹，不能确定趋势转折，此时是否做多，还需要借助其他指标来综合判断。

图8-3为黄金1小时级别K线图，时间为2024年8月1日到2024年8月9日。在空头市场中，DIF线下穿DEA线出现做空信号，行情随后大幅下跌。在空头市场，当DIF线上穿DEA线时，不能确定能否做多，金价小幅振荡之后，再次掉头下跌。

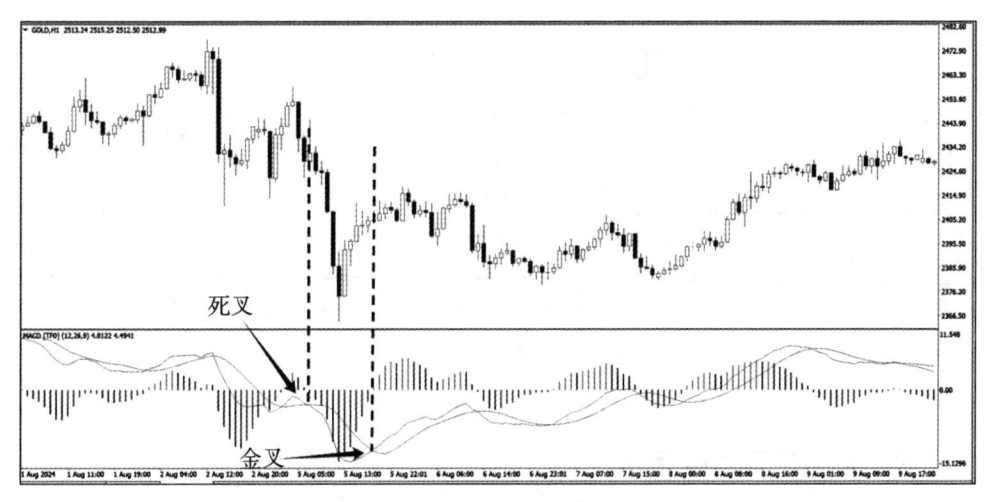

图8-3

8.2.2 MACD能量柱和面积用法

当MACD能量柱从正数转向负数，是做空信号。如果此前正数MACD面积小于负数MACD面积，则做空获胜的把握更大。当MACD能量柱从负数转向正数，是做多信号。如果此前正数MACD面积大于负数MACD面积，则做多获胜的把握更大。

在MACD指标中，MACD在0轴上方为正值，在0轴下方为负值。红色能量柱和绿色能量柱的长短分别代表多头和空头能量的强弱。一般来说，柱状线持续收缩表明趋势运行的强度正在逐渐减弱，当柱状线颜色发生改变时，趋势确定转折。

图8-4为黄金1小时级别K线图，时间跨度为2024年7月3日到2024年7月12日。当MACD能量红柱不断缩减，由正数转向负数，并且此前正数MACD面积略小于负数MACD面积，表明价格偏向下跌，行情随后也是掉头下跌；

当MACD能量绿柱不断缩减，由负数转向正数，并且此前正数MACD面积远远大于负数MACD面积，表明价格极容易上涨，行情也是随后直线飙升。

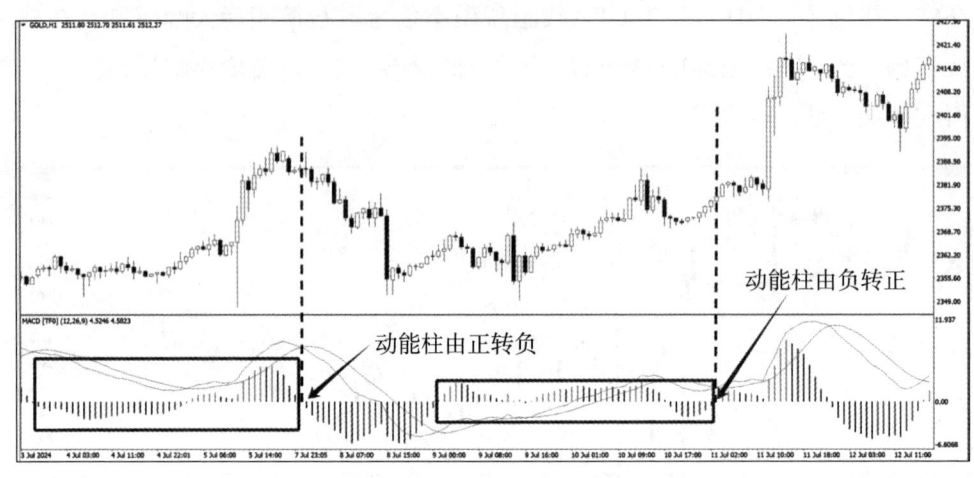

图8-4

8.2.3　MACD角度用法

当MACD以大角度变化时，表示快线和慢线的距离被迅速拉开，代表一个市场大趋势发生转变。

图8-5为黄金1小时级别K线图，时间跨度为2024年6月24日到2024年7月2日。当MACD出现大角度死叉时，表明市场空头动能强劲，从图中可见，

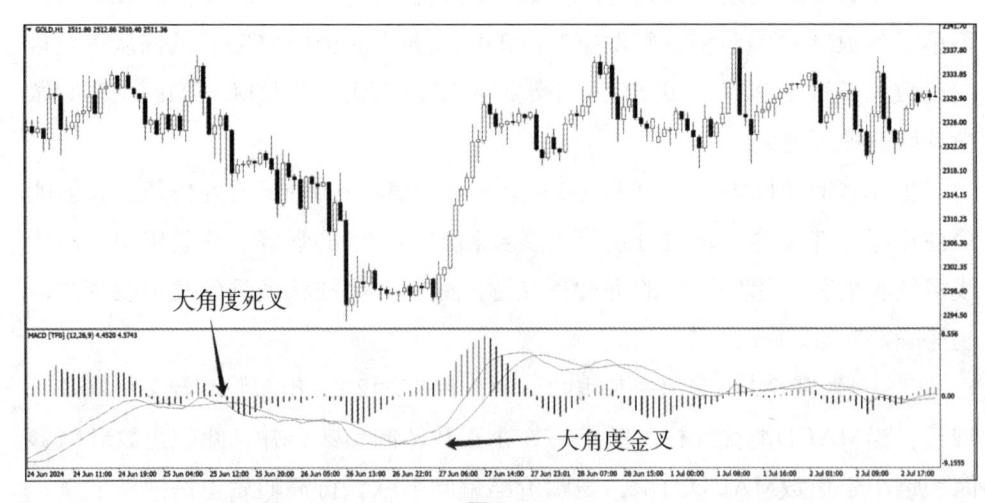

图8-5

随后金价快速单边大跌；当MACD出现大角度金叉时，表明市场多头动能强劲，从图中可见，随后金价一路快速飙升。

8.3　MACD的错误用法

MACD是中长线指标，主要特点是稳健，在周期较长、数据较多的行情中，能给出相对稳妥的趋势指向，故在交易过程中使用长期MACD指标，交易会更得心应手。但是很多投资者学习MACD的时候，往往忽略了其使用的前提，拿短周期MACD指标作为做单依据，短周期MACD指标的DIF线与DEA线频繁交叉，同时柱状线的收放也频繁变化，颜色常常由绿转红或由红转绿。指标频频出现做多做空信号，不仅让投资者看不清大势，还会使人深陷超短线交易的泥沼之中，大大增加了交易成本和亏损概率。

图8-6为黄金1分钟级别K线图，时间跨度为2024年8月23日到2024年8月25日。短周期1分钟级别中，MACD指标频繁出现做多做空信号，据此交易，可能刚一进场，马上就出现了相反的交易信号，很多时候连交易成本都赚不回来，让投资者手足无措，白白亏损。

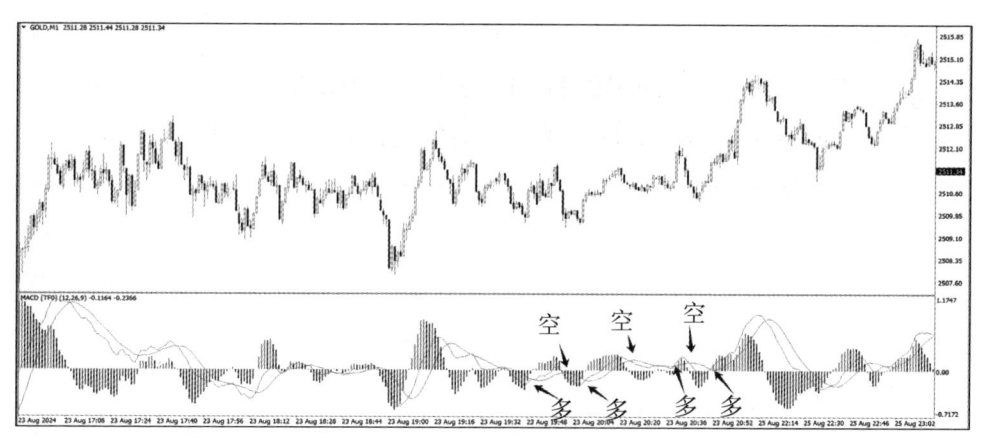

图8-6

图8-7为黄金日线级别K线图，时间跨度为2023年12月1日到2024年5月30日。当操作周期扩大到日线后，可以发现MACD指示的多空信号几乎全部都能获利。需要强调的是，操作周期越长，MACD的获利把握越大。

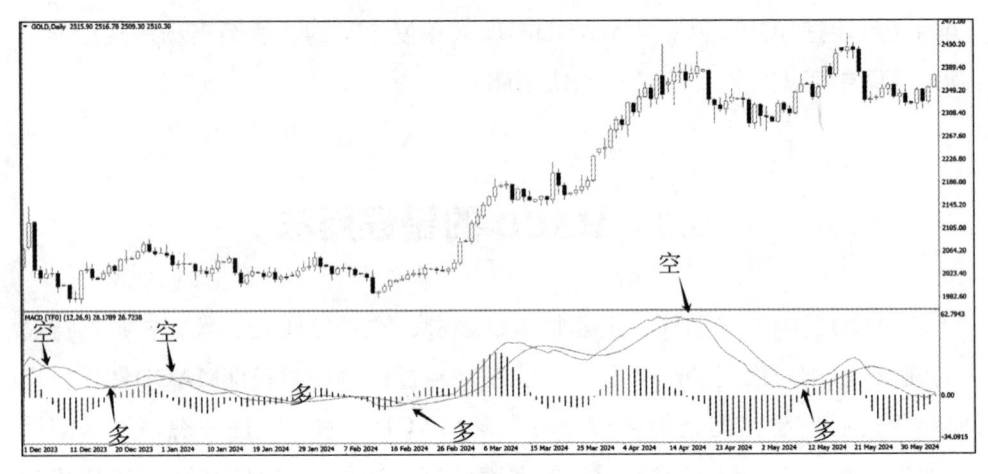

图8-7

8.4　MACD 指标形态用法

当MACD指标的DIF线与DEA线形成高位看跌形态（如双顶），可建仓做空；当MACD指标的DIF线与DEA线形成低位看涨形态（如双底），可建仓做多。作为整个MACD指标的核心部分，在判断形态时，以DIF线为主，DEA线为辅。

图8-8为黄金4小时级别K线图，时间跨度为2023年10月20日到2023年12月29日。当指标形成双底之后，黄金价格触底，随后大幅反弹，是非常好的

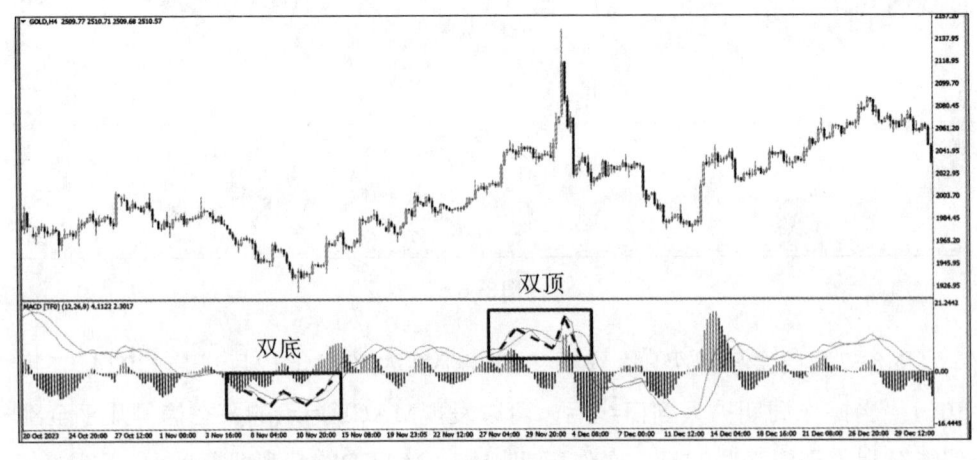

图8-8

中线做多机会；当指标形成双顶之后，黄金价格随后快速大跌，是非常好的中线做空机会。

8.5　MACD背离用法

背离用法就是逃顶抄底，在顶背离时卖空，在底背离时买多。MACD指标的背离指MACD指标的走势和K线的走势方向相反。当价格持续升高，而MACD指标走出一波比一波低的走势时，意味着出现顶背离现象，预示价格可能在不久之后转头下行；当价格持续降低，而MACD指标走出一波高于一波的走势时，意味着出现底背离现象，预示价格将很快结束下跌，转头上涨。

指标背离原则是MACD运用的精髓所在，也是该指标准确性较高的地方。

8.5.1　顶背离

当金价在K线图上的走势一峰比一峰高，而MACD指标的红柱走势一峰比一峰低，即金价的高点比前一次的高点高，而MACD指标的高点比前一次高点低，就叫顶背离现象。顶背离现象一般是金价在高位即将反转的信号，表明金价短期内即将下跌，是做空信号。

顶背离又分为价格与DIF线顶背离和价格与能量柱顶背离。

1. 价格与DIF线顶背离

图8-9为黄金1小时级别K线图，时间跨度为2024年8月15日到2024年8月23日。金价创出新高，但DIF线向下走低，形成顶背离，随后行情也自高位下跌。

2. 价格与能量柱顶背离

图8-10为黄金1小时级别K线图，时间跨度为2024年7月19日到2024年7月29日。金价创出新高，但能量柱不断降低，形成顶背离，随后行情也是出现急跌。

图8-9

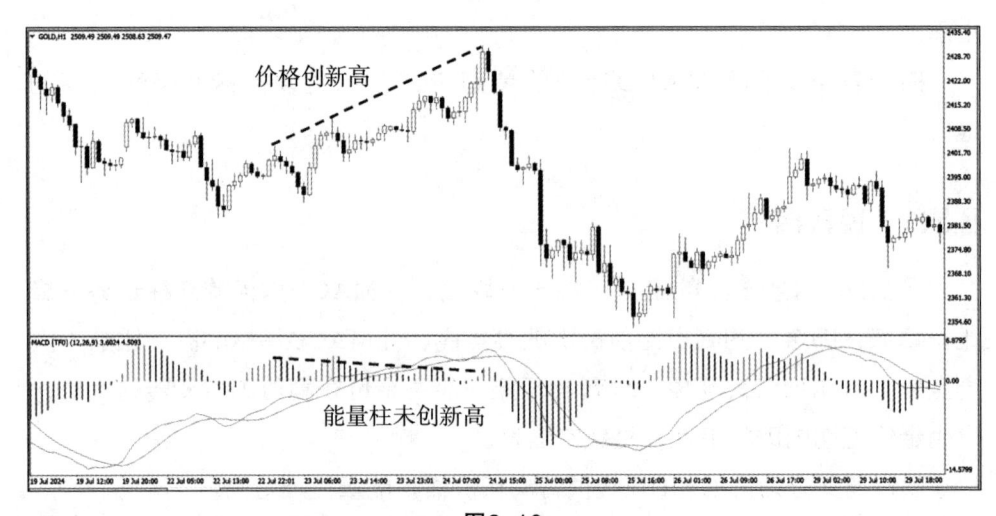

图8-10

8.5.2 底背离

底背离一般出现在金价的低位区。从金价的K线图走势看，金价还在下跌，而MACD指标中的绿柱越来越短，即当金价的低点比前一次低点低，而指标的低点比前一次低点高，就叫底背离现象。底背离现象一般预示金价在低位可能反转向上，即金价短期内可能反弹向上，是短期做多信号。

底背离又分为价格与DIF线底背离和价格与能量柱底背离。

1. 价格与DIF线底背离

图8-11为黄金1小时级别K线图,时间跨度为2024年7月19日到2024年7月29日。金价不断创新低,但是DIF线并没有创新低,形成底背离。行情随后果然触底回升,大幅反弹。

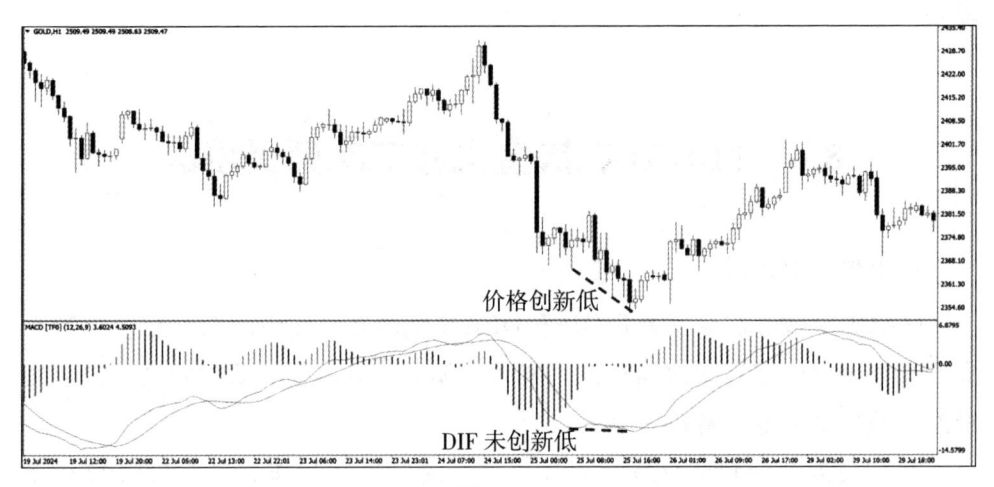

图8-11

2. 价格与能量柱底背离

图8-12为黄金1小时级别K线图,时间跨度为2024年7月19日到2024年7月29日。黄金价格不断创新低,但是能量绿柱不断升高,形成底背离,随后黄金价格见底回升。

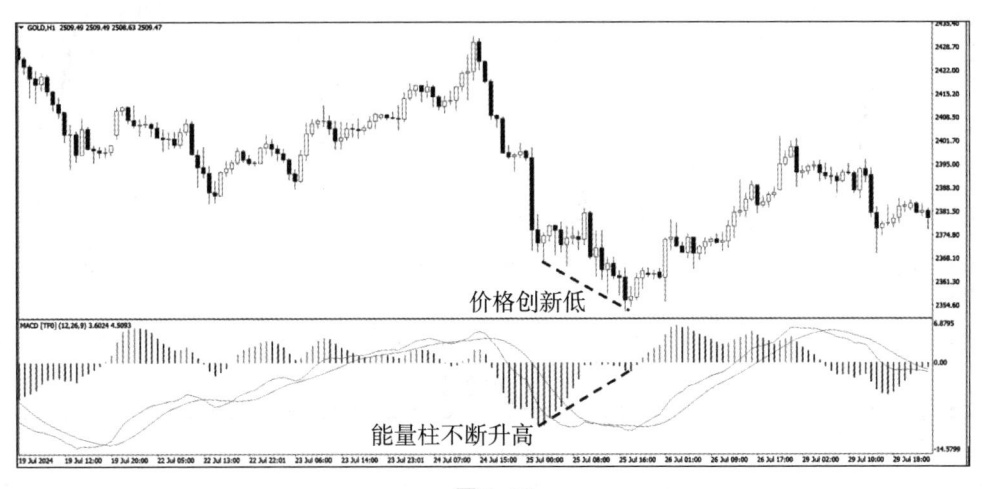

图8-12

实战中，MACD指标的背离出现在强势行情中比较可靠。金价在高位时，通常只要出现一次背离形态，即可确认行情即将反转；金价在低位时，一般要反复出现几次背离才能确认，因此，MACD指标的顶背离研判准确性要高于底背离。另外，DIF线与金价形成背离时产生的信号，可靠性相对较高。

8.6　MACD 二次金叉和二次死叉用法

1. 低位二次金叉

MACD低位二次金叉是指DIF和DEA在低位连续发生两次黄金交叉的现象。如果金价前期下跌时间长，幅度大，那么一旦出现MACD低位二次金叉形态，做多黄金将有暴利机会。

图8-13为黄金4小时级别K线图，时间跨度为2024年4月17日到2024年5月21日。金价单边下跌后，处于低位振荡，MACD快慢线运行于0轴下方。第一次金叉后，行情小幅下跌。待第二次金叉后，行情才见底反转，大幅上扬。MACD快慢线在低位形成二次金叉，行情往往会发生底背离，也有可能是指标W底形态。

图8-13

在实战过程中，需要注意以下几点。

（1）第二次金叉与第一次金叉距离越近越好。

（2）第二次金叉的位置高于第一次金叉更好。

（3）第二次金叉与其他指标产生共振（如突破趋势线、突破区间等），可增加成功率。

（4）运用MACD指标低位金叉进场做多之后，由于MACD指标具有滞后性，不宜等死叉之后出场，否则可能会大幅回吐利润，此时应使用第3章介绍的趋势交易法寻找出场点。

2. 高位二次死叉

MACD高位二次死叉是指DIF和DEA在高位连续发生两次死亡交叉的现象。如果金价前期上涨时间长，幅度大，那么一旦出现"MACD高位二次死叉"形态，做空黄金将有暴利机会。

图8-14为黄金1小时级别K线图，时间跨度为2024年7月26日到2024年8月6日。金价持续上涨，MACD快慢线运行在0轴上方，价格居高不下。第一次形成死叉后，价格依然继续上涨。第二次形成死叉后，价格很快掉头暴跌。MACD快慢线在高位形成二次死叉，行情往往会发生顶背离，也有可能是指标M顶形态。

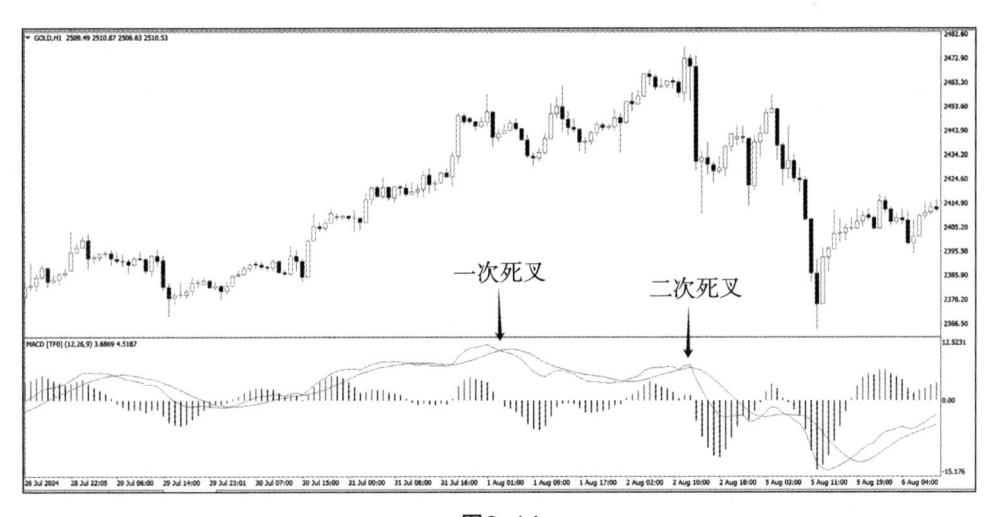

图8-14

在实战过程中，需要注意以下几点。

（1）第二次死叉与第一次死叉距离越近越好。

（2）第二次死叉的位置低于第一次死叉更好。

（3）第二次死叉与其他指标产生共振（如跌破趋势线、跌破区间等），可增加成功率。

（4）运用MACD指标高位死叉进场做空后，由于MACD指标具有滞后性，不宜等金叉之后出场，否则可能会大幅回吐利润，此时应使用第3章介绍的趋势交易法寻找出场点。

第 9 章
布林带指标

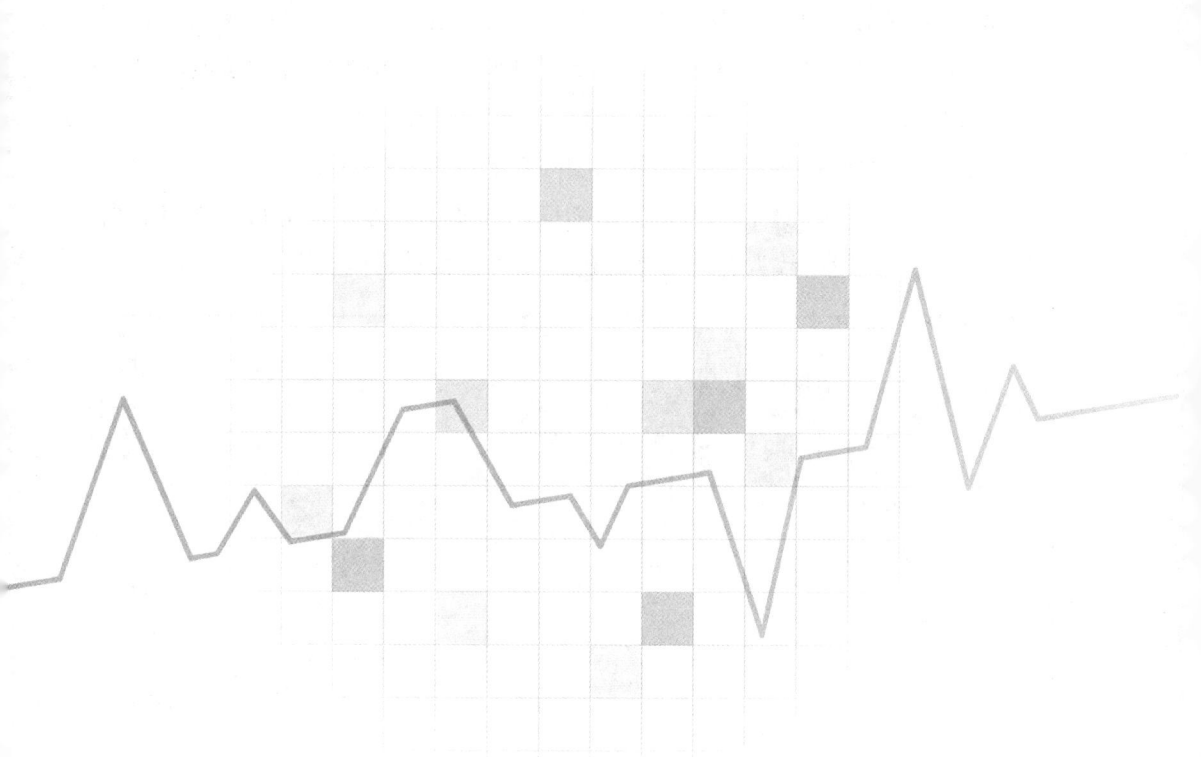

9.1　布林带的定义

布林带指标又叫布林线指标或保利加通道，是根据统计学中的标准差原理设计出来的一种非常实用的技术指标。其利用统计学原理，求出价格的标准差及其信赖区间，从而确定价格的波动范围及未来走势。

布林带由三条轨道线组成，其中上下两条轨道线分别可以看成价格的压力线和支撑线，在两条线之间是一条价格平均线。一般情况下，80％的K线能落在布林带之内，而且随着价格的变化，布林带指标会自动调整轨道的位置。带状区的宽窄随着价格波动幅度的大小而变化，价格涨跌幅度加大时，带状区变宽；价格涨跌幅度小时，带状区则变窄。布林带指标的参数一般设置为（20，2）。

图9-1为黄金5分钟级别K线图，时间跨度为2024年8月26日到2024年8月27日。图中所示带状通道即为布林带指标。通道上线为布林上轨，通道下线为布林下轨，通道中线为布林中轨。价格基本在布林带内运行。

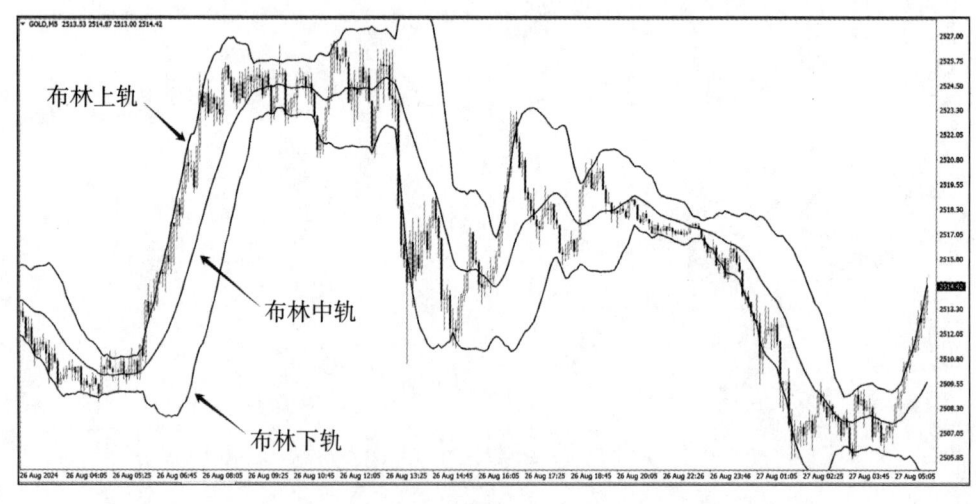

图9-1

9.2 布林带的功能

1. 提供支撑阻力作用

（1）一般情况下，价格在布林带内运行时，布林上轨对价格起到压力作用，布林下轨对价格起到支撑作用。

图9-2为黄金5分钟级别K线图，时间跨度为2024年8月20日到2024年8月21日。图中箭头所示，布林上轨对价格有阻力作用，布林下轨对价格有支撑作用。

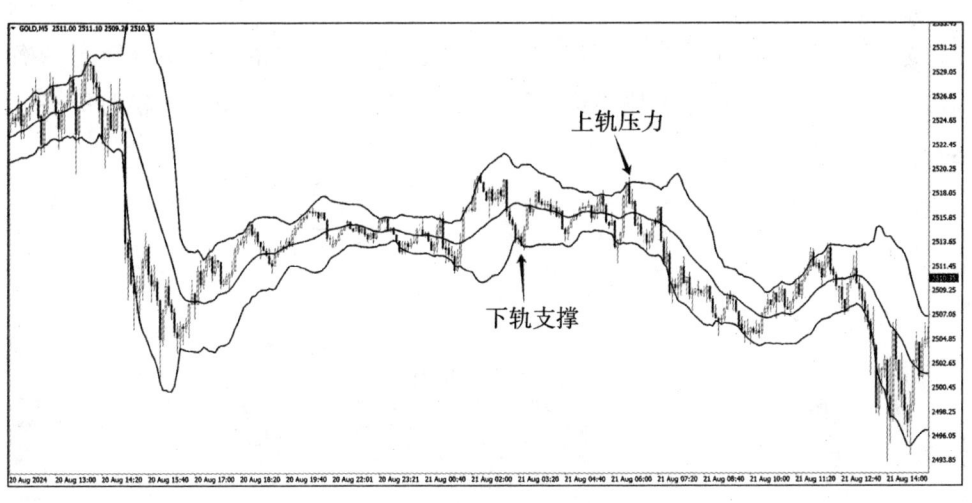

图9-2

（2）一般情况下，当价格运行在布林中轨之上时，布林中轨对价格有支撑作用；当价格运行在布林中轨之下时，布林中轨对价格有阻力作用。

图9-3为黄金5分钟级别K线图，时间跨度为2024年8月20日到2024年8月21日。图中箭头所示，当价格在布林中轨上方时，布林中轨对价格起支撑作用；当价格在布林中轨下方时，布林中轨对价格起阻力作用。

（3）一般情况下，当价格运行在布林带之上时，布林上轨对价格起支撑作用；当价格运行在布林带之下时，布林下轨对价格起阻力作用。

图9-4为黄金5分钟级别K线图，时间跨度为2024年8月20日到2024年8月

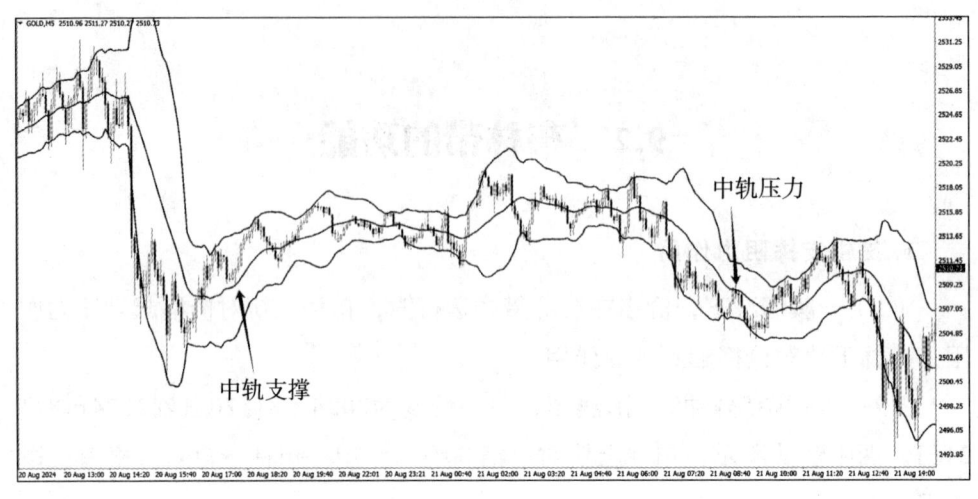

图9-3

21日。图中箭头所示，当价格单边上涨，越过布林上轨时，布林上轨对价格就会产生支撑作用；当价格单边下跌，跌破布林下轨时，布林下轨对价格就会产生阻力作用。

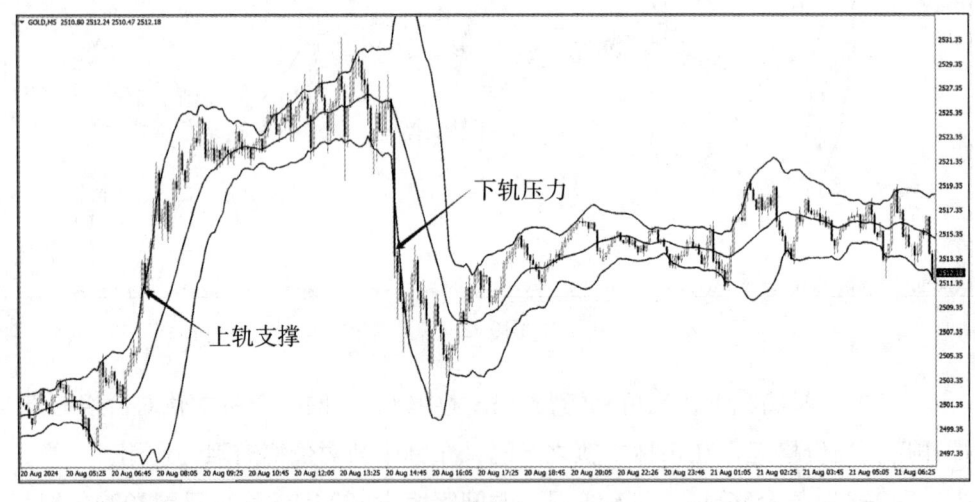

图9-4

2. 显示超买超卖

价格升穿布林上轨，运行在布林带之上，处于超买区域，此时价格有回落需求；价格跌破布林下轨，运行在布林带之下，处于超卖区域，此时价格有反弹需求。也就是说，通常情况下，价格是在布林带内运行；极端情况下，价格会超越布林带，但行情很快就会有向布林带内回归的倾向。

图9-5为黄金5分钟级别K线图，时间跨度为2024年8月20日到2024年8月21日。图中箭头所示，价格越过布林带上轨，预示行情超买，很快价格就跌回布林带内；价格跌破布林带下轨，预示行情超卖，很快价格就反弹至布林带内。

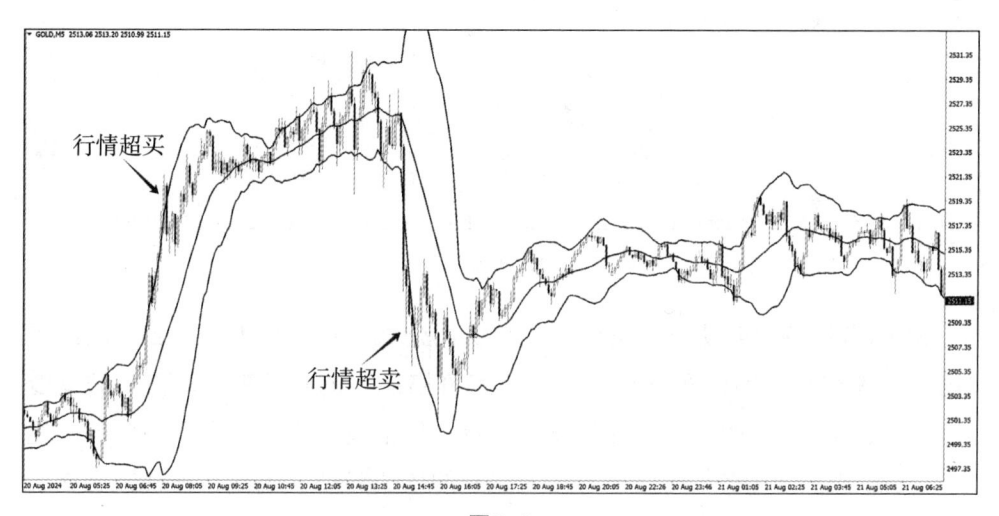

图9-5

3. 指示行情趋势

当布林带开口向下，三轨朝下运行时，价格处于下降趋势。

当布林带开口向上，三轨朝上运行时，价格处于上升趋势。

当布林带开口走平，三轨走平时，价格处于振荡行情，无趋势。

图9-6为黄金5分钟级别K线图，时间跨度为2024年8月19日到2024年8月20日。图中箭头所示，布林带开口朝下，且三轨同时朝下运行时，表明行情处于下降趋势；布林带开口走平，且三轨同时趋于走平时，表明行情处于振荡行情；布林带开口向上，且三轨同时朝上运行时，表明行情处于上升趋势。

4. 具备通道功能

在价格运行过程中，一般有80%的概率落在布林带上轨和下轨之间，使得布林带具备了通道性质。布林带的宽窄随着价格波动幅度的大小而变化，这种变化使得布林带具备灵活和顺应趋势的特征，能更精确地指示价格的变化区间。

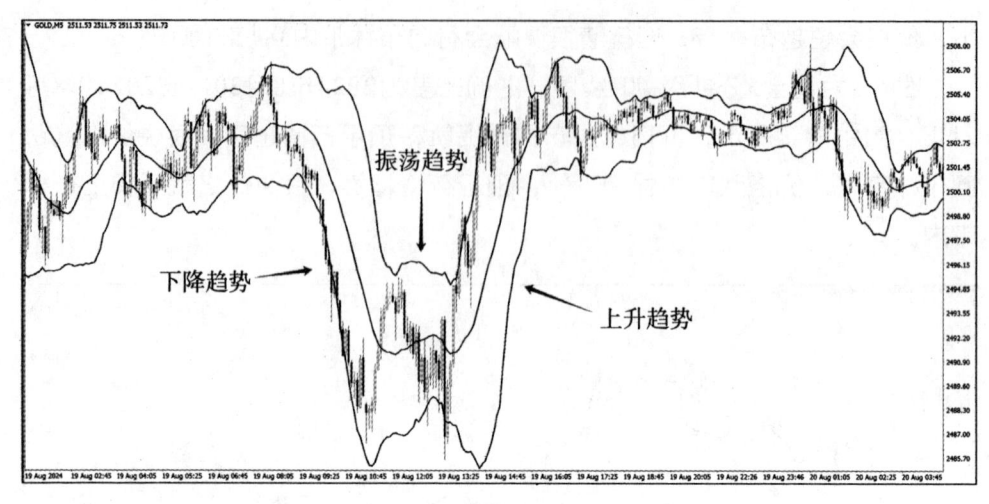

图9-6

布林带具备通道功能，主要源于其统计公式。布林带上下轨由平均线加2倍标准差得来，所以布林带上下轨代表价格最大的离散程度。价格波动变大，离散程度就会加大，布林带就会加宽；价格波动变小，离散程度就会缩小，布林带就会缩窄。离散是布林带宽窄的核心原理，因此，布林带必然会跟随价格的不断变化而变化，价格的变化特征完全反映在布林带上。

图9-7为黄金5分钟级别K线图，时间跨度为2024年8月19日到2024年8月20日。图中箭头所示，当价格波动很大时，布林带宽度就会变大；当价格波动很小时，布林带的宽度就会变小。

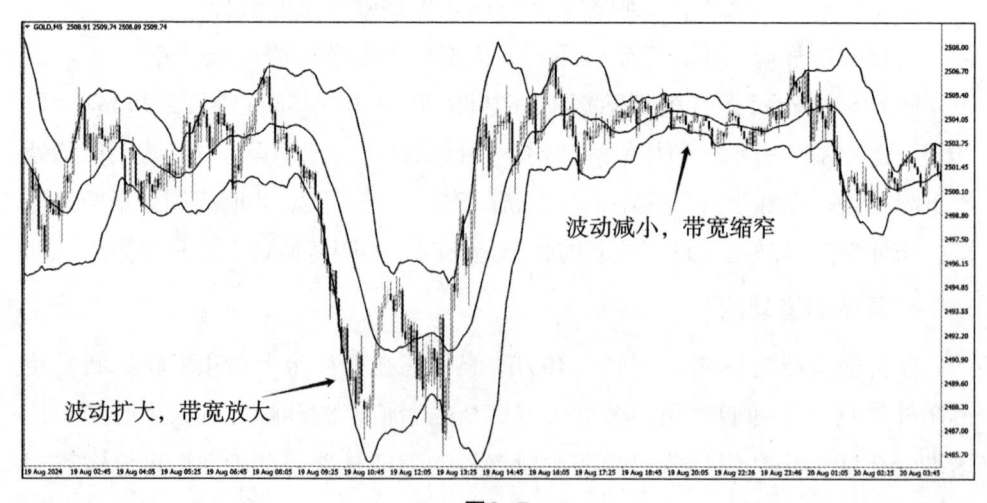

图9-7

9.3 布林带喇叭口

布林带喇叭口可分为平口喇叭、开口喇叭、缩口喇叭，分别对应布林带运行的三个阶段，三个阶段不断循环，如图9-8所示。

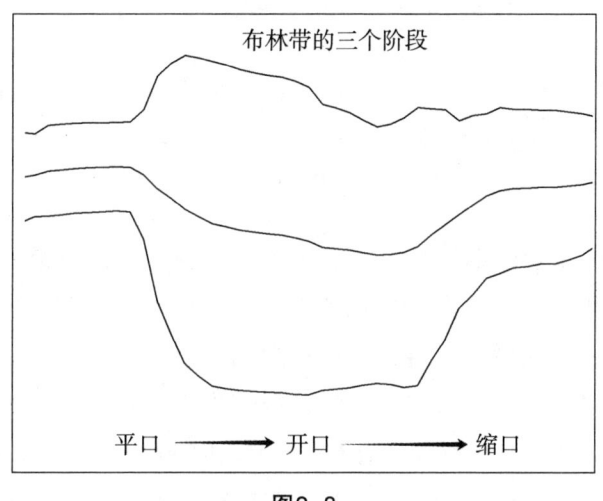

图9-8

9.3.1 平口喇叭

平口喇叭分为紧口喇叭和宽口喇叭。

紧口喇叭是指行情振荡期，价格波幅缩小，离散程度越来越小，布林带变窄，行情几乎动弹不得，被束缚在布林带之内。一旦价格冲破束缚，将会引发一轮重大单边行情。另外，布林带紧口时间越长，说明价格被束缚越久，突破之后，行情要么暴涨，要么暴跌。当价格向上突破紧口喇叭时，行情往往会单边暴涨；当价格向下跌破紧口喇叭时，行情往往会单边暴跌。

图9-9为黄金1小时级别K线图，时间跨度为2023年11月24日到2023年12月13日。如图中方框区域所示，价格向上突破紧口喇叭，随后行情暴涨；价格向下跌破紧口喇叭，随后行情持续暴跌。不管价格从哪个方向突破紧口喇叭，只要顺势跟进，往往都能大幅获利。

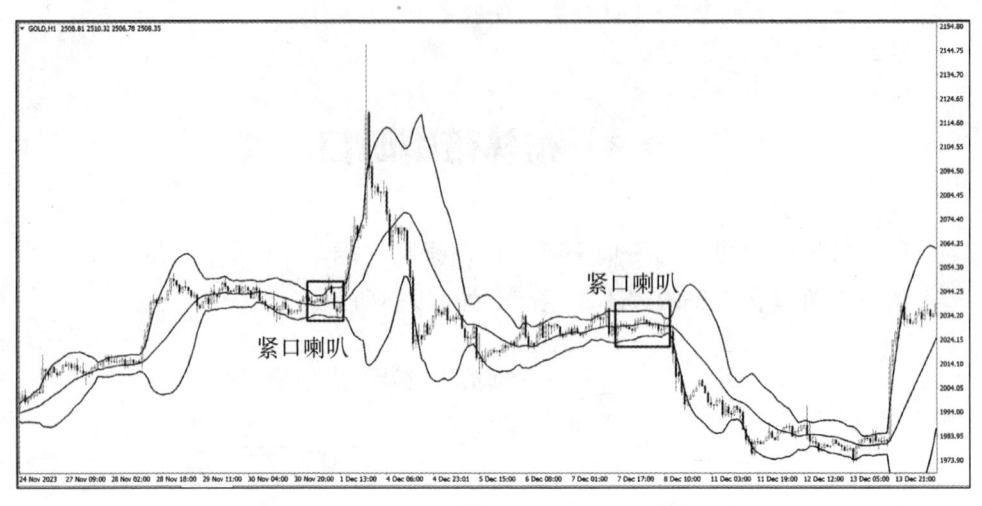

图9-9

宽口喇叭不如紧口喇叭常见。宽口喇叭出现在行情宽幅振荡期，其间价格波幅较大，此时多空操作往往获利颇丰。不过，这个时期持续的时间往往比较短，行情会迅速发生反转，但反转之后，价格变动不如紧口喇叭涨跌幅那么大。当价格向上突破宽口喇叭时，行情往往会有一轮单边上涨；当价格向下跌破宽口喇叭时，行情往往会有一轮单边下跌。

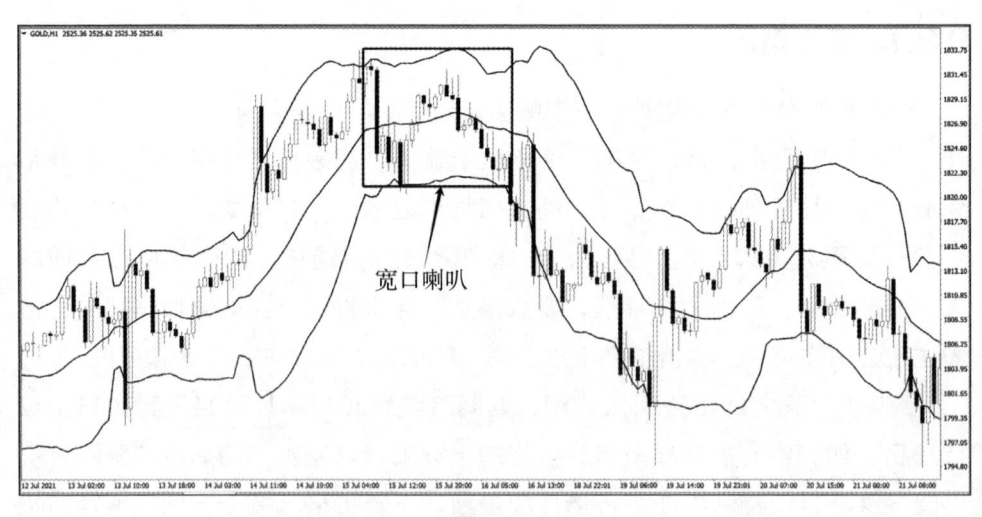

图9-10为黄金1小时级别K线图，时间跨度为2021年7月12日到2021年7月21日。

图9-10

图9-11为黄金1小时级别K线图，时间跨度为2024年8月1日到2024年8月12日。

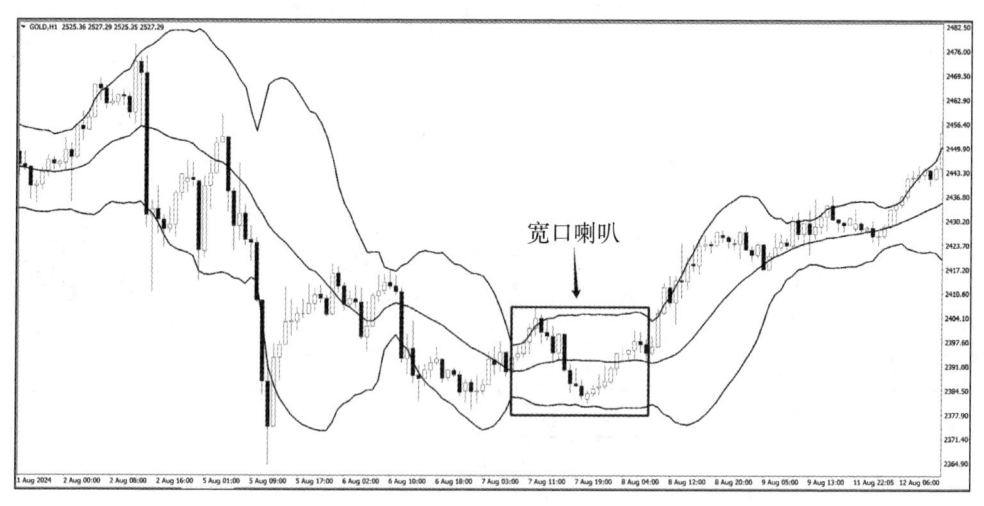

图9-11

如图9-10和图9-11中方框区域所示，宽口喇叭中行情大幅振荡，如果进行多空操作，则获利颇丰。当价格向上突破宽口喇叭后，行情随后出现一轮上涨；当价格向下跌破宽口喇叭后，行情随后出现一轮下跌。

9.3.2 开口喇叭

开口喇叭分为向上开口喇叭和向下开口喇叭。

向上开口喇叭是指前期布林带处于紧口状态，价格突然向上急速飙升，此时布林上轨也同时急速上扬，下轨却加速向下运行，整个布林带的上下轨就形成了一个类似于大喇叭的特殊形态，这就是向上开口喇叭。一旦出现这种情况，预示一波大级别上涨行情将到来。

向下开口喇叭是指前期布林带处于紧口状态，价格突然向下快速下跌，此时布林下轨也同时急速向下运行，上轨却加速向上运行，这样整个布林带的上下轨就形成了一个类似大喇叭的特殊形态，这就是向下开口喇叭。一旦出现这种情况，预示着一波大级别下跌行情将到来。

图9-12为黄金1小时级别K线图，时间跨度为2024年7月9日到2024年7月26日。图中椭圆区域所示，布林带形成向上开口喇叭后，行情随后大幅上

升；布林带形成向下开口喇叭后，行情随后暴跌。

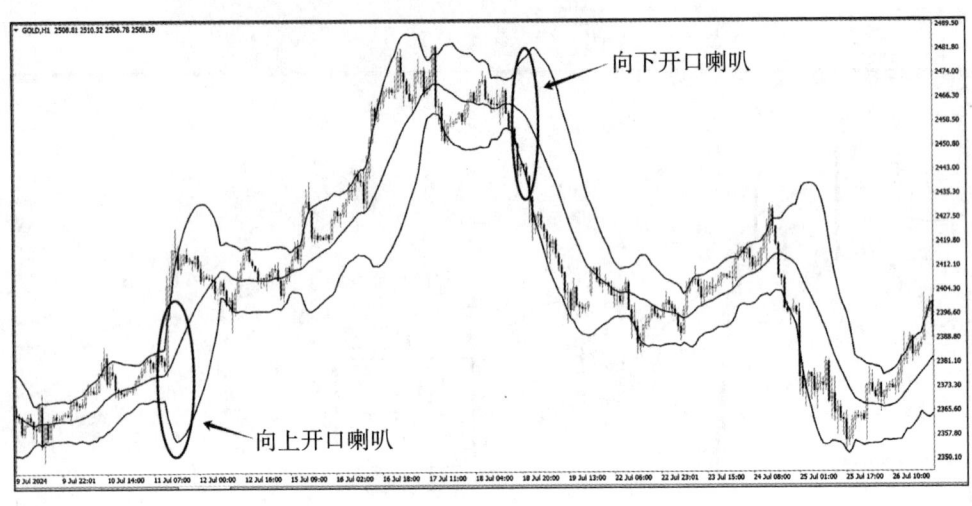

图9-12

9.3.3 缩口喇叭

缩口喇叭分为向上缩口喇叭和向下缩口喇叭。

向上缩口喇叭是指金价经过大幅拉升后，在高位出现快速下跌行情，这时布林上轨开始快速调头向下，而下轨还在加速上升，从而形成向上缩口喇叭。向上缩口喇叭意味着金价强势上涨趋势告一段落，行情将进入高位振荡期。

向下缩口喇叭是指金价经过大幅下跌后，在低位出现快速上升行情，这时布林下轨开始快速调头向上，而上轨还在加速向下，从而形成向下缩口喇叭。向下缩口喇叭意味着金价强势下跌趋势告一段落，行情将进入低位振荡期。

图9-13为黄金1小时级别K线图，时间跨度为2023年12月7日到2023年12月18日。图中椭圆区域所示，价格只要开始进入缩口喇叭形态，无论是向上缩口喇叭还是向下缩口喇叭，都预示先前的趋势告一段落，行情由先前的波动加剧期转而进入冷却期，行情振幅慢慢变小，布林带也开始缩窄，慢慢变成紧口布林带，预示新一轮布林带周期（紧口喇叭—开口喇叭—缩口喇叭）又将开始。

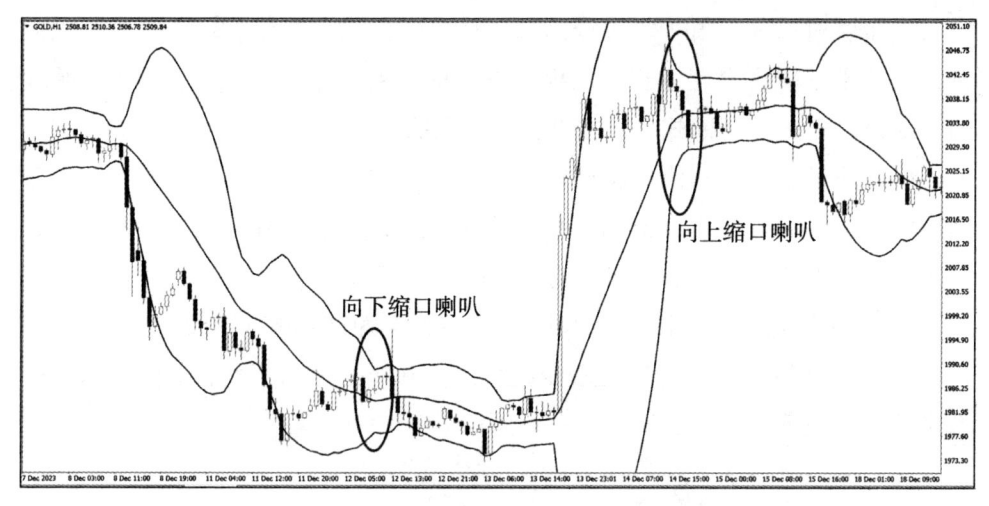

图9-13

9.4 布林带交易模式

布林带常用的交易模式有振荡模式、趋势模式和突破模式，此处只讲解这三种。其他交易模式还有中轨高级战法、双趋势布林带、数字规律版布林带、撒手锏战法（见《黄金交易高效战法》一书）、中轨起涨点战法和中轨起跌点战法以及下轨起涨点战法和下轨起跌点战法（见《像利弗莫尔一样交易——买在关键点》一书）。

9.4.1 振荡模式

当布林带三轨趋于水平，此时可以称为平口喇叭，说明价格处于振荡趋势。此时价格在布林带上下轨构成的区间内往返运行，上轨对价格持续产生压力作用，下轨对价格持续产生支撑作用。

布林带振荡模式的操作原理：当布林带处于平口时，可以在布林带上轨做空，下轨做多，往往能够反复获利。

天才交易员杰西·利弗莫尔在对赌行中的交易手法和布林带振荡交易模式类似，即在某个价格区间，利弗莫尔反复多空操作，以此手法杀遍全美对赌行，赢得了"吸金小王子"的称号。

前面讲过，一旦布林带进入缩口喇叭形态，行情大概率会开始陷入振荡，布林带三轨也会慢慢趋于水平，进入平口喇叭形态。一旦布林带开始缩口，就可以尝试振荡模式，上空下多，波段操作。

行情处于宽口时，价格波幅较大，短线多空操作比较容易。当行情处于紧口时，价格波幅很小，此时要扩大操作周期，才能提高获利空间。否则，在小周期里进行操作，往往连交易成本都赚不回来。

图9-14为黄金1小时级别K线图，时间跨度为2021年7月12日到2021年7月21日。布林带由向上开口慢慢变成缩口，并转为宽口振荡，此时可以上轨做空，下轨做多，上下都赚。

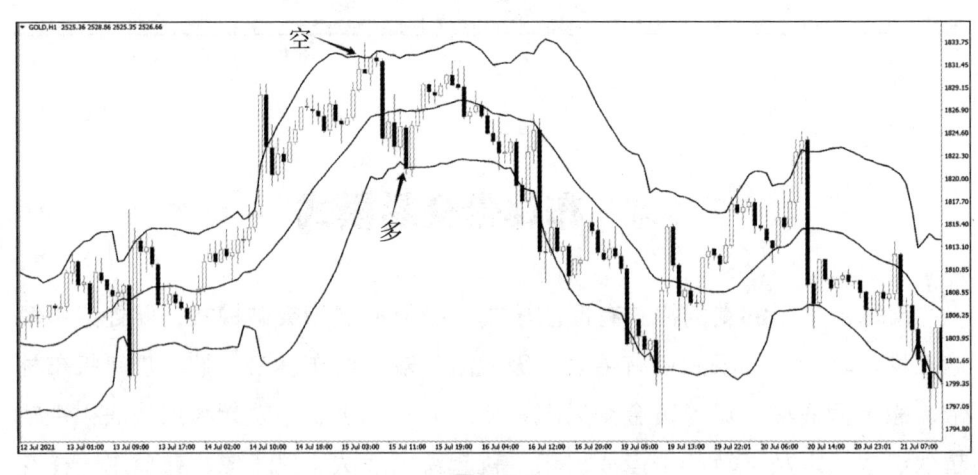

图9-14

图9-15为黄金日线级别K线图，时间跨度为2023年8月24日到2024年8月16日。布林带由向上开口慢慢变为缩口，并转为紧口振荡，此时可以上轨做空，下轨做多，反复获利。

9.4.2 趋势模式

当布林带由平口转为开口时，表明进入了趋势性行情，价格往往会单边运行，此时可以进行趋势操作。

布林带的趋势模式分为两种：一是调整战法，二是破位战法。

1. 调整战法

当布林带向上开口时，说明价格开始进入上涨趋势，只要价格调整至

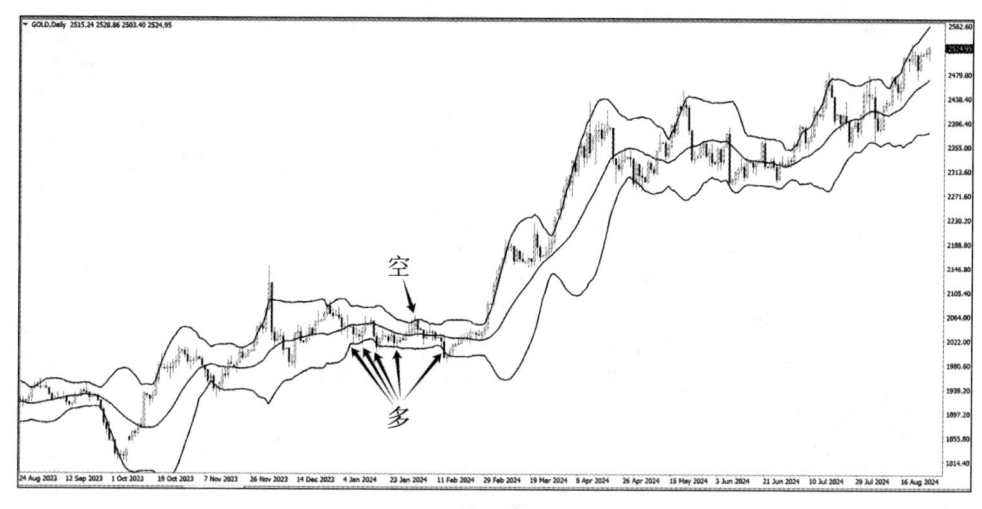

图9-15

切线时，就可以进场做多。当布林带向下开口时，说明价格开始进入下跌趋势，只要价格反弹至切线时，就可以进场做空。

2. 破位战法

布林带向上开口时，说明价格开始进入上涨趋势，每当价格突破压力位（前期高点）时，表明新的上涨空间进一步打开，此时可以顺势跟进买多。布林带向下开口时，说明价格开始进入下跌趋势，每当价格跌破支撑位（前期低点）时，表明新的下跌空间进一步打开，此时可以顺势跟进卖空。

图9-16为黄金1小时级别K线图，时间跨度为2023年12月18日到2023年12月27日。布林带朝上开口后，行情进入上涨趋势。在价格调整至切线时进场做多，基本都会精准获利。价格在上升过程中，突破前期高点就进场追多，基本也是一买就赚（注意：破位战法做多的入场时机，要等下一根K线开盘在前期高点之上才进场做多，这是行情破位确认的关键）。

图9-17为黄金1小时级别K线图，时间跨度为2023年9月28日到2023年10月4日。布林带朝下开口后，行情进入了下跌趋势。在价格调整至切线时进场做空，能持续获利。在下跌过程中，价格跌破前期低点时进场做空，短线立买立赚（注意：破位战法做空的入场时机，要等下一根K线开盘在前期低点之下才进场做空，这是行情破位确认的关键）。

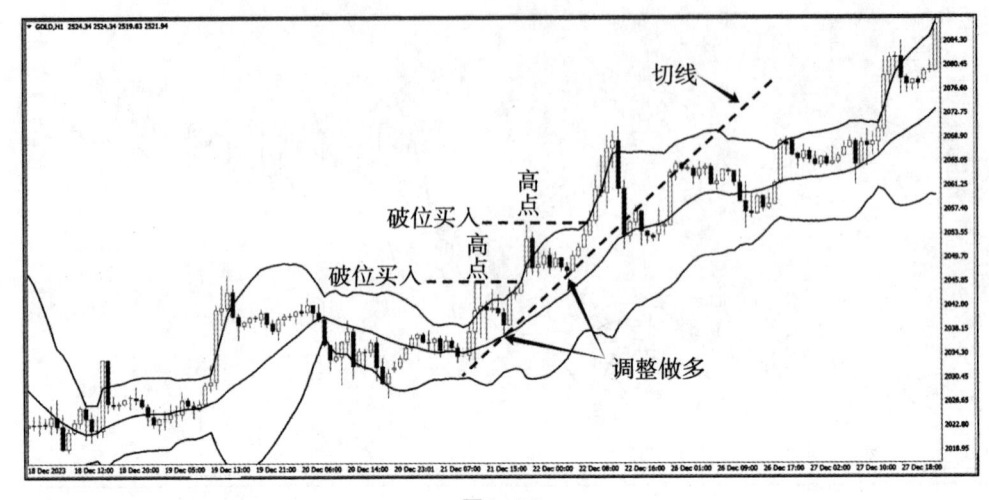

图9-16

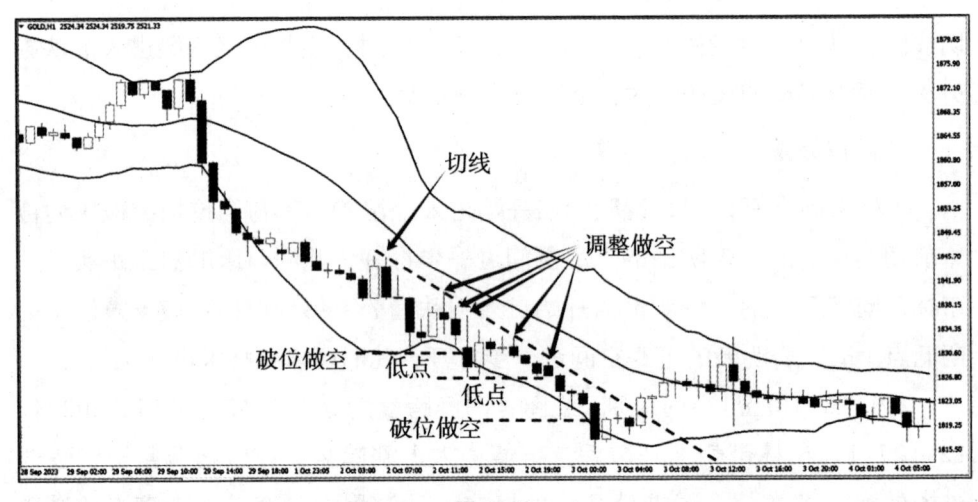

图9-17

破位战法属于市涨买涨，市跌买跌，是最为严格的顺势操作，和利弗莫尔的关键点交易法类似。当行情处于极强趋势时，价格往往会近乎直线上涨或下跌，根本没有调整的机会。此时采用破位战法，能够及时进场，避免错过大好时机。

图9-18为黄金1小时级别K线图，时间跨度为2023年11月29日到2023年12月8日。布林带向上开口后，价格直线飙升，布林上轨朝上的斜率极大，根本不给调整做多的机会，说明行情处于极度强势上涨之中，可以用破位战法在行情突破前期高点时进场追多，如此操作可大幅获利（注意：当行情

大幅突破高点时，不需要等下一根K线开盘在高点之上，就可以直接进场追多，这也是行情破位确认的关键）。

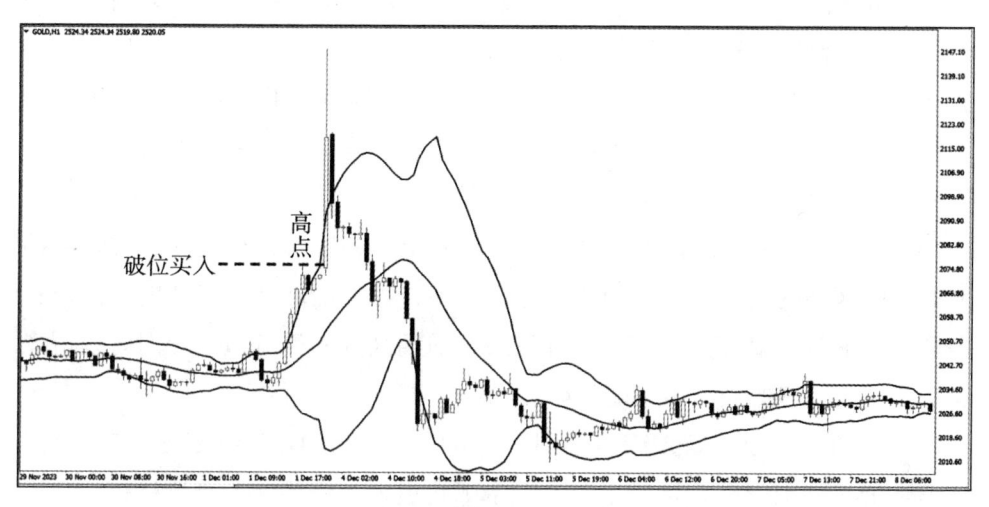

图9-18

图9-19为黄金1小时级别K线图，时间跨度为2024年6月5日到2024年6月10日。布林带向下开口后，价格直线下跌，布林上轨朝下的斜率极大，下跌行情几乎没有反弹，说明行情处于极度强势下跌之中。此时可以用破位战法，在行情跌破前期低点时进场追空，卖空后迅速就能获利。

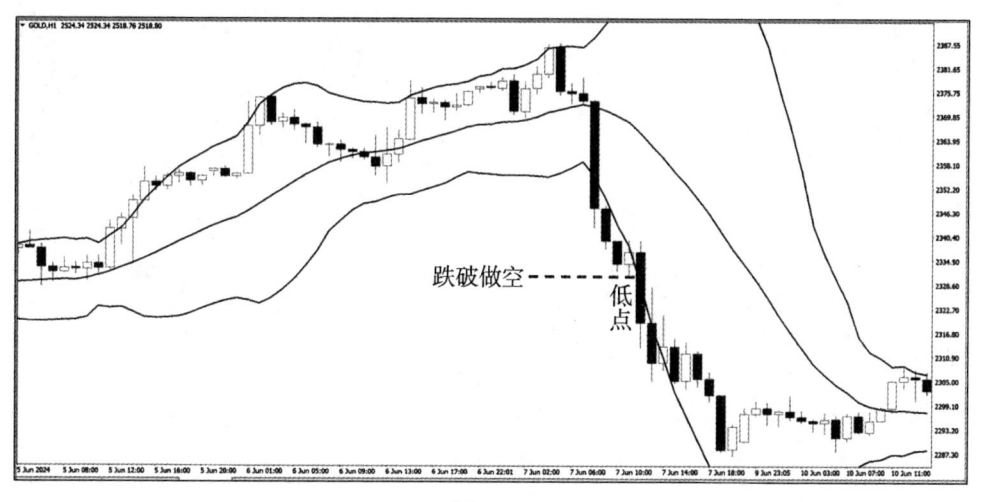

图9-19

9.4.3 突破模式

当布林带平口被冲开之后，行情就进入了趋势运行状态。如果向上冲开布林上轨，价格就进入上涨趋势。此时前期区间的高点，由先前的压力转换成了支撑，该价位往往会支撑价格一路走高。如果价格向下冲开布林下轨，行情就进入下跌趋势。此时前期区间的低点，由先前的支撑转换成了压力，该价位往往会压制价格一路走低。

布林带突破模式的操作原理：当价格向上冲开窄口布林上轨，并且突破前期价格区间的最高点，此时可以进场追多，往往能够抓到行情的起涨点；当价格向下跌穿窄口布林下轨，并且跌破前期区间的最低点，此时可以进场追空，往往能够抓到行情的起跌点。

图9-20为黄金1小时级别K线图，时间跨度为2024年5月6日到2024年5月14日。价格向上突破布林带平口，预示即将进入上涨趋势。当价格进一步突破平口振荡期的高点，就可以进场做多（注意：必须等价格确认突破后，即等下一根K线开盘开在前期高点之上时，再进场做多，或者等当前K线大幅突破时进场做多。大幅突破可以通过布林带平口振荡期的高度来衡量，即突破的幅度要大于振荡期的高度）。

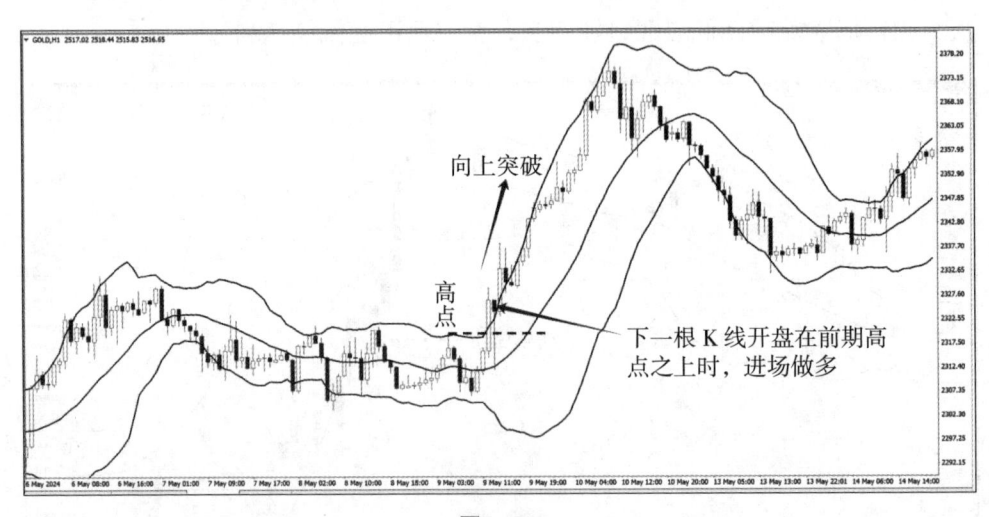

图9-20

图9-21为黄金1小时级别K线图，时间跨度为2023年9月21日到2023年10月2日。价格向下突破布林带平口，预示即将进入下跌趋势。当价格进一步

跌破平口振荡期的低点，可以进场做空。从图中可见，空单进场后，迅速暴跌近百点（注意：必须等价格确认跌破后，即等下一根K线开盘开在前期低点之下时，再进场做空，或者等当前K线大幅跌破时进场做空）。

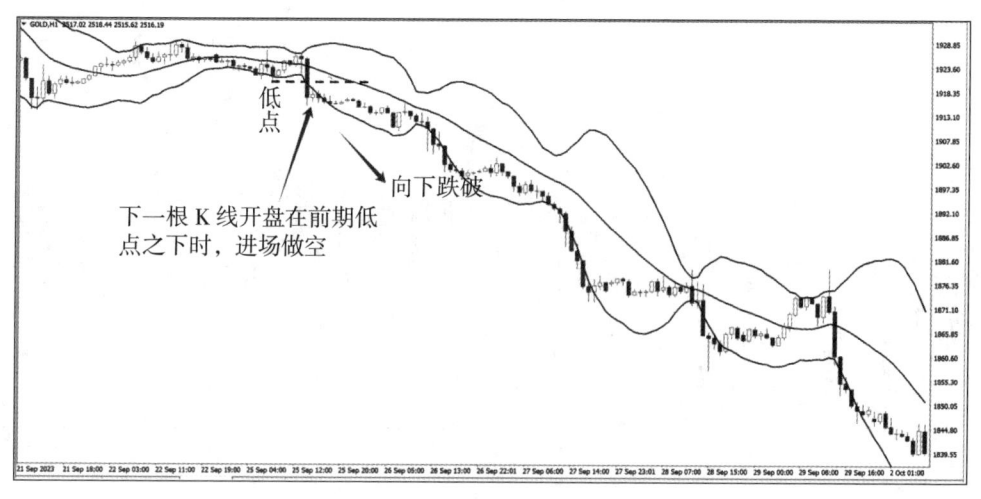

图9-21

9.5　布林中轨高级战法

一般情况下，中轨是多空分水岭，即价格在布林中轨之上，属于多头市场，价格处于布林中轨之下，属于空头市场。

布林中轨高级战法是将布林中轨和布林带的突破模式结合起来使用的一种战法。这种操作方法最大的好处是能优化买卖点，使得止损更加紧凑，极大地提高盈亏比，让获利更加轻松。

1. 做空

（1）在大周期里，价格跌破中轨并跌破前期低点，表明行情开始进入空头市场，应逢高做空。

图9-22为黄金日线级别K线图，时间跨度为2024年5月30日到2024年8月27日。在大周期日线级别里，价格第一次触及布林中轨，没有跌破，而是快速反弹，形成长下影线，说明低点A（2410美元/盎司）支撑有效。随后价格

再度下跌，直接跌破布林中轨，且跌破前期低点支撑，说明行情开始进入空头市场，短线应保持做空思路。

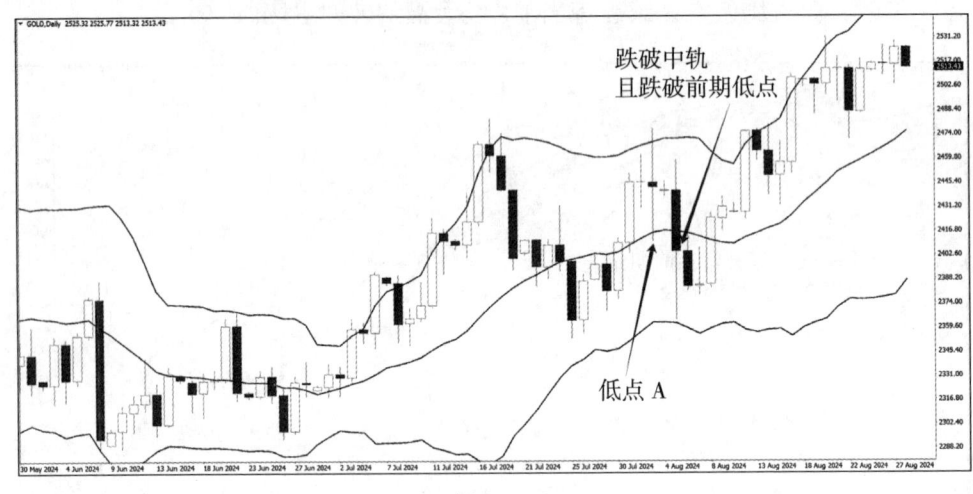

图9-22

（2）小周期里，价格向下跌破布林带平口、宽口或紧口，且跌破前期低点，表明空头趋势正式启动，应立刻进场做空。

图9-23为黄金5分钟级别K线图，时间跨度为2024年8月2日到2024年8月5日。当价格在大周期里跌破A点（2410美元/盎司）支撑后，切换到5分钟小级别里。行情已经向下跌破了布林带紧口，并跌破了布林带紧口振荡期的低点B，说明下跌趋势已经启动，应在5分钟周期里下一根K线开盘（2408美元

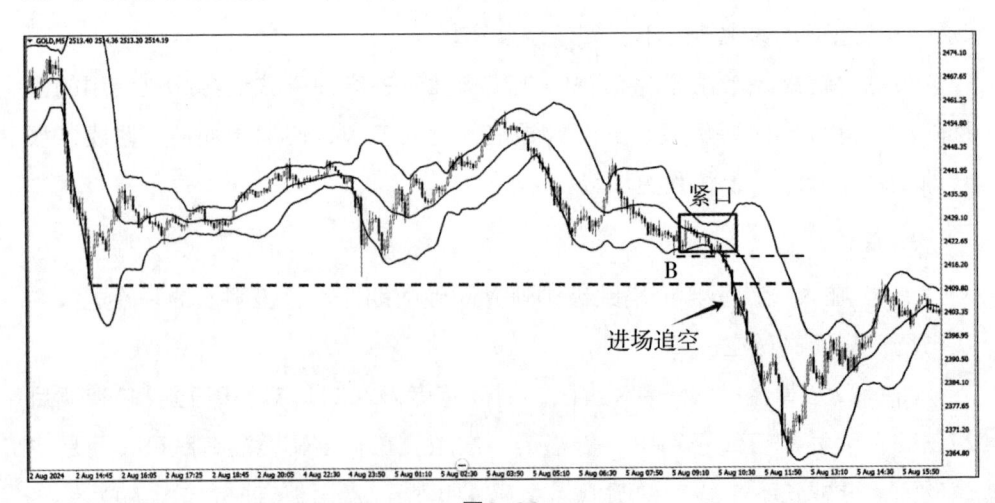

图9-23

/盎司）低于A点时，立刻进场做空，随后行情也是立即下跌。

（3）止损设置到小周期布林带振荡期的高点。

图9-24为黄金5分钟级别K线图，时间跨度为2024年8月2日到2024年8月5日。在2408美元/盎司做空，止损设在5分钟小级别中布林带紧口期高点2428美元/盎司上方即可。

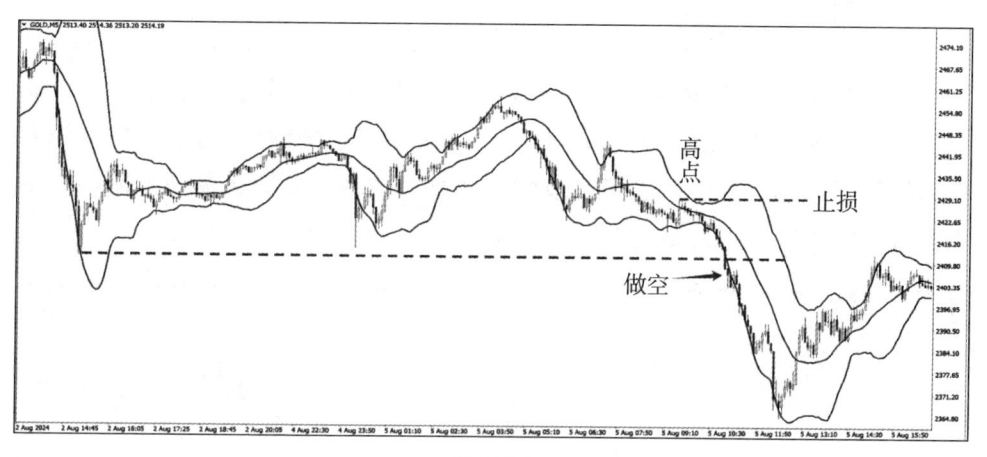

图9-24

（4）第一止盈目标为大周期里的布林带下轨。当行情极速暴跌时，也可以用追踪止损的方式扩大获利。

图9-25为黄金日线级别K线图，时间跨度为2024年5月30日到2024年8月27日。可以将2408美元/盎司的空单第一止盈目标设为大周期日线级别的布

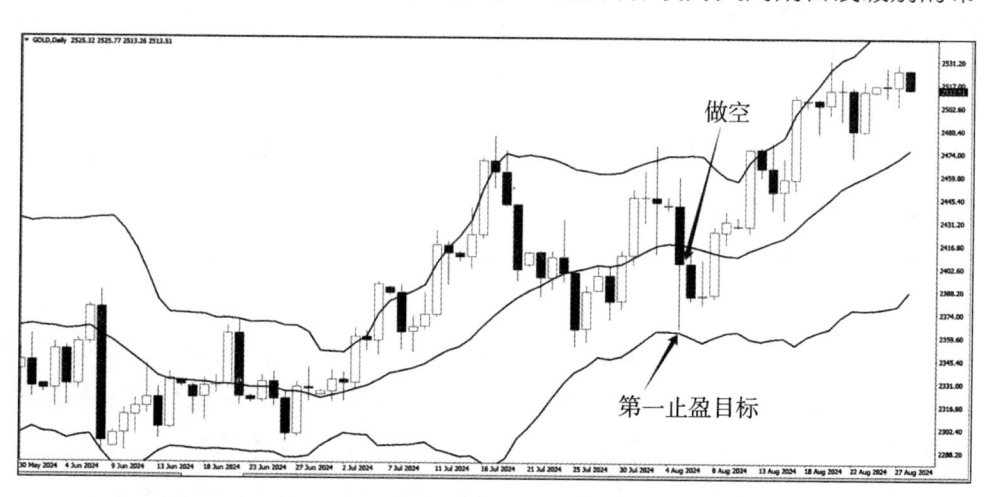

图9-25

林下轨（2364美元/盎司）附近。随后行情也是精准跌至布林下轨，空单可以轻松获利44个点，盈亏比为2.2:1。

2. 做多

（1）在大周期里，价格突破中轨并突破前期高点，表明行情开始进入多头市场，应逢低做多。

图9-26为黄金日线级别K线图，时间跨度为2024年1月26日到2024年4月25日。在大周期日线级别里，价格第一次反弹至布林中轨，冲高回落，形成上影线，说明前期高点C（2022美元/盎司）是有效阻力。随后价格围绕布林中轨附近振荡，直到第五天开盘才有效站上布林中轨，且突破前期高点压力，说明行情开始进入多头市场，短线应该保持做多思路。

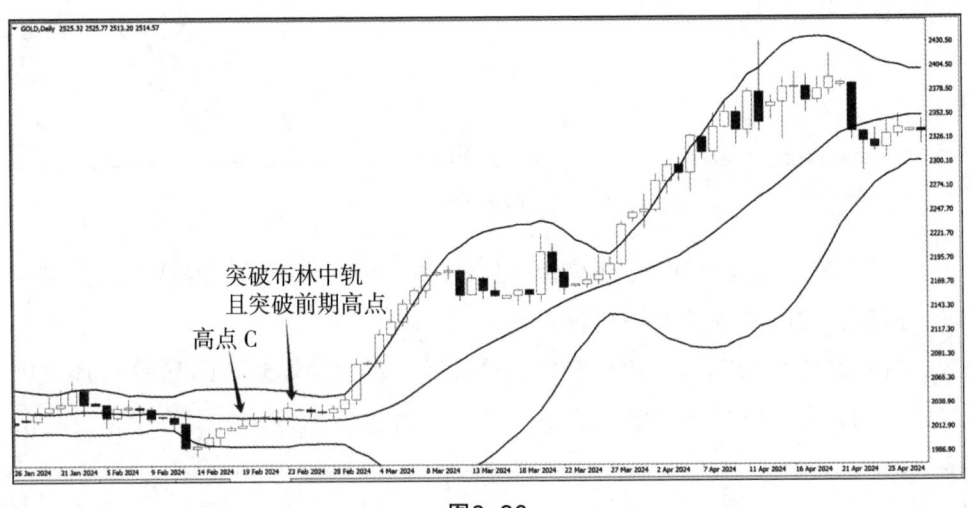

图9-26

（2）小周期里，价格向上突破布林带平口且突破前期高点，表明多头趋势正式启动，应立刻进场做多。

图9-27为黄金5分钟级别K线图，时间跨度为2024年2月20日到2024年2月21日。当价格在大周期里突破C点（2022美元/盎司）压力后，切换到5分钟小级别里，价格在C点和D点（2025美元/盎司）之间窄幅振荡。这段窄幅振荡期由一个紧口和一个宽口组成平口喇叭。随后行情继续上涨，突破了振荡期的最高点，说明上涨趋势已经启动。可在5分钟小级别里下一根K线开盘（2026美元/盎司附近）高于D点时，立刻进场做多，随后行情开始上涨，买

入即获利，连浮亏都没有。

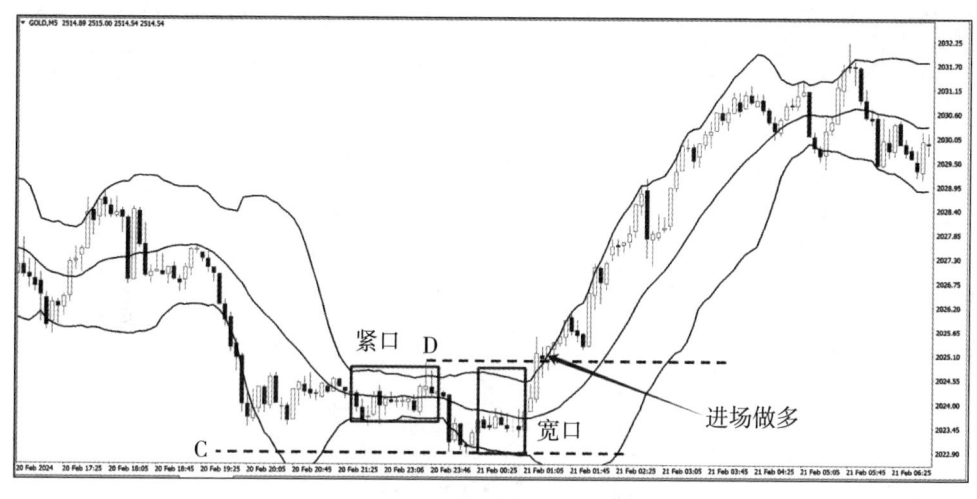

图9-27

（3）止损设为小周期布林带平口振荡期的低点。

图9-28为黄金5分钟级别K线图，时间跨度为2024年2月20日到2024年2月21日。在2026美元/盎司做多，将止损设在5分钟小级别中布林带平口振荡期的低点2022美元/盎司下方即可。

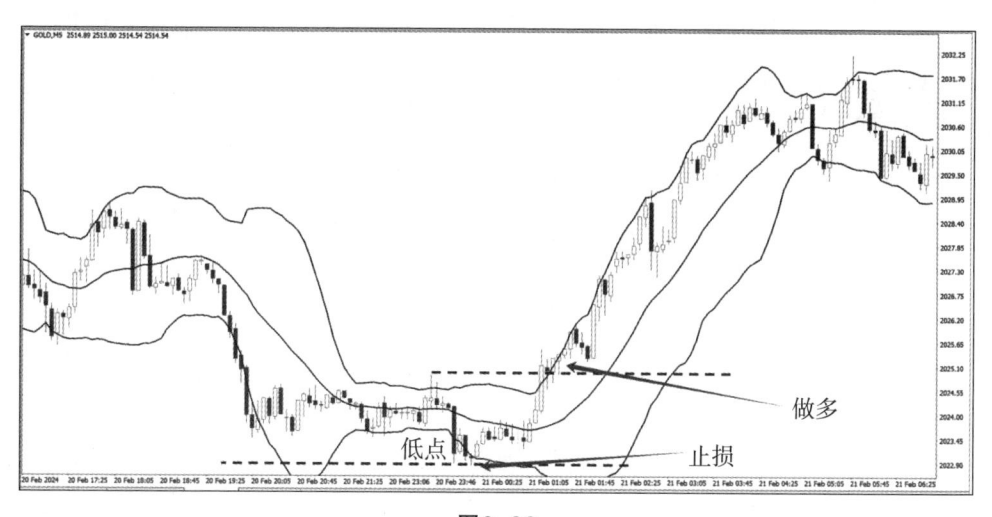

图9-28

（4）第一止盈目标为大周期里的布林带上轨。当行情极速暴涨的时候，也可以用追踪止损的方式扩大获利。

图9-29为黄金日线级别K线图，时间跨度为2024年1月26日到2024年4月25日。在日线级别，布林带处于紧口之中，将止盈目标设在布林上轨，获利空间太小，而且日线级别布林带振荡时间比较久，说明超级大行情很快到来。此时可以采用追踪止损方式，让利润奔跑，行情也是最高暴涨至2431美元/盎司。此时进场获利405个点，盈亏比高达101.25:1。

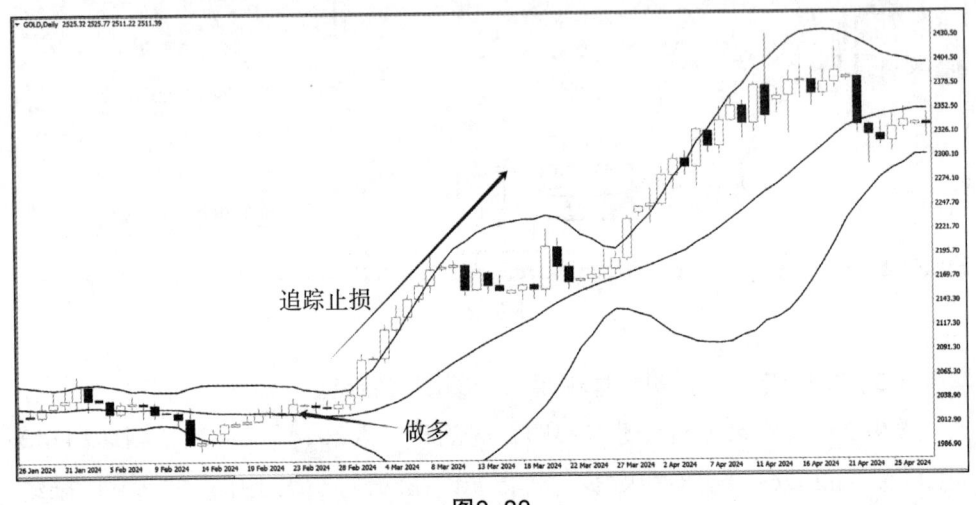

图9-29

布林中轨高级战法比布林带普通用法更容易扩大盈亏比，能极大地提高获利能力，这也是其精妙之处。

第 10 章
随机指标

10.1 随机指标的定义

随机指标又称KD指标，该指标具有随机波动的概念，以最高价、最低价及收盘价为基本数据进行计算，得出的K值和D值分别在指标的坐标上形成一个点，连接无数个这样的点，就形成了一个完整的能反映价格波动趋势的KD指标。

KD指标主要利用价格波动的真实波幅来反映价格走势的强弱和超买超卖现象，在价格尚未上升或下降之前发出买卖信号。在设计过程中，KD指标主要研究最高价、最低价和收盘价之间的关系，同时也融合了动量概念、强弱指标和移动平均线的一些优点，故其对于短期的预测功能比移动平均线更加准确有效，在市场短期超买超卖的预测方面又比相对强弱指标敏感。KD指标往往能够比较迅速、快捷、直观地研判行情，属于振荡摆动指标，在短线操作中效果显著，因此，被日内短线交易者广泛采用。KD指标常用的参数是（9，3）。

图10-1为黄金1小时级别K线图，时间跨度为2024年2月9日到2024年2月20日。图中最下方的指标就是随机指标，K线为快线，D线为慢线。

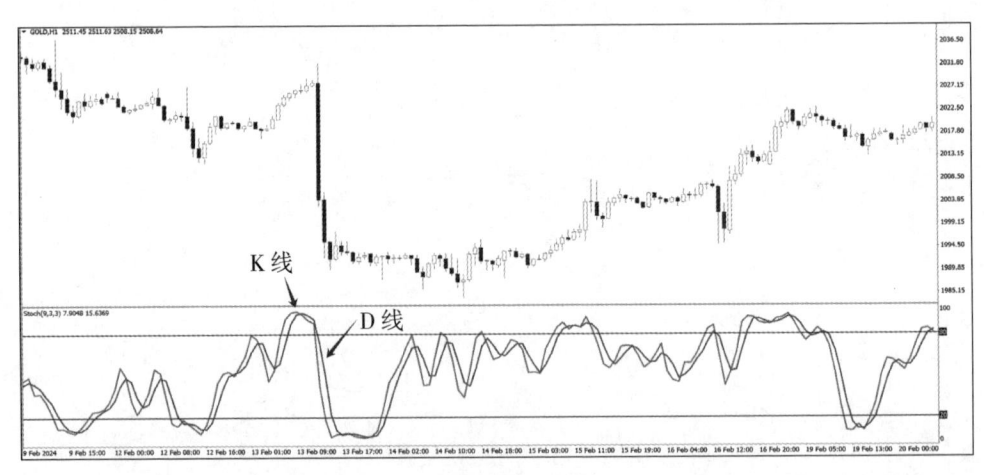

图10-1

运用KD指标时，投资者一定要注意以下几点，以免进入误区。
（1）价格短期波动剧烈或瞬间行情变动幅度太大时，KD指标经常失误。也就是说，KD值容易高位钝化或低位钝化。

（2）随机指标提供的买卖信号比较频繁，投资者单纯依据这些交叉突破点决定投资策略，存在较大风险。KD指标与其他指标产生共振，将会提高准确率。

（3）K线与D线的交叉突破出现在80以上或20以下时较为准确。当这种交叉突破出现在50左右时，表明市场走势陷入盘局，正在寻找突破方向，此时K线与D线的交叉突破所提供的买卖信号无效。

10.2　随机指标的用法

随机指标反应比较敏感、快速，是中短线趋势波段分析较佳的技术指标。K值与D值介于0～100。在交易过程中，随机指标超买超卖标准的具体划分如下。

（1）KD值同时在80以上为超买区。

（2）KD值同时在20以下为超卖区。

（3）50是KD的均衡线。KD值都位于50以上，此时为多头市场，行情有上涨趋势；KD值都位于50以下，则为空头市场，行情有下降趋势。

图10-2为黄金1小时级别K线图，时间跨度为2024年2月9日到2024年2月20日。KD值同时在80上方为超买，KD值同时在20下方为超卖；KD值都位于50上方为多头市场，KD值都位于50下方为空头市场。

图10-2

KD的基本用法有金叉死叉用法、超买超卖用法、背离用法和形态用法这几种。

10.2.1 金叉死叉用法

K线向上交叉穿越D线时，称为金叉，表示行情短期可能走强；K线向下交叉穿越D线时，称为死叉，表示行情短期可能走弱。

图10-3为黄金1小时级别K线图，时间跨度为2024年2月9日到2024年2月20日。图中箭头所示，随机指标形成死叉时，价格下跌一波；随机指标形成金叉时，价格立即反弹上涨。

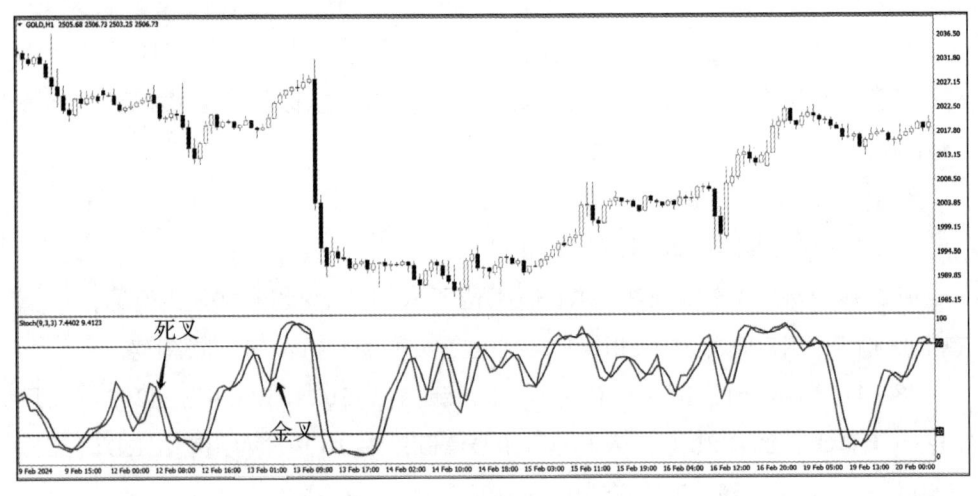

图10-3

10.2.2 超买超卖用法

当KD值同时大于80时，显示市场已达到超买状态，价格大概率会回落调整，一旦KD高位向下穿越形成死叉，是卖出信号；当KD值同时小于20时，显示市场已达到超卖状态，价格大概率会反弹回升，一旦KD低位向上穿越形成金叉，是买入信号。

图10-4为黄金1小时级别K线图，时间跨度为2024年2月9日到2024年2月20日。图中所示，当随机指标K、D值同时在80上方，且形成死叉，此时进场做空，随后行情快速跳水，进场立即大赚；当随机指标K、D值同时在20

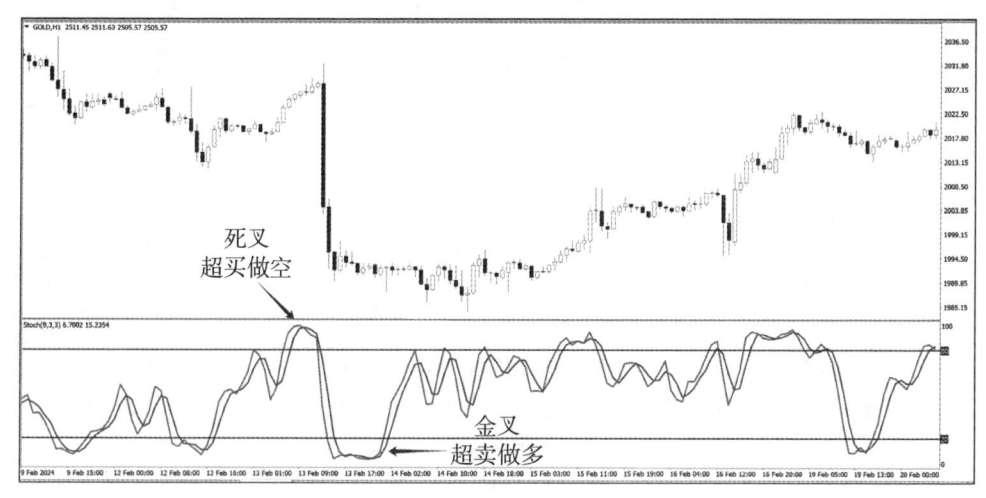

下方,且形成金叉,此时进场做多,随后价格振荡大涨。

图10-4

10.2.3 背离用法

随机指标的背离,是指KD曲线的走势与价格走势相反。当随机指标与价格走势出现背离时,一般为转势信号。随机指标背离分为顶背离和底背离两种。顶背离预示行情即将转势下跌,底背离预示行情即将上涨。KD背离中,顶背离的准确性要高于底背离。

1. 顶背离

(1)价格创新高,而KD值没有创新高,为顶背离,是做空信号。

图10-5为黄金1小时级别K线图,时间跨度为2024年8月9日到2024年8月14日。图中虚线所示,价格创新高,但是KD值没有创新高,形成顶背离,随后价格振荡下跌。

(2)价格未创新高,而KD值创新高,为顶背离,是做空信号。

图10-6为黄金1小时级别K线图,时间跨度为2024年7月23日到2024年7月28日。图中虚线所示,KD值创新高,但是价格创新低,形成顶背离,行情随后也是再度下跌。

2. 底背离

(1)价格创新低,而KD值没有创新低,为底背离,是做多信号。

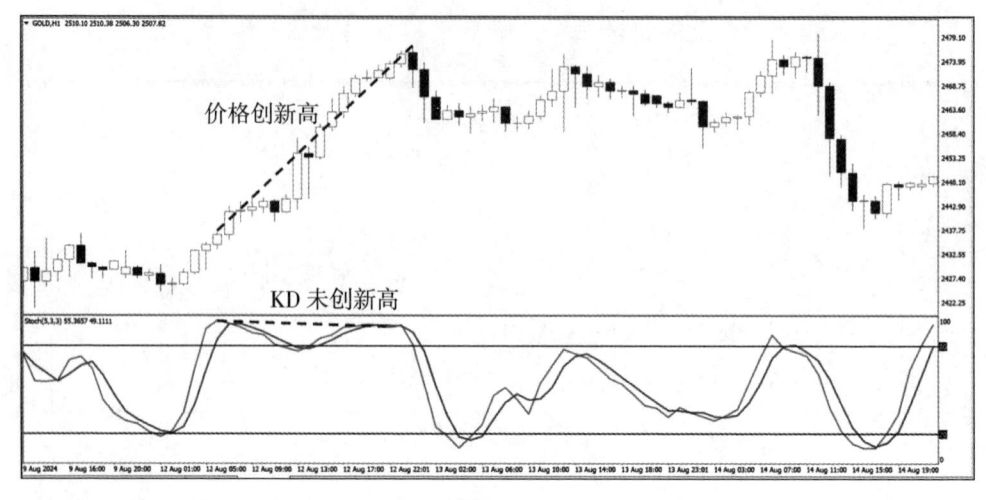

图10-5

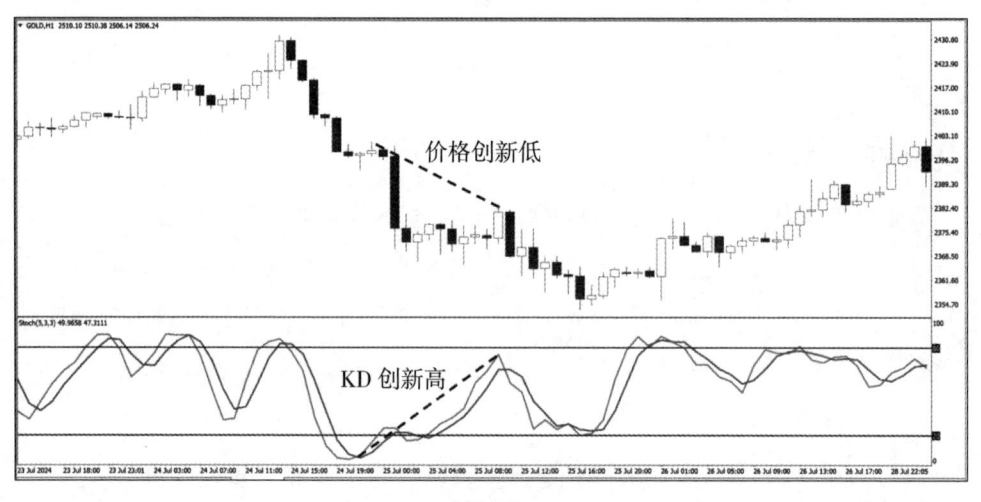

图10-6

图10-7为黄金1小时级别K线图，时间跨度为2024年8月21日到2024年8月26日。图中虚线所示，价格创新低，但KD值没有创新低，形成底背离，行情随后反转大涨。

（2）价格未创新低，而KD值创新低，为底背离，是做多信号。

图10-8为黄金1小时级别K线图，时间跨度为2024年8月8日到2024年8月13日。图中虚线所示，KD值创新低，但价格未创新低，形成底背离，行情随后立即转为单边大涨。

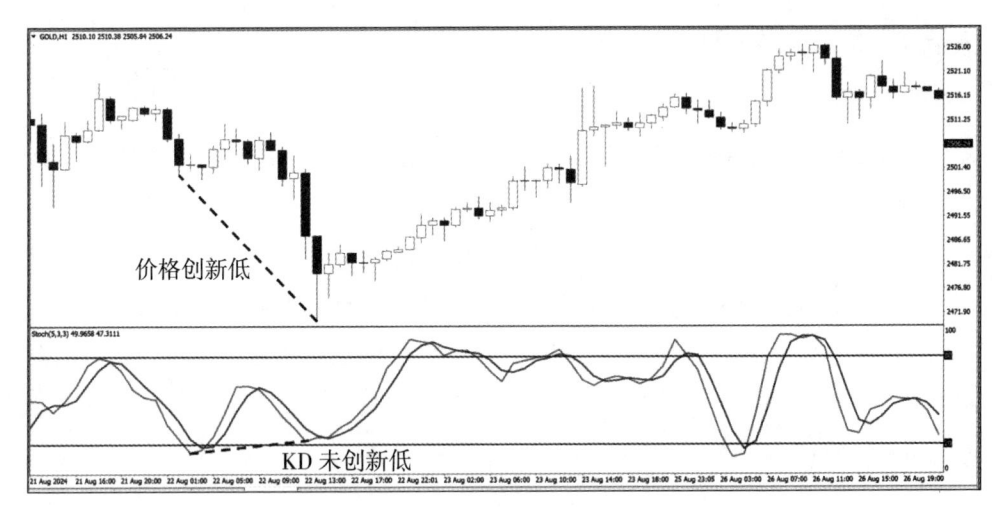

图10-7

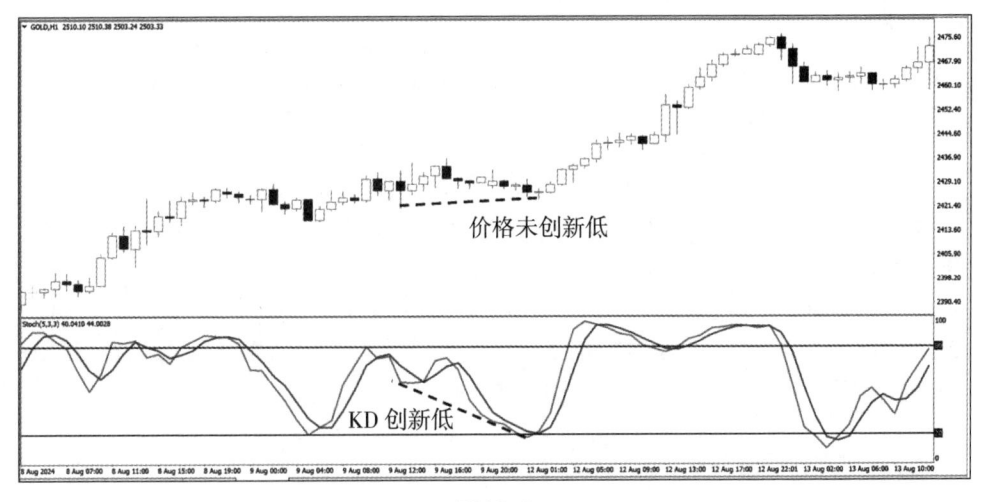

图10-8

提示：随机指标顶底背离的判定方法，只能是和前一波高低点时的KD值相比，不能越级比较。

10.2.4 形态用法

当随机指标在较高或较低位置形成W形、M形、头肩形或多重顶底等形态时，将会出现交易信号。

投资者需要注意的是，这些形态一定要在较高位置或较低位置出现，位置越高或越低,结论越可靠。

1. M顶

当KD指标在超买区域出现M顶后,一旦KD指标向下穿越形成死叉,则应开立空头头寸。

图10-9为黄金1小时级别K线图,时间跨度为2024年5月31日到2024年6月5日。KD指标在高位形成M顶形态,往往预示价格即将下跌,甚至反转。一旦KD向下穿越形成死叉,可以直接开仓做空。从图中可见,价格随后大幅暴跌。

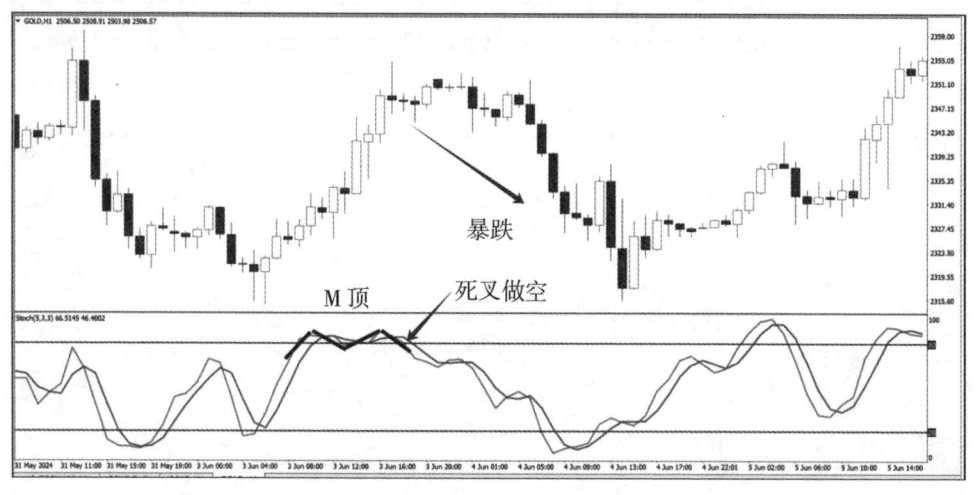

图10-9

KD的M顶用法需要注意以下几点。

(1)KD两顶之间的下跌没有向下穿越形成死叉最好。因为如果向下穿越形成了死叉,那么表明价格有了相对充分的调整,超买程度将会有所缓和,不利于M顶看跌。

(2)M顶必须在高位形成,即M顶两个顶点的KD值至少要在80附近,越高越好。

(3)M顶的第二个顶点比第一个顶点低一些更好,这样有机会形成顶背离,更能增强价格下跌的概率。图10-10中的行情就是形成了明显的顶背离(价格大幅走高,而KD值走平)。

(4)与其他指标产生共振(如突破趋势线、突破区间等),可增加成功率。

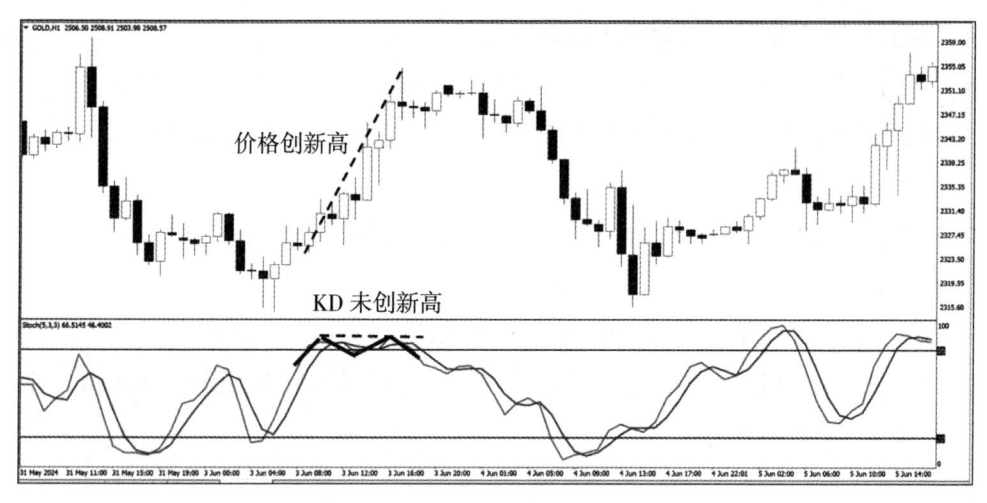

图10-10

2. W底

当KD指标在超卖区域出现W底后,一旦KD向上穿越形成金叉,则可以开立多头头寸。

图10-11为黄金1小时级别K线图,时间跨度为2024年6月21日到2024年7月2日。KD在低位形成W底形态,往往预示价格即将上涨,甚至反转。一旦KD向上穿越形成金叉,则可以开仓做多。从图中可见,价格随后反转暴涨。

图10-11

KD指标的W底用法需要注意以下几点。

（1）KD两底之间的上涨，没有向上穿越形成金叉最好。如果向上穿越形成了金叉，那么表明价格有了相对充分的上涨，超卖程度将会有所缓和，不利于W底看涨。

（2）W底必须在低位形成，即W底两个低点的KD值至少要在20附近，越低越好。

（3）W底的第二个低点比第一个低点高一些更好，这样有机会形成底背离，更能增强价格上涨的概率。图10-12中行情就形成了底背离（价格走低，而KD值走高）。

图10-12

（4）与其他指标产生共振（如突破趋势线、突破区间等），可增加成功率。

10.3 随机指标高级应用

随机指标与其他技术工具产生共振时，将会提高准确率。临界点超买战法和临界点超卖战法，是将随机指标与临界点结合起来使用，使其变成高效的交易方法，能大大提高获胜把握。

10.3.1 临界点超买战法

1. 临界点超买战法原理

入场：在下降趋势中，当行情突破切线，并继续反弹至临界点，如果此时随机指标也处于超买区域，可以开仓做空。

止损：以前期波段高点作为主要止损依据，当前期波段高点距离太小或者过大时（即不合理），以大阴线的最高点或长上影线的最高点等阻力位作为止损依据。可以用价格行为学对该点位进行分析，如果发生了支撑阻力转换，能进一步增强此价位作为止损依据的合理性。

止盈目标位：第一目标是前期下降趋势中的最低点。因为只有把最低点跌破了，行情才会进入新的下降趋势，否则行情就会在最低点和临界点构成的区间内振荡，所以前期下降趋势的最低点是一个重要的支撑位。

放大获利：当行情强势下跌击穿第一目标时，空单的目标就可以顺势放大。放大获利的方法主要有两种。

第一，采用市场中更下方的波段低点作为止盈目标。可以用价格行为学对该点位进行分析，如果发生了支撑阻力转换，能进一步增强此价位作为最终目标的合理性。

第二，采用追踪止损方式让利润奔跑。

下降趋势的定义是高点不断降低，低点也不断降低。根据下降趋势的定义反过来思考，就可以得到一条推论，即如果低点不再降低，高点不再降低，说明下降趋势可能结束了。这样就可以得出空单追踪止损的操作方法：每当价格创新低时，就将止损移动到前期波段的高点。如果突破了追踪止损位，说明下跌趋势大概率结束了。

2. 临界点超买战法案例

第一步：入场做空。

图10-13为黄金1小时级别K线图，时间跨度为2023年8月30日到2023年9月19日。价格突破下降趋势线后，第一次反弹至临界点A时，KD没有抵达超买区域，所以不能构成做空信号。但价格第二次反弹触及临界点时，KD进入超买区域，接近100，说明行情严重超买，随时有回落的需求，此时可以在临界点（1929美元/盎司）附近开仓做空。随后KD很快高位死叉，进一步说

明行情下跌已迫在眉睫,后市行情果然大幅下跌。

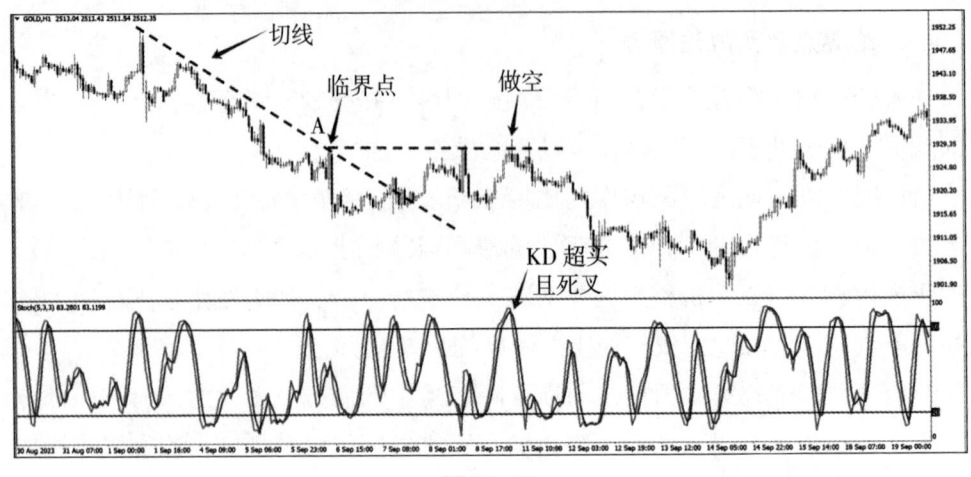

图10-13

第二步:设置止损。

如图10-14所示,临界点上方的波段高点B(1934美元/盎司),刚好与前期下跌低点C和低点D处于同一价位,说明这个价位发生了支撑阻力转换,目前是行情有效的阻力位,而且距离临界点A也不是很远,将止损设置在波段高点B上方是合理的,即止损于5个点。

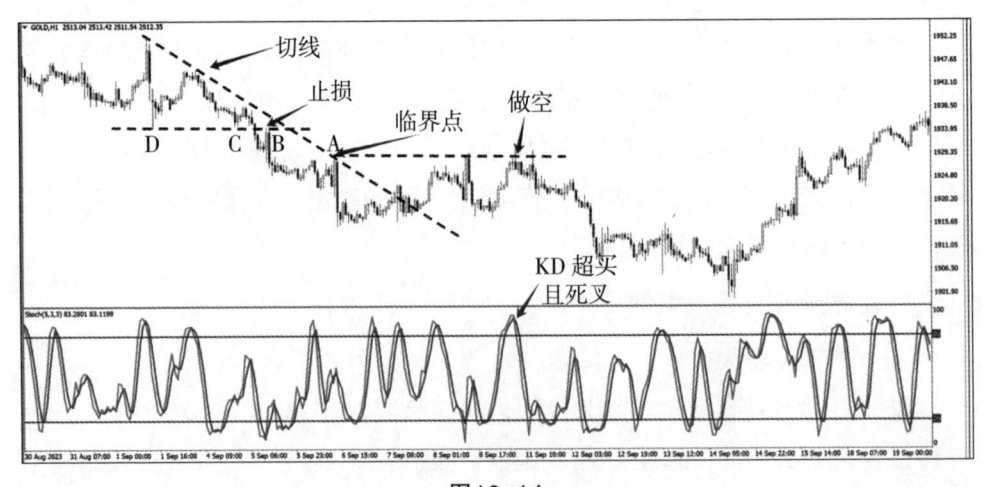

图10-14

第三步:确定第一止盈目标位。

如图10-15所示,空单第一止盈目标位是前期低点E(1915美元/盎

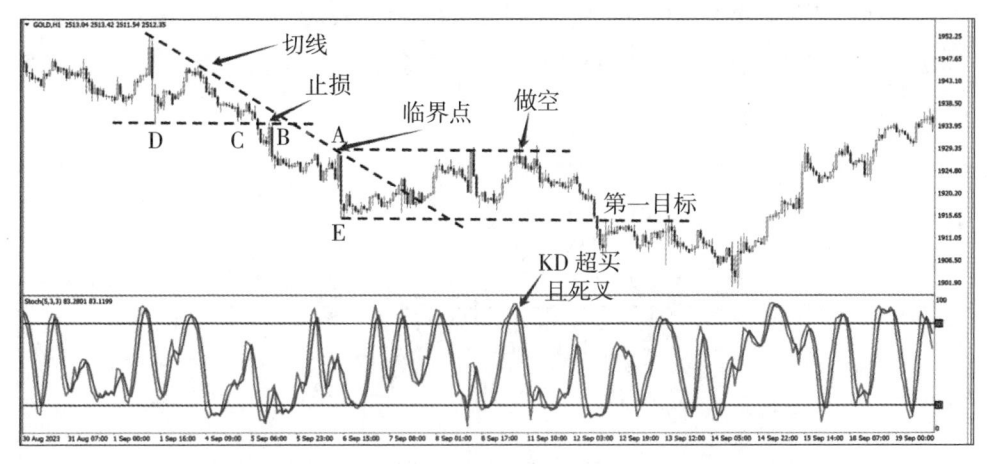

司）。行情顺利抵达E点，第一目标短线获利14个点，盈亏比为2.8∶1。

图10-15

第四步：放大获利。

（1）将更下方的波段低点作为止盈目标。

图10-16为黄金1小时级别K线图，时间跨度为2023年8月15日到2023年9月20日。价格抵达第一止盈目标后，并没有止跌，而是继续快速跳水，强势跌破前期低点E，说明行情会继续下跌，可以将获利目标进一步放大至更下方的低点F（1904美元/盎司）。从图中可以看到，H点、G点和F点处于在同一价位，说明这个价位发生了支撑阻力转换，目前是行情有效的支撑，因此，在F点止盈是非常合理的。最终空单赚了25个点，盈亏比为5∶1。

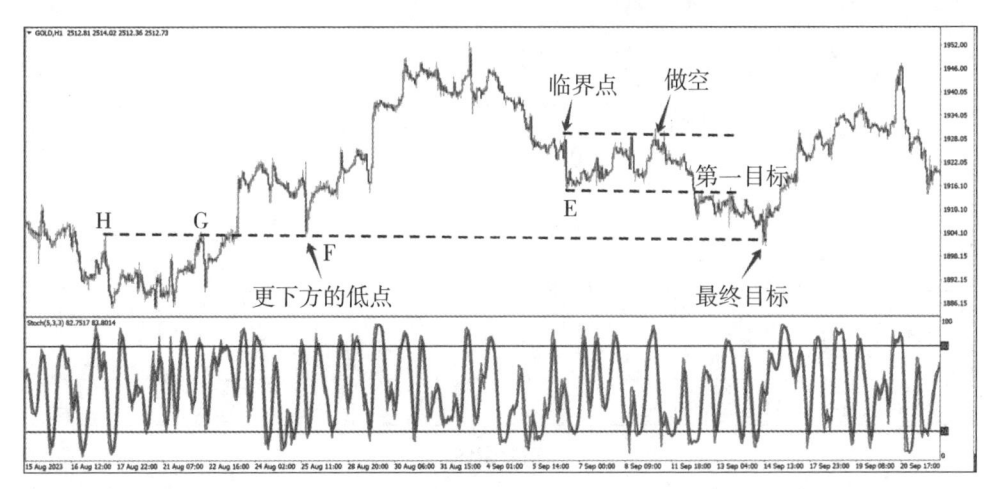

图10-16

（2）追踪止损，让利润奔跑。

图10-17为黄金1小时级别K线图，时间跨度为2023年8月30日到2023年9月19日。当行情跌破前期低点M时，将止损移动到前一轮行情的高点，即为追踪止损一。

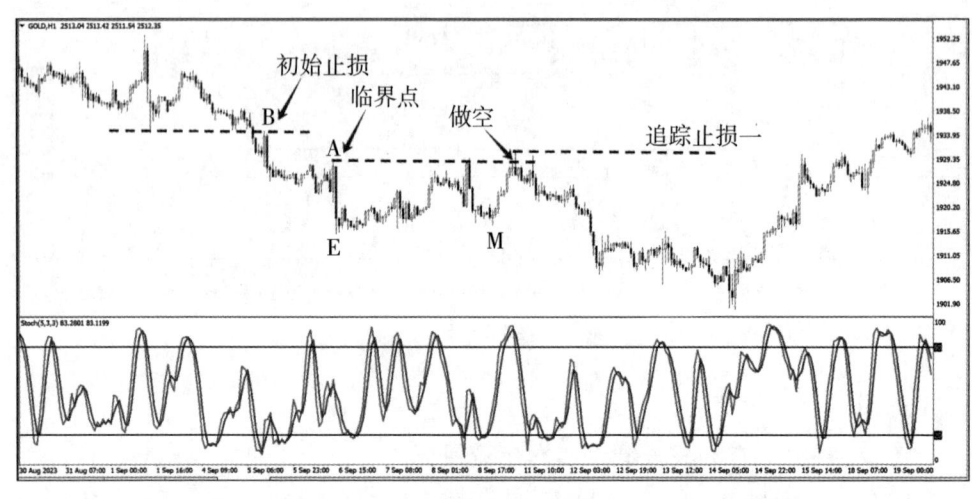

图10-17

图10-18为黄金1小时级别K线图，时间跨度为2023年8月30日到2023年9月19日。当行情继续下跌，并跌破前期低点E时，将止损移动到前一轮行情的高点，即为追踪止损二。

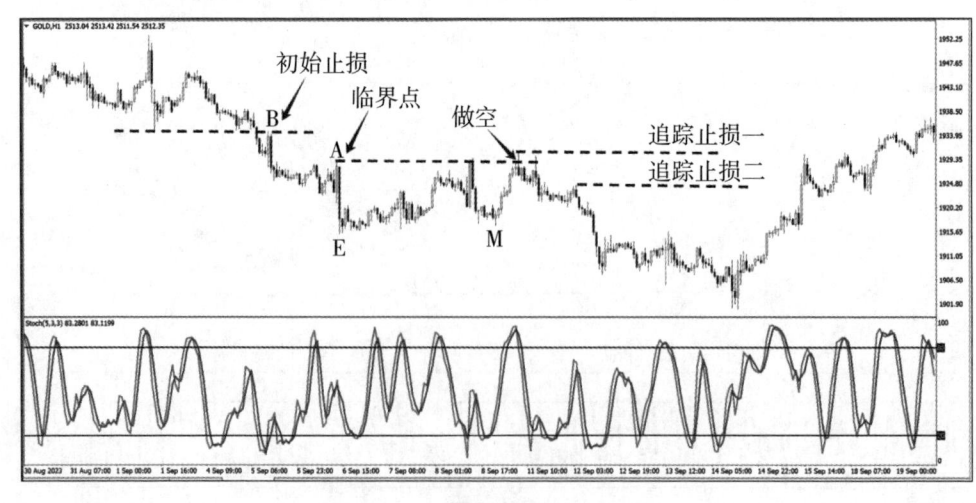

图10-18

图10-19为黄金1小时级别K线图，时间跨度为2023年8月30日到2023年9月19日。当行情继续下跌，并跌破前期低点N时，将止损继续移动到前一轮行情的高点，即为追踪止损三。

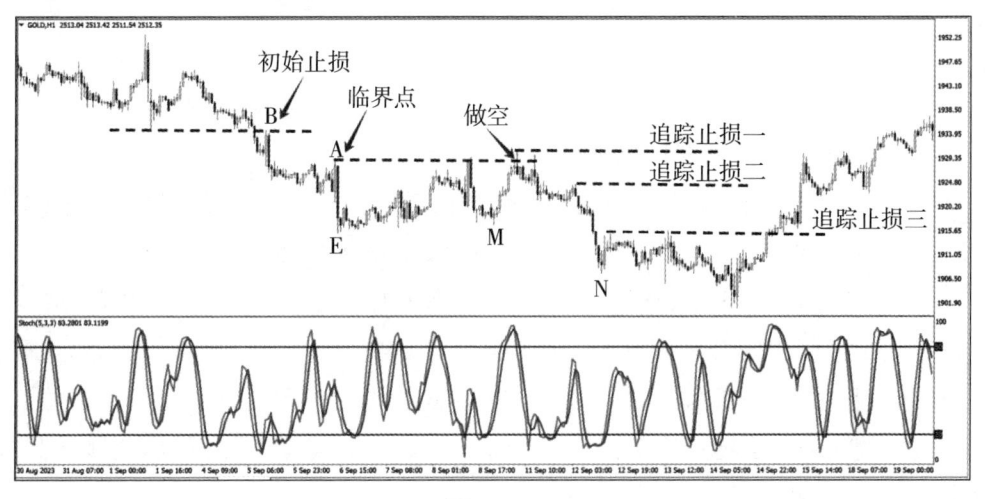

图10-19

图10-20为黄金1小时级别K线图，时间跨度为2023年8月30日到2023年9月19日。当行情继续下跌，并跌破前期低点O时，将止损移动到前一轮行情的高点，即为追踪止损四。最后价格没有再继续创新低，而是反弹突破追踪止损四的位置（1913美元/盎司），空单被动出场，获利16个点，盈亏比为3.2:1。

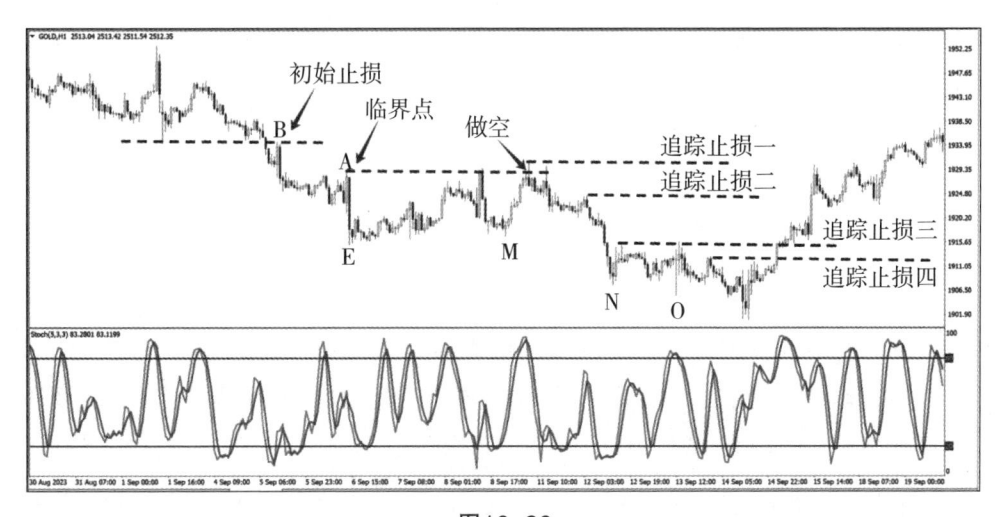

图10-20

10.3.2 临界点超卖战法

1. 临界点超卖战法原理

入场：在上升趋势中，当行情跌破切线，并继续下跌至临界点，如果此时随机指标也处于超卖区域，可以开仓做多。

止损：以前期波段低点作为主要的止损依据，当前期波段低点距离太小或者过大时（即不合理），以大阳线的最低点或长下影线的最低点显示的支撑位作为止损依据。可以用价格行为学对该点位进行分析，如果发生了支撑阻力转换，能进一步增强此价位作为止损依据的合理性。

止盈目标位：第一目标就是前期上升趋势中的最高点。因为只有把最高点突破了，行情才会进入新的上升趋势，否则行情就会在最高点和临界点构成的区间内振荡，所以前期上升趋势的最高点是一个重要的阻力位。

放大获利：当行情强势上涨击穿第一目标时，多单的目标就可以顺势放大。放大获利的方法主要有两种。

第一，采用市场中更上方的波段高点作为止盈目标位。可以用价格行为学对该点位进行分析，如果发生了支撑阻力转换，能进一步增强此价位作为最终目标的合理性。

第二，采用追踪止损方式，让利润奔跑。

上升趋势的定义是高点不断抬高，低点也不断抬高。根据上升趋势的定义，反过来思考，可以得到一条推论，即如果高点不再升高，低点也不再升高，说明上升趋势可能结束了。这样就可以得出多单追踪止损的方法：每当价格创新高，就将止损移动到前期波段的低点。如果跌破了追踪止损位，说明上升趋势大概率结束了。

2. 临界点超卖战法案例

第一步：入场做多。

图10-21为黄金1小时级别K线图，时间跨度为2024年4月5日到2024年4月15日。价格跌破切线后，继续下跌至临界点A时，KD进入超卖区域，说明行情随时有反弹的需求，此时可以在临界点（2319美元/盎司）附近直接开仓做多。随后KD很快低位金叉，说明行情即将回升。从图中可见，后市行情也的确大幅飙升。

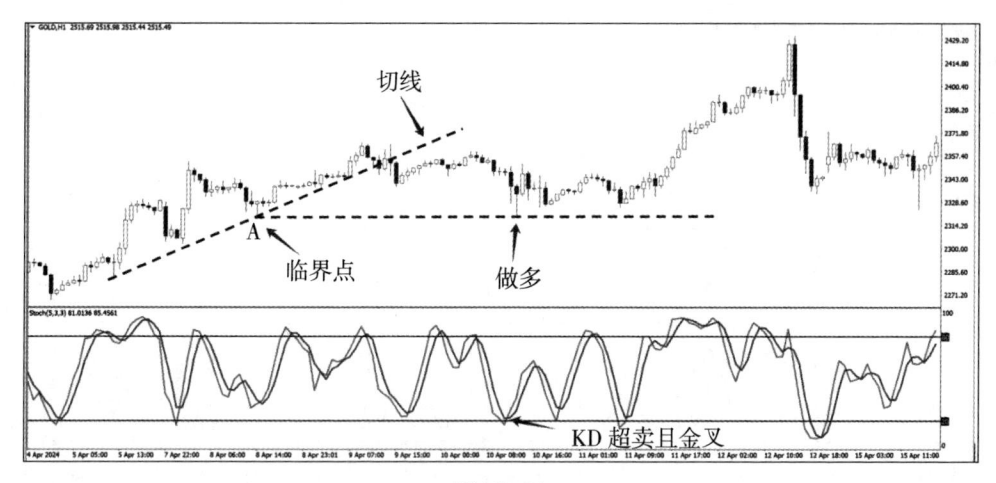

图10-21

第二步：设置止损。

如图10-22所示，止损设置在临界点下方的波段低点B（2303美元/盎司）的位置，止损幅度为16个点。

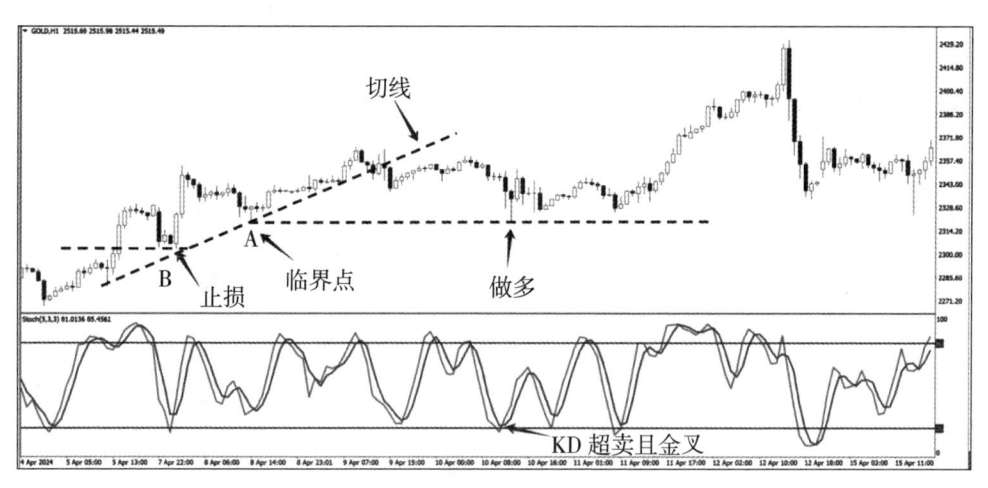

图10-22

第三步：确定第一止盈目标位。

如图10-23所示，多单第一止盈目标位设在前期高点E（2365美元/盎司）处。行情轻松抵达E点，第一目标短线获利46个点，盈亏比为2.9∶1。

第四步：放大获利。

由于黄金价格此时一路在创历史新高，前期没有高点可以参考，所以只

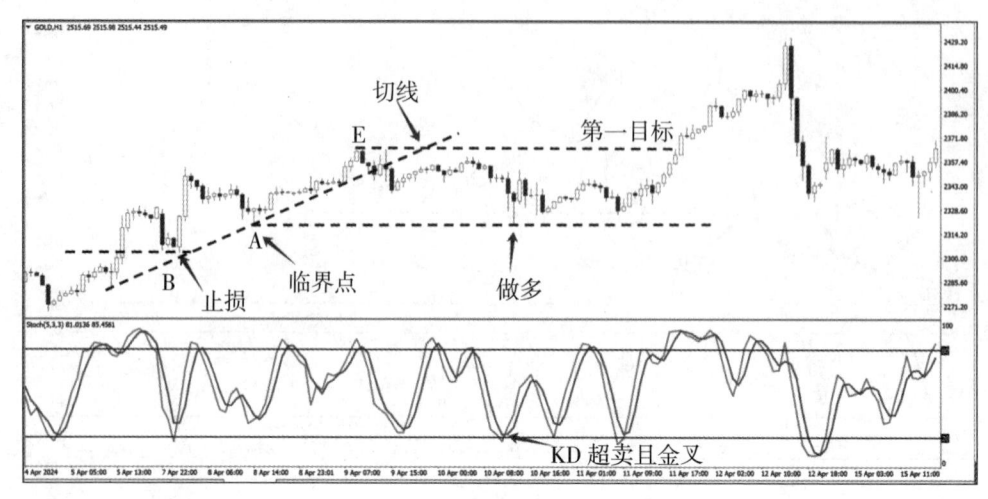

图10-23

能采用追踪止损的方式，让利润奔跑。

图10-24为黄金1小时级别K线图，时间跨度为2024年4月5日到2024年4月15日。当行情突破前期高点M时，将止损移动到前一轮行情的低点（刚好是临界点），即为追踪止损一。

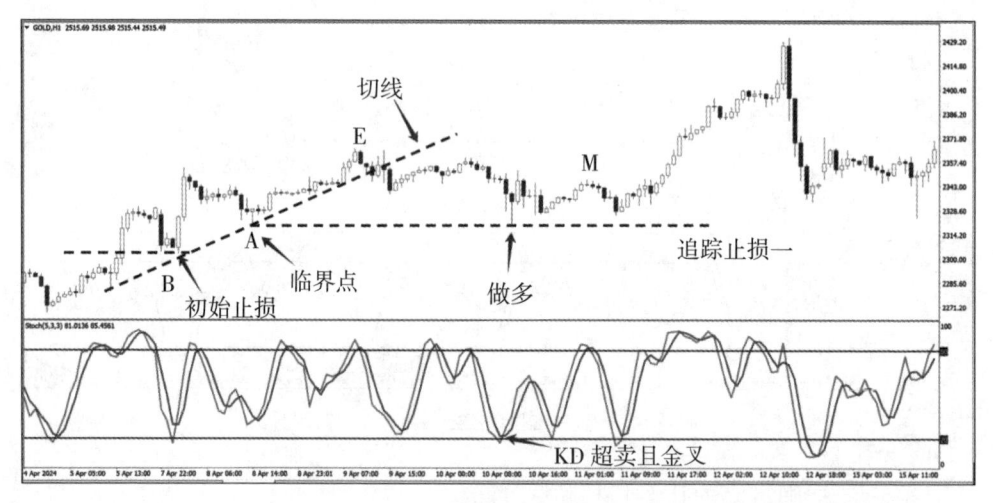

图10-24

图10-25为黄金1小时级别K线图，时间跨度为2024年4月5日到2024年4月15日。当行情继续上涨，并突破前期高点N时，将止损继续移动到前一轮行情的低点，即为追踪止损二。

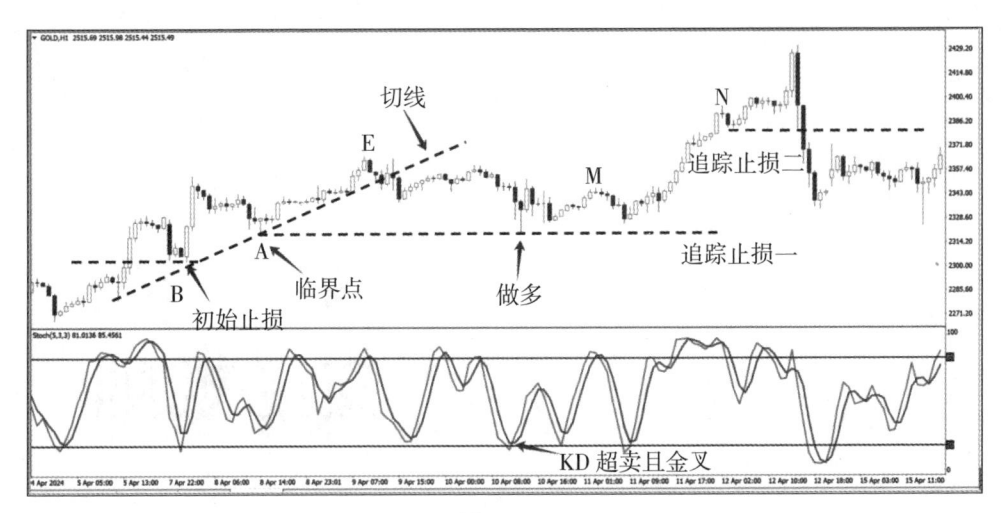

图10-25

图10-26为黄金1小时级别K线图，时间跨度为2024年4月5日到2024年4月15日。当行情继续上涨，并突破前期高点O时，将止损继续移动到前一轮行情的低点，即为追踪止损三。最后价格冲高回落，跌破追踪止损三（2390美元/盎司）的位置，多单被动出场，获利71个点，盈亏比为4.4∶1。

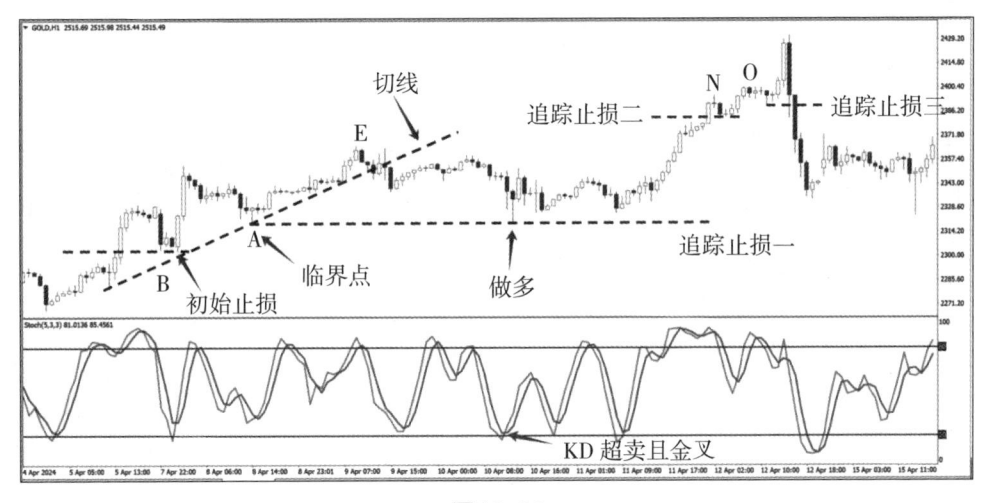

图10-26

第11章
交易规则

11.1 始终坚持止损

盈亏同源，止损只是盈利的成本。止损既可以帮助投资者留住利润，也可以防止本金大量亏损。

短线交易一定要快速平仓获利，亏损的头寸在市场中停留的时间越长，风险越大。投资者经常会持有亏损的仓位，舍不得止损，害怕退出后，行情立即又返回，总想再多留一天，希望能扭亏为盈。结果不知不觉中，一天变成两天，一周变成两周，两周变成一个月，最终损失更多资金和时间。

一定要接受"成本式"的亏损，市场没有常胜将军，错误在所难免。投入产出学告诉我们，只有投入才会有回报；生活告诉我们，一份付出一份回报。若一分钱也不想亏，一分钱成本也不想付，何来盈利。很多人搞错了一件事，认为自己投入的资金就是成本，其实并不是。不想亏损一分钱，那只不过是换了个存钱的地方，从普通账户换到了投资账户而已。不想亏损一分钱，无异于想空手套白狼，不但空手而来，还想暴富而归，这么不尊重市场，市场自然会报复你，把你"打"得头破血流。

交易是需要认真谨慎的，绝非儿戏，但并不意味着不想亏一分钱就是绝对谨慎。在市场中，亏钱的人只有两种：一是太把钱当钱的人，二是太把钱不当钱的人。

交易是一个性格改造的过程，成功者把不适合交易的性格改变成适合交易的性格。对于一般投资者来说，虽然坚持止损难，但成长最快的往往是去做自己恐惧的事情。一旦认识到止损的重要性，交易能力就会直线上升。大多数投资者与成功者的差距，并不在于智商，也不在于是否努力，而是缺乏杀伐果断、自我改造的勇气和决心。

懂得止损，只是登上了驶向成功的帆船，只有始终坚持止损，才能驶向胜利的港湾。

11.2　学会提升心态

在交易中，心态至关重要！赚钱的关键在于控制情绪，理性应该驱动决策。面对不好的心态，不能听之任之，也不能只靠喊口号，而是要找到切实能落地的方案，提升心态。挂单交易就是提升心态的有效方法之一。

挂单交易是最省时间、最轻松、最具象的交易方式。每天花几分钟时间，把每个品种的最佳交易机会找出来，提前做好策略并进行挂单。挂单之后，一整天时间都不需要盯盘，该喝茶喝茶，该聊天聊天，该陪家人就陪家人，该谈工作就谈工作。在惬意闲坐之中，就可以实现日内交易收益的最大化。

很多投资者交易的时候，总是不放心，总想盯着，觉得盯着就能抓住更多的赚钱机会，盯着盘面就不会出现意外，还可以及时规避亏损。实则盯不盯盘意义都不大，行情该怎么涨还是怎么涨，该怎么跌还是怎么跌。盯着盘面，该亏的钱绝对不会少亏一分，相反盯盘有时还会让投资者的心跳随着价格的波动而不断加速，反而丧失对行情认识的客观性。

长时间盯盘会严重消耗一个人的精力，精神状态会变差，从而更容易出错。多数散户总是无法改变频繁交易的毛病，主要原因就是盯盘带来的冲动。一个上涨，后悔没买进；一个下跌，又后悔买错了。行情上上下下地波动，会引诱投资者不断买进卖出。如果没有强大的交易系统，很难捕捉到超短期的行情变动，极容易让自己陷入非理性的交易之中。

挂单交易耗时非常少，对于上班族来说也是非常便利的，不需要盯盘，计划做好了，单子挂在那里自动成交，这样也有助于投资者客观地执行交易策略，规避了盯盘过程中临时起意，因为主观意识变化而不断改变策略，违反规则的交易现象。绝大部分亏钱的投资者，都是因为无法执行交易原则。如果采用挂单交易模式，可以杜绝主观意识的干扰。不少投资者技术水平都不错，交易经验也比较丰富，就是执行力不强，挂单交易可以把执行力不强这个问题轻松解决。

对于交易这件事，在盘外努力有用，在行情上努力无用，在盘中努力也无用，行情走势不会听任何人的意见。

挂单交易需要注意以下四点。

第一，先明白在行情面前自己是无知的！

第二，忘了趋势，拒绝臆测，杜绝一切试图捉住行情的行为。赚钱的不是人，而是交易系统。

第三，策略是什么就做什么，不做任何其他画蛇添足的动作，不要有任何小聪明。

第四，拒绝非理性，不要试图去挽救该付出的交易成本。

11.3　拒绝浮亏加码

几乎所有人都喜欢摊平成本，也就是在亏损的时候不断加仓，以此来降低自己的平均成本价格。这个恶习让很多人吃了大亏，但是有人依然无法改掉这个毛病。从正常的逻辑来讲，如果这笔交易发生了亏损，就表明已经错了，如果继续在错误的头寸上去加仓，无疑等于错上加错。亏损加码很容易持续放大浮亏，如果没有强大的心理承受能力，很难再保持气定神闲。

很多人一开始交易，就抱有摊低成本的心态，开始不敢重仓，总是轻仓买进。如果发生亏损，就开始加仓，摊平成本，期望市场以振荡的方式让自己每次都能全身而退。这样操作导致投资者在盈利时轻仓赚个零头，亏损时因不断加仓，浮亏不断变大，最终陷入盈小亏大的局面。

有这种交易恶习的投资者，往往都是太过于短视。市场短期走势的确大概率会振荡，但是放大周期来看，市场其实并不是一直在振荡，往往都会有单边重大级别的趋势运动。因此，这种交易恶习往往更多地体现在短线交易者身上。由于是短线交易，盈利的时候利润少得可怜，一旦走出重大的单边下跌趋势，亏损往往是盈利的数十倍。

因此，最好不要在亏损时顶着压力加仓，这样做容易击溃心理防线。应该等市场回头，变得积极之后，再去做加码动作。要知道，市场保持非理性状态的时间，可能比我们保持不破产的时间更长。

11.4　始终保持客观

在交易中，一定要接受市场给予的盈亏，坚决执行纪律。一旦陷入主观和非理性，面对时时刻刻跳动的盘面走势，心态就会被行情折磨得脆弱不堪！心态问题几乎是所有投资者难以克服的问题，很多时候是错误的认知和错误的操作，极度弱化了自己的心态。还没上战场，就把自己脆弱的一面表现了出来，怎么能赢呢？

散户亏钱的根本原因，无非是画几根线来分析行情，然后说自己分析对了或分析错了，其实这种情况说白了就是猜行情。专业人士也会用到技术，但使用技术的时候，一定是没有任何主观倾向的。

散户最大的错误，莫过于总是想抓对市场的方向。尽一切去努力判断市场下一步的动作，却忽略了市场最客观的因素。市场最大的确定性是其不确定性，没有人有能力判断市场的方向。利弗莫尔说过："千错万错，一定是自己错了，市场永远不会错。"试图用任何方法去预测市场走向，最终都是徒劳的。

一定不要预测市场方向，这种交易方式的主观性太强，一旦做反，会摧毁我们的心态。有太多人在做交易时，先预测一个方向，等市场发生改变之后，死不认输。"锚定效应"让他认为自己的交易方向没有错，只是点位不佳，因此面对不利的走势一抗再抗，亏损加仓。等发现市场彻底反转之后，账户已出现大面积亏损，让自己没了任何挽救的余地。

市场不会跟着任何人的意志走，没人可以战胜市场。向市场屈服没什么丢脸的，与市场对着干，只会付出惨烈的代价。

投资者要做的是设计好自己的交易系统，做好自己的事情，依据交易规则和交易框架，赚取属于自己认知范围内的钱。一切操作都看向交易系统信号，依"计"行事，不妄加揣测。不以市场行情为交易主体，而要以交易体系为核心和导向。

交易者要跳出市场之外，关心自己的交易系统，关心自己的交易规则，关心自己的资金状况，关心自己能力范围内的事情。"盘"中者迷，"盘"外者清。就像利弗莫尔一样，不与市场争论，只依据自己的关键点交易体系来应对市场的变动。一旦市场异动起来，创出新高或新低，则表明新的趋势空间即将打开。

11.5 耐心发掘良机

散户最大的缺点就是没有耐心，尤其是小资金投资者。

一方面，小资金投资者拥有的资金过少，总想靠量取胜，以图牟取暴利。因为资金少，仓位小，每笔交易盈利很小，所以唯有大量做单，希望通过大量的盈利单来加厚利润，最终实现资金快速增长。既然要大量做单，必然要频繁开仓，这就会导致缺乏耐心。既没有耐心等待，也没有耐心持仓，造成的结果就是经常在时机不那么好的时候买进，蝇头小利出场。忙进忙出半天，冒了巨大的风险，利润依然微薄，甚至可能小于交易手续费。

另一方面，资金过少，胃口太大，风险容忍度低，极容易违反规则，导致大幅亏损。资金本来就少，更舍不得亏损，一旦出现错误，就会硬扛，赚的时候是小芝麻，一亏损就是大西瓜，陷入盈小赔大的恶性循环之中。

任何投资者都应该耐心等待最好的时机出现，才去进场交易。市场总是起起伏伏，涨涨跌跌，但并非所有波动都能赚到钱。交易做的是机会，而不是每天的流水线工作，想要稳定赚钱，必须等最佳的时机。

要重视点位，在行情的关键点入场，要像利弗莫尔一样，耐心等待最佳时机到来。尽量做到一买就赚，这样就有移动止损和保本的空间，可以用零风险去博更大的利润。过于粗糙的点位，容易导致长时间浮亏，这样不但会扭曲心态，还会降低盈亏比。最终无论对错，都有可能导致亏损。

在资本市场中，选择更重要。选对时机，比努力更容易获得成功。

11.6　给行情设陷阱

交易想要赚钱，需给行情设陷阱。

交易不是靠猜，更不是靠分析。分析行情只是手段，不是目的，何况无论怎么分析，也无法达到百分之百的准确。交易赚钱靠投资者的交易系统，这个系统可以通过学习来制订，可以依据某个指标或某个理论来制订，但这个交易系统必须是正期望的交易系统，比如本书介绍的顺势抄底摸顶战法、临界点超买超卖战法等。形成交易系统后，就明确了投资者交易的固定行情模式。行情符合交易模式，就进场交易，不符合模式，这种行情就看都不用看。

很多人说自己亏损是因为"没盯盘"，这完全是借口。盯盘难道就不亏损了吗？答案是否定的。

对于总是亏损的人来说，行情对他来说就像陷阱，时时刻刻都能让他陷入其中。而对于赚钱的人来说，交易系统就是行情的陷阱，行情只要进入交易系统布置的这个"陷阱"，大概率就跑不了，利润自然就会到来！

只有交易符合自己交易系统的行情，投资者才能赚到钱。即使是再厉害的人，也不能赚取所有行情。交易系统不可能捕捉到所有行情，只有进入交易系统这个框架的行情，才能让投资者获得盈利。因此，不要惦记那些属于自己认知以外的钱。